JOHANN GOTTFRIED HERDER

Journal meiner Reise im Jahr 1769

HISTORISCH-KRITISCHE AUSGABE

HERAUSGEGEBEN
VON KATHARINA MOMMSEN
UNTER MITARBEIT VON
MOMME MOMMSEN UND GEORG WACKERL

PHILIPP RECLAM JUN. STUTTGART

Universal-Bibliothek Nr. 9793 [4]
Alle Rechte vorbehalten. © Philipp Reclam jun. Stuttgart 1976
Schrift: Linotype Garamond-Antiqua. Printed in Germany 1976
Herstellung: Reclam Stuttgart
ISBN 3-15-009793-2

Journal meiner Reise
im Jahr 1769

Anno 1769.   17. 7. [6]9.

d. 4/15 Mai   Examen:

5/16 M.   renoncirt:

9/20 Mai   Erlaßung erhalten

10/21 M.   Die letzte Leiche

13/24 M.   von der Krone Einladung

17/28 M.   Abschiedspredigt

23 Mai/3 Jun.   aus Riga abgereiset

25/5   in See gegangen

6/17 Jun.   vor Koppenhagen

8/19   in Helsingör

10/21   von Helsingör

22 Jun/3 Jul   im Canal

1/12   aus dem Canal bei Divesande

d. 4/15   der Ebbe wegen bei *Pamboeuf* geankert.
                u. in *Pamb*. genächtigt

d. 5/16   von Pamböf nach Nantes.

d. 4. Nov.   aus Nantes

d. 8. . . .   in Paris

Anno 1769. d. 4/15 Mai Examen:

   16/27 M. renoviert:

   9/20 Mai holz, üeug erhalten

   10/21 M. die letzte Rede

   13/24 M. von der Liven finlarding

   17/28 M. ausständig gezahlt

   23 Mai / 3 Jun. aus Riga abgereiset

   25/5 in Dan gegangen

   6/17 Jun. vor Coppenhagen

   8/19   in Helsingör

   10/21   von Helsingör

   22 Jun / 3 Jul im Canal

   1/12   aus dem Canal bei der gegend

d. 15/26 den selben weg bei Pembroeck gewesen.
   W. in Pemb. gewäßigt

d. 16/27 von Pembüch nach Nantes.

d. 4 Nov. aus Nantes

d. 8 --- in Paris

Den 23 Mai / 3 Jun. reisete ich aus Riga ab und den
25/5. ging ich in See, um ich weiß nicht wohin? zu gehen. Ein großer Theil unsrer Lebensbegebenheiten hängt
würklich vom Wurf von Zufällen ab. So kam ich nach
5 Riga, so in mein geistliches Amt und so ward ich deßelben los; so ging ich auf Reisen. Ich gefiel mir nicht,
als Gesellschafter weder, in dem Kraise, da ich war;
noch in der Ausschließung, die ich mir gegeben hatte.
Ich gefiel mir nicht als Schullehrer, die Sphäre war
10 [für] mich zu enge, zu fremde, zu unpassend, und ich
für meine Sphäre zu weit, zu fremde, zu beschäftigt.
Ich gefiel mir nicht, als Bürger, da meine häusliche
Lebensart Einschränkungen, wenig wesentliche Nutzbarkeiten, und eine faule, oft eckle Ruhe hatte. Am wenigstens endlich als Autor, wo ich ein Gerücht erregt
hatte, das meinem Stande eben so nachtheilig, als meiner Person empfindlich war. Alles also war mir zuwider. Muth und Kräfte gnug hatte ich nicht, alle
diese Mißsituationen zu zerstören, und mich ganz in
20 eine andre Laufbahn hineinzuschwingen. Ich muste also
reisen: und da ich an der Möglichkeit hiezu verzweifelte, so schleunig, übertäubend, und fast abentheuerlich
reisen, als ich konnte. So wars. Den 4/15 Mai Examen: d. 5/16 renoncirt: d. 9/20 Erlaßung erhalten d.
25 10/21 die letzte Amtsverrichtung: d. 13/24 Einladung
von der Krone: d. 17/28 Abschiedspredigt, d. 23/3 aus
Riga d. 25/5 in See.
Jeder Abschied ist betäubend. Man denkt und empfin-

6 nicht,] *danach* weder *gestr.; dies Wort vor dem nächsten Komma über der Zeile nachgetragen*
10 [für] mich] für *Ergänzung von Suphan. Zur Frage, ob sie entbehrlich sei, vgl. SWS IV, 495 f.*
13 Einschränkungen] *danach* u[nd] *gestr., durch Komma ersetzt*
25 letzte] *danach* D[ienstverrichtung?] *gestr.*

det weniger, als man glaubte: die Thätigkeit in die unsre Seele sich auf ihre eigne weitere Laufbahn wirft, überwindet die Empfindbarkeit über das, was man verläßt, und wenn insonderheit der Abschied lange dauret: so wird er so ermüdend, als im Kaufmann zu London. Nur denn aber erstlich siehet man, wie man Situationen hätte nutzen können, die man nicht genutzt hat: und so hatte ich mir jetzt schön sagen: ei! wenn du die Bibliothek beßer genutzt hättest? wenn du in jedem, das dir oblag, dir zum Vergnügen, ein System entworfen hättest? in der Geschichte einzelner Reiche – – Gott! wie nutzbar, wenn es Hauptbeschäftigung gewesen wäre! in der Mathematik – – wie unendlich fruchtbar, von da aus, aus jedem Theile derselben, gründlich übersehen, und mit den reellsten Kän[n]tnißen begründet, auf die Wißenschaften hinauszusehen! – – in der Physik und Naturgeschichte – – wie, wenn das Studium mit Büchern, Kupferstichen und Beispielen, so aufgeklärt wäre, als ich sie hätte haben können – und die Französische Sprache mit alle diesem verbunden und zum Hauptzwecke gemacht! und von da aus also die Henaults, die Vellys, die Montesquieu, die Voltaire, die St. Marcs, die La Combe, die Coyers, die St. Reals, die Duclos, die Linguets und selbst die Hume's französisch studirt: von da aus, die Buffons, die D'Alemberts, die Maupertuis, die La Caille, die Eulers, die Kästners, die Newtone, die Keile, die Mariette, die Toricelli, die Nollets studirt; und endlich die Originalgeister des Ausdrucks, die Crebillons, die Sevigne, die Moliere, die Ninons, die Voltaire, Beaumelle u. s. w. hinzu gethan – das wäre seine Laufbahn, seine Situation genutzt, und ihrer würdig geworden! Denn wäre diese mein Vergnügen und meine eigne Bildung; nie ermüdend, und nie vernachläßigt gewe-

8 so] *danach* schö[n] *gestr.*
29 des] *danach* blossen *gestr.*

Journal meiner Reise im Jahr 1769

sen! Und Mathematische Zeichnung, und Französische Sprachübung, und Gewohnheit im historischen Vortrage dazu gethan! – – Gott! was verliert man, in gewissen Jahren, die man nie wieder zurückhaben [kann,] durch gewaltsame Leidenschaften, durch Leichtsinn, durch Hinreißung in die Laufbahn des Hazards.
Ich beklage mich, ich habe gewisse Jahre von meinem M e n s c h l i c h e n Leben verlohren: und lags nicht blos an mir sie zu genießen? bot mir nicht das Schicksal selbst die ganze fertige Anlage dazu dar? Die vorigen leichten Studien gewählt, Französische Sprache, Geschichte, Naturkänntniß, schöne Mathematik, Zeichnung, Umgang, Talente des lebendigen Vortrages zum Hauptzwecke gemacht – in welche Gesellschaften hätten sie mich nicht bringen können? wie sehr ⟨nicht⟩ den Genuß meiner Jahre nicht vorbereiten können? – Autor wäre ich alsdenn Gottlob! nicht geworden, und wie viel Zeit damit nicht gewonnen? in wie viel Kühnheiten und Vielbeschäftigungen mich nicht verstiegen! wie viel falscher Ehre, Rangsucht, Empfindlichkeit, falscher Liebe zur Wißenschaft, wie viel betäubten Stunden des Kopfs, wie vielem Unsinn im Lesen, Schreiben und Denken dabei entgangen? – Prediger wäre ich alsdenn wahrscheinlicher Weise nicht oder noch nicht geworden, und freilich so hätte ich viele Gelegenheit verloren, wo ich glaube, die besten Eindrücke gemacht zu haben: aber welcher übeln Falte wäre ich auch damit entwichen! Ich hätte meine Jahre geniessen, gründliche, reelle Wißenschaft kennen, und Alles anwenden gelernt, was ich lernte. Ich wäre nicht ein Tintenfaß von gelehrter Schriftstellerei, nicht ein Wörterbuch von Künsten und Wißenschaften geworden, die ich nicht gesehen habe und nicht verstehe: ich wäre nicht ein Repositorium voll Papiere und Bücher geworden, das

11 gewählt,] *danach* Haupt[zwecke] *gestr.*
12 Naturkänntniß,] *danach* Ma[thematik] *gestr.*

nur in die Studierstube gehört. Ich wäre Situationen entgangen, die meinen Geist einschlossen und also auf eine falsche intensive Menschenkänntniß einschränkten, da er Welt, Menschen, Gesellschaften, Frauenzimmer, Vergnügen, lieber extensiv, mit der edlen feurigen Neubegierde eines Jünglinges, der in die Welt eintritt, und rasch und unermüdet von einem zum andern läuft, hätte kennen lernen sollen. Welch ein andres Gebäude einer andern Seele! Zart, reich, Sachenvoll, nicht Wortgelehrt, Munter, lebend, wie ein Jüngling! einst ein glücklicher Mann! einst ein glücklicher Greis! – O was ists für ein unersätzlicher Schade, Früchte affektiren zu wollen, und zu müßen, wenn man nur Blüthe tragen soll! Jene sind unächt, zu frühzeitig, fallen nicht blos selbst ab, sondern zeigen auch vom Verderben des Baums! »Ich wäre aber alsdenn das nicht geworden, was ich bin!« Gut, und was hätte ich daran verlohren? wie viel hätte ich dabei gewonnen!
O Gott, der den Grundstof Menschlicher Geister kennet, und in ihre körperliche Scherbe eingepaßt hast, ists allein zum Ganzen, oder auch zur Glückseligkeit des Einzeln nöthig gewesen, daß es Seelen gebe, die durch eine schüchterne Betäubung gleichsam in diese Welt getreten, nie wissen, was sie thun, und thun werden; nie dahin kommen, wo sie wollen, und zu kommen gedachten; nie da sind, wo sie sind, und nur durch solche Schauder von Lebhaftigkeit aus Zustand in Zustand hinüberrauschen, und staunen, wo sie sich finden. Wenn o Gott, du Vater der Seelen, finden diese Ruhe und Philosophischen Gleichschritt? in dieser Welt? in ihrem Alter wenigstens? oder sind sie bestimmt, durch eben solchen Schauer frühzeitig ihr Leben zu endigen,

---

12 Schade,] *danach* B[lüten] *gestr.*
19 f. kennet,] *danach* an *gestr.*
29 Wenn] *danach* finden *gestr.*
31 Alter wenigstens? oder] *verbessert aus* Alter, wenigstens; oder

Journal meiner Reise im Jahr 1769

wo sie nichts recht gewesen, und nichts recht genossen,
und alles wie in der Eil eines erschrocknen, weggehen-
den Wandrers erwischt haben; und alsdenn gar durch
einen diesem Leben ähnlichen Tod, eine neue ähnliche
Wallfahrt anzutreten? Vater der Menschen! wirst du es
würdigen, mich zu belehren
So denkt man, wenn man aus Situation in Situation
tritt, und was gibt ein Schiff, daß zwischen Himmel
und Meer schwebt, nicht für weite Sphäre zu denken!
Alles gibt hier dem Gedanken Flügel und Bewegung
und weiten Luftkreis! Das flatternde Segel, das immer
wankende Schiff, der rauschende Wellenstrom, die
fliegende Wolke, der weite unendliche Luftkreis! Auf
der Erde ist man an einen todten Punkt angeheftet;
und in den engen Kreis einer Situation eingeschlossen.
Oft ist jener der Studierstul in einer dumpfen Kam-
mer, der Sitz an einem einförmigen, gemietheten Tische, eine Kanzel, ein Katheder – oft ist diese, eine
kleine Stadt, ein Abgott von Publikum aus Dreien,
auf die man horcht, und ein Einerlei von Beschäftigung, in welche uns Gewohnheit und Anmaßung stossen. Wie klein und eingeschränkt wird da Leben, Ehre,
Achtung, Wunsch, Furcht, Haß, Abneigung, Liebe,
Freundschaft, Lust zu lernen, Beschäftigung, Neigung –
wie enge und eingeschränkt endlich der ganze Geist.
Nun trete man mit Einmal heraus, oder vielmehr ohne
Bücher, Schriften, Beschäftigung und Homogene Gesellschaft werde man herausgeworfen – welch eine andre
Aussicht! Wo ist das veste Land, auf dem ich so veste
stand? und die kleine Kanzel und der Lehnstul und
das Katheder, worauf ich mich brüstete? wo sind die,
für denen ich mich fürchtete, und die ich liebte! = =

3 Wandrers] *danach* geno[ssen] *gestr.*
6 belehren] *kein Satzzeichen. Seitenende*
19 Dreien,] *danach* für den *gestr.*
20 von] *danach* Gewo[hnheit] *gestr.*

O Seele, wie wird dirs seyn, wenn du aus dieser Welt hinaustrittst? Der enge, veste, eingeschränkte Mittelpunkt ist verschwunden, du flatterst in den Lüften, oder schwimmst auf einem Meere – die Welt verschwindet dir = ist unter dir verschwunden! – Welch neue Denkart! aber sie kostet Thränen, Reue, Herauswindung aus dem Alten, Selbstverdammung! – bis auf meine Tugend war ich nicht mehr mit mir zufrieden; ich sah sie für nichts, als Schwäche, für einen abstrakten Namen an, den die ganze Welt von Jugend auf realisiren lernt! Es sei Seeluft, Einwürkung von Seegerichten, unstäter Schlaf, oder was es sei, ich hatte Stunden, wo ich keine Tugend, selbst nicht bis auf die Tugend einer Ehegattin, die ich doch für den höchsten und reellsten Grad gehalten hatte, begreifen konnte! Selbst bei Beßerung der Menschen; ich nehme Menschliche Realitäten aus, fand ich nur Schwächung der Charaktere, Selbstpein, oder Änderung der falschen Seiten – o warum ist man durch die Sprache, zu abstrakten Schattenbildern, wie zu Körpern, wie zu exsistirenden Realitäten verwöhnt? = = Wenn werde ich so weit seyn, um alles, was ich gelernt, in mir zu zerstören, und nur selbst zu erfinden, was ich denke und lerne und glaube! – Gespielen und Gespielinnen meiner Jugendjahre, was werde ich euch zu sagen haben, wenn ich euch wieder sehe und euch auch über die Dunkelheit erleuchte, die mir selbst noch anhig! Nichts, als Menschliches Leben und Glückseligkeit, ist Tugend: jedes Datum ist Handlung; alles übrige ist Schatten, ist Raisonnement. Zu viel Keuschheit, die da schwächt; ist eben so wohl Laster, als zu viel Unkeuschheit: jede Versagung sollte nur Negation seyn: sie zur Privation, und diese gar zum Positiven der Haupt[t]ugend zu

3 verschwunden,] *danach* u[nd] *gestr.*
15 konnte!] *danach* Ich *gestr.*
21 verwöhnt?] *Fragezeichen verbessert aus Ausrufezeichen*

machen – wo kommen wir hin? – Gespielin meiner Liebe, jede Empfindbarkeit, die du verdammest, und ich blind gnug bin, um nicht zu erkennen, ist auch Tugend, und mehr als die wovon Du rühmest, und
5 wofür ich mich fürchte. Du bist tugendhaft gewesen: zeige mir deine Tugend auf. Sie ist Null, sie ist Nichts! Sie ist ein Gewebe von Entsagungen, ein Facit von Zeros. Wer sieht sie an dir? Der, dem du zu Ehren sie dichtest? Oder du? du würdest sie wie Alles ver-
10 gessen, und dich, so wie zu Manchem, gewöhnen? O es ist zweiseitige Schwäche von Einer und der Andern Seite, und wir nennen sie mit dem grossen Namen **Tugend!**

Die ersten Unterredungen sind natürlich Familienge-
15 spräche, in denen man Charaktere kennen lernt, die man vorher nicht kannte: so habe ich einen *tracassier*, einen verwahrloseten *Garçon* u. s. w. kennen gelernt. Alsdenn wirft man sich gern in Ideen zurück, an die man gewöhnt war; und so ward ich Philosoph auf dem
20 Schiffe – Philosoph aber, der es noch schlecht gelernt hatte, ohne Bücher und Instrumente aus der Natur zu philosophiren. Hätte ich dies gekonnt, welcher Standpunkt, unter einem Maste auf dem weiten Ocean sitzend, über Himmel, Sonne, Sterne, Mond, Luft, Wind,
25 Meer, Regen, Strom, Fisch, Seegrund philosophiren, und die Physik alles dessen, aus sich herausfinden zu können. Philosoph der Natur, das sollte dein Standpunkt seyn, mit dem Jünglinge, den du unterrichtest!

1 meiner] *verbessert aus* meines
2 Empfindbarkeit,] *Das Folgende in der Hs. ursprünglich so:* die du verdammtest, u. ich nicht [*gestr. zugunsten des folgenden* nicht] blind gnug war, um nicht zu erkennen, war auch Tugend, u. mehr als die [*nachträgl. über der Zeile*] wovon du rühmtest, u. wofür ich mich fürchtete. *Die Tempusänderungen wurden dann hineinkorrigiert*
8 Wer] *danach* sa[he] *gestr.*
16 habe ich einen] *danach* Niedler *gestr.*

Stelle dich mit ihm aufs weite Meer, und zeige ihm Fakta und Realitäten, und erkläre sie ihm nicht mit Worten, sondern laß ihn sich alles selbst erklären. Und ich, wenn ich Nollet, und Kästner und Newton lesen werde, auch ich will mich unter den Mast stellen, wo ich saß, und den Funken der Elektricität vom Stoß der Welle, bis ins Gewitter führen, und den Druck des Waßers, bis zum Druck der Luft und der Winde erheben, und die Bewegung des Schiffes, um welche sich das Waßer umschließt, bis zur Gestalt und Bewegung der Gestirne verfolgen, und nicht eher aufhören, bis ich mir selbst alles weiß, da ich bis jetzt mir selbst Nichts weiß.

Waßer ist eine schwerere Luft: Wellen und Ströme sind seine Winde: die Fische seine Bewohner: der Waßergrund ist eine neue Erde! Wer kennet diese? Welcher Kolumb und Galiläi kann sie entdecken? Welche urinatorische neue Schiffart; und welche neue Ferngläser in diese Weite sind noch zu erfinden? Sind die letzten nicht möglich, um die Sonnenstralen bei stillem Wetter zu vereinigen und gleichsam das Medium des Seewaßers, damit zu überwinden? Was würde der Urinatorischen Kunst und der Schiffart nicht dadurch für unendliche Leichtigkeit gegeben? Welche neue Seekarten sind über den Ocean hinaus zu entdecken, und zu verfertigen, die jetzt nur Schiff- und Klippenkarten sind! Welche neue Kräuter für einen neuen Tournefort, wovon die Korallen nur eine Probe sind! Welche neue Welt von Thieren, die unten im Seegrunde, wie wir auf der Erde leben, und nichts von ihnen, Gestalt, Nahrung, Aufenthalt, Arten, Wesen, Nichts kennen! Die Fische, die oben hinauffahren, sind

18 neue Schiffart] *danach ist gestr., statt dessen Semikolon gesetzt*
19 Weite] *danach ist gestr.*
25 sind] *danach zu gestr.*

nur Vögel; ihre Floßfedern nur Flügel: ihr Schwimmen, Fliegen oder Flattern. Wer wird nach ihnen alles bestimmen wollen, was in der See ist? wie? wenn sich ein Sperling in den Mond erhübe, wäre er für unsre Erde
5 Naturregister? – Der kalte Norden scheint hier der Geburtsort so gut der Seeungeheuer zu seyn, als ers der Barbaren, der Menschenriesen, und Weltverwüster gewesen. Wallfische und große Schlangen und was weiß ich mehr? Hierüber will ich Pontoppidan lesen, und
10 ich werde in den Horden ziehender Heeringe, (die immer feiner werden, je weiter sie nach Süden kommen; sich aber nicht so weit wie die Vandalen und Longobarden, wagen, um nicht, wie sie, weibisch, krank, und vernichtigt zu werden, sondern zurückziehen) die Ge-
15 schichte wandernder nordischen Völker finden – welche grosse Aussicht auf die Natur der Menschen und Seegeschöpfen, und Climaten, um sie, und eins aus dem andern und die Geschichte der Weltscenen zu erklären. Ist Norden oder Süden, Morgen, oder Abend die *Va-*
20 *gina hominum* gewesen? Welches der Ursprung des Menschengeschlechts, der Erfindungen und Künste und Religionen? Ists, daß sich jenes von Morgen nach Norden gestürzt, sich da in den Gebürgen der Kälte, wie die Fischungeheuer unter Eisschollen erhalten, in seiner
25 Riesenstärke fortgepflanzt, die Religion der Grausamkeit, seinem Clima nach, erfunden, und sich mit seinem Schwert und seinem Recht und seinen Sitten über Europa fortgestürzt hat? Ist dies, so sehe ich zwei Ströme, von denen der Eine aus Orient, über Griechenland und
30 Italien sich ins südliche Europa sanft senkt, und auch eine sanfte, südliche Religion, eine Poesie der Einbildungskraft, eine Musik, Kunst, Sittsamkeit, Wißenschaft des östlichen Südens erfunden hat. Der zweite Strom geht über Norden von Asien nach Europa; von

1 Flügel:] *danach* sie *gestr.*
34 Europa;] *danach* d[a] *gestr.*

da überströmt er jenen. Deutschland gehörte zu ihm, und sollte recht in seinem Vaterlande seyn, diese Geschichte Nordens zu studiren: denn es ist Gottlob! nur in Wißenschaft ein Trupp südlicher Colonien geworden. Ist dies, wird der dritte Strom nicht aus Amerika hinüberrauschen, und der letzte vielleicht vom Vorgebürge der Hoffnung her, und von der Welt, die hinter ihm liegt! Welche grosse Geschichte, um die Litteratur zu studiren, in ihren Ursprüngen, in ihrer Fortpflanzung, in ihrer Revolution, bis jetzt! Alsdenn aus den Sitten Amerika's, Africa's und einer neuen südlichen Welt, beßer als Ihre, den Zustand der künftigen Litteratur und Weltgeschichte zu weißagen! Welch ein Newton gehört zu diesem Werke! Wo ist der erste Punkt? Eden, oder Arabien? China oder Egypten? Abyßinien, oder Phönicien? Die ersten beiden sind alsdenn entschieden, wenn es bewiesen ist, daß die Arabische Sprache eine Tochter der alt Ebräischen sei, und die ersten Monumente des Menschlichen Geschlechts keine Arabische Verkleidungen sind. Die zweiten sind denn entschieden, wenn China nach der Deguignischen Hypothese als eine Tochter Egyptens bewiesen, oder gar gezeigt würde, daß sie sich nach Indien, nach Persien und denn erst nach Asien ausgebreitet. Die dritten sind nur abolirt, wenn Abyßinien blos als eine Tochter Egyptens und nicht das Gegentheil gezeigt würde, was Ludolf u. a. behaupten: und Phönicien, als eine Tochter Asiens oder Aegyptens erschiene, nicht aber, wie es aus ihrem Alphabeth Schein gibt, selbst älter, als Moses wäre. Wie viel Zeitalter der Litteratur mögen also verlebt seyn, ehe wir wissen und denken können!

2 und] *danach* lebt in *gestr.*
3 zu] *danach* zerstr[euen?] *gestr.*
10 Alsdenn] *danach* sü[dliche?] *gestr.*
15 Punkt?] *danach* Ba[bylonien?] *gestr.*
16 Phönicien] *über gestrichenem* die Tartarei

Journal meiner Reise im Jahr 1769

Das Phönicische? oder das Aegyptische[?] das Chinesische? das Arabische? das Aethiopische? oder Nichts von Allem! so daß wir mit unserm Moses auf der rechten Stelle stehen! Wie viel ist hier noch zu suchen und auszumachen! Unser Zeitalter reift dazu durch unsre Deguignes, Michaelis und Starken! = = Und das wäre erst Ursprung! Nun die Züge! die *Origines* Griechenlands, aus Egypten, oder Phönicien? Hetruriens, aus Egypten oder Phönicien, oder Griechenland? – – Nun die *Origines* Nordens, aus Asien, oder Indien, oder *aborigines*? Und der neuen Araber? aus der Tartarei oder China! und jedes Beschaffenheit und Gestalt, und denn die künftigen Gestalt[e]n der Amerikanisch-Africanischen Litteratur, Religion, Sitten, Denkart und Rechte – – – Welch ein Werk über das Menschliche Geschlecht! den Menschlichen Geist! die Cultur der Erde! alle Räume! Zeiten! Völker! Kräfte! Mischungen! Gestalten! Asiatische Religion! und Chronologie und Policei und Philosophie! Aegyptische Kunst und Philosophie und Policei! Phönicische Arithmetik und Sprache und Luxus! Griechisches Alles! Römisches Alles! Nordische Religion, Recht, Sitten, Krieg, Ehre! Papistische Zeit, Mönche, Gelehrsamkeit! Nordisch asiatische Kreuzzieher, Wallfahrter, Ritter! Christliche Heidnische Aufweckung der Gelehrsamkeit! Jahrhundert Frankreichs! Englische, Holländische, Deutsche Gestalt! – Chinesische, Japonische Politik! Naturlehre einer neuen Welt! Amerikanische Sitten u. s. w. – – Grosses Thema: das Menschengeschlecht wird nicht vergehen, bis daß es alles geschehe! Bis der Genius der Erleuchtung die Erde durchzogen! Universalgeschichte der Bildung der Welt!

---

2 Arabische? das] *danach* Abyßi[nische] *gestr.*
20 Phönicische] *danach* M[athematik] *gestr.*
26 Englische] *danach* Litt[eratur] *gestr., statt dessen Komma gesetzt*

Ich komme wieder aufs Meer zurück und in seinen Grund. Ist da nicht solch eine Kette von Geschöpfen, wie auf der Erde? Und wo die Seemenschen? Tritonen und Syrenen sind Erdichtungen, aber daß es nicht wenigstens Meeraffen gebe, glaube ich sehr wohl. Maupertuis Leiter wird nicht voll, bis das Meer entdeckt ist. Natürlich können sie so wenig schwimmen, wie wir fliegen. Der Fisch fühlt wenig: sein Kopf, seine Schuppen – sind, was dem Vogel Federn und sein Kopf, jedes in sein Element. Da singt der Luftvogel und dazu sein Kopf: der Fisch, was thut er? was hat er für neue Waßersinne, die wir Luft-Erdengeschöpfe nicht fühlen? Sind sie nicht Analogisch zu entdecken? Wenn ein Mensch je die Magnetische Kraft inne würde, so wäre es ein Blinder, der nur hören und fühlen, oder gar ein Blinder, Tauber, Geruch- und Geschmackloser, der nur fühlen könnte: was hat ein Fisch für Sinne? in der Dämmerung des Waßers s i e h e t er: in der schweren Luft höret er: in ihrer dicken Schale f ü h l t die Auster – welch ein Gefühl, daß solche starke Haut nöthig war, sie zu decken, daß Schuppen nöthig waren, sie zu überkleiden? aber ein Gefühl welcher Dinge! vermuthlich ganz andrer, als Irrdischer.

Wie sich Welle in Welle bricht: so fließen die Luftundulationen und Schälle in einander. Die Sinnlichkeit der Waßerwelt verhält sich also wie das Waßer zur Luft in Hören und Sehen! Ei wie Geruch, Geschmack und Gefühl? – Wie die Welle das Schiff umschließt: so die Luft den sich bewegenden Erdball: dieser hat zum eignen Schwunge seine Form, wie das unvollkomme Schiff zum Winde! Jener wälzt sich durch, durch

---

3 Seemenschen?] *danach* Sind *gestr.*
6 ist.] *danach* Der Fisch fühlt we[nig] *gestr.*
15 nur] *danach* sehen u[nd] *gestr.*
21 war, sie zu] *Hs.: statt* zu *versehentlich* du
25 einander.] *danach* Das Gehör *gestr.*

Journal meiner Reise im Jahr 1769

eigne Kraft: dieser durchschneidet das Waßer durch Kraft des Windes! Der Elektrische Funke, der das Schiff umfließt, was ist er bei einer ganzen Welt? Nordlicht? Magnetische Kraft? – Die Fische lieben sich, daß sie sich, wo kaum eine dünnere Schuppe ist, an einander reiben, und das gibt, welche Millionen Eier! Der unempfindliche Krebs und der Mensch, welche Einwürkung und Zubereitung haben sie nicht nöthig! – Kennet der Fisch Gattin? sind die Gesetze der Ehe anders, als untergeordnete Gesetze der Fortpflanzung des Universum?

Das Schiff ist das Urbild einer sehr besondern und strengen Regierungsform. Da es ein kleiner Staat ist, der überall Feinde um sich siehet, Himmel, Ungewitter, Wind, See, Strom, Klippe, Nacht, andre Schiffe, Ufer, so gehört ein Gouvernement dazu, das dem Despotismus der ersten feindlichen Zeiten nahe kommt. Hier ist ein Monarch und sein erster Minister, der Steuermann: alles hinter ihm hat seine angewiesenen Stellen und Ämter, deren Vernachläßigung und Empörung insonderheit so scharf bestraft wird. Daß Rußland noch keine gute Seeflotte hat: hängt also von zwei Ursachen ab. Zuerst, daß auf ihren Schiffen keine Subordination ist, die doch hier die strengste seyn sollte: sonst geht das ganze Schiff verlohren. Anekdoten im Leben Peters zeigen, daß er sich selbst dieser Ordnung unterwerfen, und mit dem Degen in der Hand in die Cajute habe hineinstossen lassen müssen, weil er unrecht commandirte. Zweitens, daß nicht jedes seinen bestimmten Platz hat, sondern Alles zu Allem gebraucht wird. Der alte abgelebte Soldat wird Matrose, der nichts mehr zu lernen Lust und Kraft [hat], und dünkt sich bald, wenn er kaum ein Segel hinanklettern kann, Seemann. In den alten Zeiten wäre dies thunlich

24 sollte:] *danach* Zweit[ens] *gestr.*

gewesen, da die Seefart als Kunst nichts war, da die Schiffe eine Anzahl Ruder und Hände und Menschen und Soldaten und weiter nichts enthielten. Jetzt aber, gibts keine zusammengesetztere Kunst, als die Schiffskunst. Da hängt von einem Versehen, von einer Unwißenheit alles ab. Von Jugend auf müßte also der Ruße so zur See gewöhnt [werden], und unter andern Nationen erst lernen, ehe er ausübt. Aber sagt mein Freund, das ist ihr Grundfehler in Allem. Leichter nachzuahmen, zu arripiren ist keine Nation, als sie; alsdenn aber, da sie alles zu wissen glaubt, forscht sie nie weiter und bleibt also immer und in allem stümperhaft. So ists; auf Reisen welche Nation nachahmender? in den Sitten und der Französischen Sprache, welche leichter? in allen Handwerken, Fabriken, Künsten; aber alles nur bis auf einen gewissen Grad. Ich sehe, in dieser Nachahmungsbegierde, in dieser kindischen Neuerungssucht nichts als gute Anlage einer Nation, die sich bildet, und auf dem rechten Wege bildet: die überall lernt, nachahmt, sammlet: laß sie sammlen, lernen, unvollkommen bleiben; nur komme auch eine Zeit, ein Monarch, ein Jahrhundert, das sie zur Vollkommenheit führe. Welche grosse Arbeit des Geistes ists hier, für einen Politiker, darüber zu denken, wie die Kräfte einer jugendlichen halbwilden Nation können gereift und zu einem Originalvolk gemacht werden – – Peter der grosse bleibt immer Schöpfer, der die Morgenröthe und einen möglichen Tag schuff; der Mittag bleibt noch aufgehoben und das grosse Werk »Kultur einer Nation zur Vollkommenheit!«

Die Schiffsleute sind immer ein Volk, das am Aberglauben und Wunderbaren für andern hängt. Da sie genöthigt sind, auf Wind und Wetter, auf kleine Zeichen und Vorboten Acht zu geben, da ihr Schicksal von

16 Grad.] *danach* Man [?] *gestr.*

Phänomenen in der Höhe abhängt: so gibt dies schon Anlaß gnug auf Zeichen und Vorboten zu merken, und also eine Art von ehrerbietigen Anstaunung und Zeichenforschung. Da nun diese Sachen äußerst wichtig sind; da Tod und Leben davon abhängt: welcher Mensch wird im Sturm einer fürchterlich dunkeln Nacht, im Ungewitter, an Örtern, wo überall der blasse Tod wohnt, nicht beten? Wo Menschliche Hülfe aufhört, setzt der Mensch immer, sich selbst wenigstens zum Trost Göttliche Hülfe, und der unwissende Mensch zumal, der von zehn Phänomenen der Natur nur das zehnte als natürlich einsieht, den alsdenn das Zufällige, das Plötzliche, das Erstaunende, das Unvermeidliche schrecket? O der glaubt und betet; wenn er auch sonst, wie der meinige, ein grober Ruchloser wäre. Er wird in Absicht auf Seedinge fromme Formeln im Munde haben, und nicht fragen: wie war Jonas im Wallfisch? denn nichts ist dem grossen Gott unmöglich: wenn er auch sonst sich ganz völlig eine Religion glaubt machen zu können, und die Bibel für nichts hält. Die ganze Schiffsprache, das Aufwecken, Stundenabsagen, ist daher in frommen Ausdrücken, und so feierlich, als ein Gesang, aus dem Bauche des Schiffs. – – In allem liegen Data, die erste Mythologische Zeit zu erklären. Da man unkundig der Natur auf Zeichen horchte, und horchen mußte: da war für Schiffer, die nach Griechenland kamen und die See nicht kannten, der Flug eines Vogels eine feierliche Sache, wie ers auch würklich im grossen Expansum der Luft und auf der wüsten See ist. Da ward der Blitzstral Jupiters fürchterlich, wie ers auch auf der See ist: Zevs rollete durch den Himmel, und schärfte Blitze, um sündige Haine, oder Gewäßer zu schlagen. Mit welcher Ehrfurcht betete man da nicht den stillen silbernen Mond an, der so groß und allein da steht und so mächtig würkt, auf Luft, Meer und Zeiten. Mit welcher

Begierde horchte man da auf gewisse Hülfsbringende Sterne, auf einen Kastor und Pollux, Venus u. s. w. wie der Schiffer in einer neblichten Nacht. Auf mich selbst, der ich alle diese Sachen kannte, und von Jugend auf unter ganz andern Anzeigungen gesehn hatte, machte der Flug eines Vogels, und der Blitzstral des Gewässers, und der stille Mond des Abends andre Eindrücke, als sie zu Lande gemacht hatten, und nun auf einen Seefahrer, der unkundig der See, vielleicht als ein Vertriebner seines Vaterlandes, als ein Jüngling, der seinen Vater erschlagen, ein fremdes Land suchte. Wie kniete der für Donner und Blitz und Adler? wie natürlich dem, in der obern Luftsphäre den Sitz Jupiters zu sehen? wie tröstlich dem, mit seinem Gebete diese Dinge lenken zu können! Wie natürlich dem, die Sonne, die sich ins Meer taucht, mit den Farben des fahrenden Phöbus, und die Aurora mit aller ihrer Schönheit zu mahlen? Es gibt tausend neue und natürlichere Erklärungen der Mythologie, oder vielmehr tausend innigere Empfindungen ihrer ältesten Poeten, wenn man einen Orpheus, Homer, Pindar, insonderheit den ersten zu Schiffe lieset. Seefahrer warens, die den Griechen ihre erste Religion brachten: ganz Griechenland war an der See Kolonie: es konnte also nicht eine Mythologie haben, wie Aegypter und Araber hinter ihren Sandwüsten, sondern **eine Religion der Fremde, des Meeres und der Haine**: sie muß also auch zur See gelesen werden. Und da wir ein solches Buch noch durchaus nicht haben, was hätte ich gegeben, um einen Orpheus und eine Odyßee zu Schiff lesen zu können. Wenn ich sie lese, will ich mich dahin zurücksetzen: so auch Damm, und Banier und Spanheim lesen und verbeßern und auf der See meinen Orpheus, Homer und Pindar fühlen. Wie weit ihre Einbildungs-

18 Es gibt tausend] *danach* E[rklärungen] *gestr.*
23 brachten:] *danach* auf *gestr.*

Journal meiner Reise im Jahr 1769   23

kraft dabei gegangen ist, zeigen die Delphinen. Was
schönes und Menschenfreundliches in ihrem Blicke ist
nicht; allein ihr Spielen um das Schiff, ihr Jagen bei
stillem Wetter, ihr Aufprallen und Untersinken, das
gab zu Fabeln derselben Gelegenheit. Ein Delphin hat
ihn entführt, ist eben so viel, als Aurora hat ihn weggeraubt: zwei Umstände kommen zusammen und sie
müssen also die Folge seyn von einander. So ist Virgils
verwandelter Mast, die Nymphen, Syrenen, Tritonen
u. s. w. gleichsam von der See aus, leicht zu erklären,
und wird gleichsam anschaulich. Das Fürchterliche der
Nacht und des Nebels u. s. w. Doch ich habe eine beßere Anmerkung, die mehr auf das Wunderbare, Dichterische ihrer Erzählungen führet.
Mit welcher Andacht lassen sich auf dem Schiff Geschichte hören und erzälen? und ein Seemann wie sehr
wird der zum Abentheurlichen derselben disponirt? Er
selbst, der gleichsam ein halber Abentheurer andre
fremde Welten sucht, was sieht er nicht für Aben-
theuerlichkeiten bei einem ersten stutzigen Anblick?
Habe ich dasselbe nicht selbst bei jedem neuen Eintritt
in Land, Zeit, Ufer u. s. w. erfahren? wie oft habe ich
mir gesagt: ist das das, was du zuerst da sahest? Und
so macht schon der erstaunende Anblick Gigantische Erzählungen, Argonautika, Odyßeen, Lucianische
Reisebeschreibungen u. s. w. Das ist das Frappante der
ersten Dämmerungsgesichte; was siehet man in ihnen
nicht? Ein Schiffer ist auf solche erste Wahrzeichen
recht begierig: nach seiner langen Reise, wie wünscht er
nicht Land zu sehen? und ein neues fremdes Land, was
denkt er sich da nicht für Wahrzeichen? Mit welchem
Staunen ging ich nicht zu Schiff? sahe ich nicht zum
erstenmal alles wunderbarer, grösser, staunender, furcht-

15 Andacht] *danach* hör[t] *gestr.*
28 ist] *danach* zweitens *gestr.*
32 sahe ich] ich *über gestrichenem* das

barer, als nachher, da mir alles bekannt war, da ich das
Schiff durchspatzierte? Mit welcher Neuerungssucht geht
man gegen Land? Wie betrachtet man den ersten Piloten mit seinen hölzernen Schuhen und seinem grossen
weißen Hut? Man glaubt ⟨in ihm⟩ die ganze Französische Nation bis auf ihren König Ludwich den Grossen
in ihm zu sehen? Wie begierig ist man aufs erste Gesicht, auf die ersten Gesichter; sollten es auch nur alte
Weiber seyn; sie sind jetzt nichts als fremde Seltenheiten, Französinnen. Wie bildet man sich zuerst Begriffe,
nach Einem Hause, nach wenigen Personen, und wie
langsam kommt man dahin zu sagen[:] ich kenne ein
Land? Nun nehme man diese Begierde, Wunder zu sehen, diese Gewohnheit des Auges zuerst Wunder zu
finden, zusammen: wo werden wahre Erzählungen? wie
wird alles Poetisch? Ohne daß man lügen kann und
will, wird Herodot ein Dichter: wie neu ist er, und
Orpheus und Homer und Pindar und die Tragischen
Dichter in diesem Betracht zu lesen! –
Ich gehe weiter. Ein Schiffer, lange an solches Abentheuerliche gewohnt, glaubts, erzählts weiter: es wird
von Schiffern und Kindern und Narren mit Begierde
gehört, forterzählt – und nun? was gibts da nicht für
Geschichten, die man jetzt von Ost und Westindien,
mit halbverstümmelten Namen, und Alles unter dem
Schein des Wunderbaren hört. Von grossen Seehelden
und Seeräubern, deren Kopf nach dem Tode so weit
fortgelaufen, und endlich gibt das eine Denkart, die
alle Erzälungen vom Ritter mit dem Schwan, von Joh.
Mandevill u. s. w. glaubt, erzählt, möglich findet, und
selbst wenn man sie unmöglich findet, noch erzählt,
noch glaubt, warum? man hat sie in der Jugend gele-

---

7 in ihm] *Dies zweite* in ihm *von G. Müller in der Hs. gestr. Herders Intention hätte wohl die Streichung des ersten entsprochen*
15 wo] *danach* bl[eiben?] *gestr.*
17 er, und] *danach* die *gestr.*

Journal meiner Reise im Jahr 1769

sen: da paßten sie sich mit allen abentheuerlichen Erwartungen, die man sich machte: sie weckten also die Seele eines künftigen Seemannes auf, bildeten sie zu ihren Träumen, und bleiben unverweslich. Eine spätere Vernunft, der Anschein eines Augenblicks kann nicht Träume der Kindheit, den Glauben eines ganzen Lebens zerstören: jede etwas ähnliche Erzählung, die man als wahr gehört (obgleich von Unwißenden, von halben Abentheurern) hat sie bestätigt: jedes Abentheuer, das wir selbst erfahren, bestätigt – wer will sie widerlegen? Wie schwer ists, zu zeigen, daß es kein Paradies mit feurigen Drachen bewahrt, keine Hölle Mandevils, keinen Babylon. Thurm, gebe? Daß der Kaiser von Siam in seinem Golde das nicht sei, was er in solcher Dichtung vorstelle? Daß die weissen Schwanen und der Ritter mit ihnen Poßen sind? Es ist schwer zu glauben sagt man höchstens, und erzählts fort oder streitet dafür mehr als für die Bibel. Ist aber ein solcher Leichtgläubiger deßwegen in jeder Absicht ein Thor, ein dummes Vieh? o wahrhaftig nicht. Solche Träume und geglaubte Poßen seines Standes, seiner Erziehung, seiner Bildung, seiner Denkart ausgenommen, und er kann ein sehr vernünftiger, thätiger, tüchtiger, kluger Kerl seyn.

Hieraus wird erstlich eine Philosophische Theorie möglich, die den Glauben an eine Mythologie und an Fabeln der Erzälung erklärt. Unter Juden und Arabern und Griechen und Römern ist diese verändert: im Grunde aber, in den Vorurtheilen der Kindheit, in der Gewohnheit zuerst Fabel zu sehen, in der Begierde sie zu hören, wenn unsre eigne Begebenheiten uns dazu auflegen, in der Leichtigkeit, sie zu fassen, in der Gewohnheit sie oft zu erzählen, und erzählt zu haben,

2 also die] *danach* künftige *gestr.*
17 fort] *danach Komma sowie* u[nd] *gestr.*
30 zuerst] *nachträgl. über der Zeile*

und geglaubt zu seyn, und doch manches damit erklären zu können, sollte es auch nur seyn, daß Gott nichts unmöglich sey oder andre fromme Moralen – das sind die Stützen, die sie unterhalten, und die sehr verdienen, erklärt zu werden. Hier bietet sich eine Menge Phänomena aus der Menschlichen Seele; dem ersten Bilde der Einbildungskraft, aus den Träumen, die wir in der Kindheit lange still bei uns tragen; aus dem Eindruck jedes Schalles, der diesen sausenden Ton, der in dunkeln Ideen fortdämmert, begünstigt und verstärkt; aus der Neigung, gern Sänger des Wunderbaren seyn zu wollen; aus der Verstärkung, die jeder fremde Glaube zu dem unsrigen hinzuthut; aus der Leichtigkeit, wie wir aus der Jugend unvergeßliche Dinge erzälen – – tausend Phänomena, deren jedes aus der Fabel der ersten Welt ein angenehmes Beispiel fände, und viel subjektiv in der Seele, objektiv in der alten Poesie, Geschichte, Fabel erklärte. Das wäre eine Theorie der Fabel, eine Philosophische Geschichte wachender Träume, eine Genetische Erklärung des Wunderbaren und Abentheuerlichen aus der Menschlichen Natur, eine Logik für das Dichtungsvermögen: und über alle Zeiten, Völker und Gattungen der Fabel, von Chinesern zu Juden, Juden zu Egyptern, Griechen, Normännern geführt – wie groß, wie nützlich! Was Don Quichotte verspottet, würde das erklären, und Cervantes wäre dazu ein grosser Autor.

Zweitens siehet man hieraus, wie eine relative Sache die Wahrscheinlichkeit oder Unwahrscheinlichkeit sei. Sie richtet sich nach ersten Eindrücken: nach ihrer Masse, Gestalt und Vielheit. Sie richtet sich nach der Langwierigkeit und Öfterheit ihrer Bestätigungen: nach einer Anzahl von Concurrenzen, die ihr die Hand zu bieten schienen: nach Zeiten, Sachen, Menschen. Ein Volk hat sie in dieser Sache anders in andrer Gestalt, und Graden, als ein anders. Wir lachen die Griechische

Mythologie aus, und jeder macht sich vielleicht die seinige. Der Pöbel hat sie in tausend Sachen: ist seine Unwahrscheinlichkeit dieselbe, als des zweifelnden Philosophen, des untersuchenden Naturkundigen? Klopstocks dieselbe als Hume, oder Moses in eben der Sphäre? Jeder Erfinder von Hypothesen welche eigne Art Unwahrscheinlichkeiten zu messen: Hermann v. der Hardt? Harduin? Leibniz, und Plato, die beiden grösten Köpfe zu Hypothesen in der Welt: Deskartes, wie zweifelnd, wie mißtrauisch und welche Hypothesen? Es gibt also eine eigne Gestalt des Gefühls von Wahrscheinlichkeiten, nach dem Maas der Seelenkräfte, nach Proportion der Einbildungskraft zum Urtheil, des Scharfsinns zum Witze, des Verstandes zur ersten Lebhaftigkeit der Eindrücke, u. s. w. welche Theorie der Wahrscheinlichkeit aus der Menschl[ichen] Seele hinter Hume, Moses, Bernouille, und Lambert.

Jeder Stand, jede Lebensart hat ihre eignen Sitten: Hume hat in Geschichte und Politischen Versuchen viele solcher Charaktere sehr auszeichnend gegeben: ich lerne aus einzelnen Menschen Classen und Völker kennen. Ein solcher Schiffer – welch Gemisch von Aberglauben und Tollkühnheit: von roher Größe und Unnutzbarkeit: von Zutrauen auf sich und Feindseligkeit mit andern; in vielen Stücken wird ein alter Held kennbar: Wie er von sich erzälet, auf seine Kräfte pocht, seine Belesenheit für untrüglich, die Summe gemachter Entdeckungen für die höchste, Holland auf dem höchsten Grade hält: seine rohen Liebesbegebenheiten, die eben so unwahrscheinlich sind, seine Heldenthaten u. s. w. daherkramet = = doch gnug von solcher Charakteristik des Pöbels. Es wäre beßer gewesen, wenn ich einen Eu-

---

17 Bernouille] *verbessert aus* u[nd]
22 solcher] *nachträgl. über der Zeile*
27 Belesenheit] *davor* Schiffart, *danach* u[nd] *gestr.*
27 untrüglich,] *danach* s[eine?] *gestr.*

ler oder Bouguer und Le Caille von der Schiffart, Schifsbau, Pilotage u. s. w. gehabt hätte – ein Theil der Mathematik, den ich noch nothwendig lebendig studiren muß. Jetzt wenn ich den Hiob aus der Sandwüste las, so war es dem Ort eben so unangemeßen, als ein Hebräisches Lexicon zu studiren. Auf dem Meer muß man nicht Gartenidyllen, und Georgika, sondern Romane, abentheuerliche Geschichten, Robinsons, Odyßeen und Aeneiden lesen! So fliegt man mit den Fittigen des Windes, und schifft mit dem abentheurlichen Seehelden: statt daß jetzt die Bewegung des Geistes und des Körpers entgegen streben.

Man bildet sich ein, daß man auf Meeren, indem man Länder und Welttheile vorbeifliegt man viel von ihnen denken werde: allein diese Länder und Welttheile siehet man nicht. Sie sind nur fernher stehende Nebel, und so sind auch meistens die Ideen von ihnen für gemeine Seelen. Es ist kein Unterschied, ob das jetzt das Curische, Preußische, Pommersche, Dänische, Schwedische, Norwegische, Holländische, Englische, Französische Meer ist: wie unsre Schiffart geht, ists nur überall Meer. Die Schiffart der Alten war hierinn anders. Sie zeigte Küsten, und Menschengattungen: in ihren Schlachten redeten Charaktere und Menschen – jetzt ist alles Kunst, Schlacht und Krieg und Seefahrt und Alles. Ich wollte den Reisebeschreiber zu Hülfe nehmen, um an den Küsten jedes Landes dasselbe zu denken, als ob ichs sähe; aber noch vergebens. Ich fand nichts, als Okularverzeichniße und sahe nichts, als entfernte Küsten. Liefland, du Provinz der Barbarei und des Luxus, der Unwißenheit, und eines angemaßten Geschmacks, der Freiheit und der Sklaverei, wie viel wäre in dir zu thun? Zu thun, um die Barbarei zu zerstören, die Unwißenheit auszurotten, die Cultur und Freiheit auszubreiten, ein zweiter Zwinglius, Calvin und Luther, dieser Provinz zu werden! Kann ichs werden? habe ich dazu Anlage, Gelegenheit, Talente? was muß ich thun, um es zu werden? was muß ich zerstören? Ich frage noch! Unnütze Critiken, und todte Untersuchungen aufgeben; mich über Streitigkeiten und Bücherverdienste erheben, mich zum Nutzen und zur Bildung der lebenden Welt einweihen, das Zutrauen der Regierung, des Gouvernemen[t]s und Hofes gewinnen, Frankreich, England und Italien und Deutschland in diesem Betracht durchreisen, Französische Sprache und Wohlstand, Englischen Geist der Realität und Freiheit, Italienischen Geschmack feiner Erfindungen, Deutsche Gründlichkeit und Kenntniße, und endlich, wo es nöthig ist, Holländische Gelehrsamkeit einsammlen, grosse Begriffe von mir, und grosse Absichten in mir erwecken, mich meinem Zeitalter bequemen, und den Geist der Gesetzgebung, des Commerzes und der Policei gewinnen, alles im Gesichtspunkt von Politik, Staat und Finanzen einzusehen wagen, keine Blößen mehr geben und die vorigen so kurz und gut, als möglich zu verbeßern suchen, Nächte und Tage darauf denken, dieser Genius Lieflands zu werden, es todt und lebendig kennen zu lernen, alles Praktisch zu denken und zu unternehmen, mich anzugewöhnen, Welt, Adel und Menschen zu überreden, auf meine Seite zu bringen wissen – edler Jüngling! das alles schläft in dir? aber unausgeführt und verwahrloset! Die Kleinheit deiner Erziehung, die Sklaverei deines Geburtslandes, der Bagatellenkram deines Jahrhunderts, die Unstätigkeit deiner Laufbahn hat dich eingeschränkt, dich so herabgesenkt, daß du dich nicht erkennest. In Critischen unnützen, groben, elenden Wäldern verlierst du das Feuer deiner Jugend, die beste Hitze deines Genies, die gröste Stärke deiner Leidenschaft, zu unternehmen. Du wirst eine so träge, lache Seele, wie alle Fibern und Nerven deines Kör-

11 Erfindungen,] *danach* ler[nen] *gestr.*

pers: Elender, was ists, das dich beschäftigt? Und was dich beschäftigen sollte? und nach Gelegenheit, Anlaß und Pflicht beschäftigen könnte? = O daß eine Evmenide mir in meinen Wäldern erschiene, mich zu erschrecken, mich aus denselben auf ewig zu jagen, und mich in die grosse nutzbare Welt zu bannen! Liefland ist eine Provinz, den Fremden gegeben! Viele Fremde haben es, aber bisher nur auf ihre Kaufmännische Art, zum Reichwerden, genoßen; mir, auch einem Fremden, ists zu einem höhern Zwecke gegeben, es zu bilden! Dazu sei mein geistliches Amt; die Colonie einer verbeßerten Evangelischen Religion zu machen; nicht schriftlich, nicht durch Federkriege, sondern lebendig, durch Bildung. Dazu habe ich Raum, Zeit, und Gelegenheit: ich bin ohne drückende Aufsicht: ich habe alle Groß- Gut- und Edeldenkende, gegen ein paar Pedanten, auf meiner Seite: ich habe freie Hand. Laßet uns also anfangen, den Menschen und Menschliche Tugend recht kennen und predigen zu lernen, ehe man sich in tiefere Sachen mischet. Die Menschliche Seele, an sich und in ihrer Erscheinung auf dieser Erde, ihre sinnlichen Werkzeuge und Gewichte und Hoffnung[en] und Vergnügen, und Charaktere und Pflichten, und alles, was Menschen hier glücklich machen kann, sei meine erste Aussicht. Alles übrige werde blos bei Seite gesetzt, so lange ich hiezu Materialien sammle, und alle Triebfedern, die im Menschlichen Herzen liegen, vom Schreckhaften und Wunderbaren, bis zum Stillnachdenkenden und Sanftbetäubenden, kennen, erwecken, verwalten und brauchen lernen. Hiezu will ich in der Geschichte aller Zeiten Data sammlen: jede soll mir das Bild ihrer eignen Sitten, Gebräuche, Tugenden, Laster und Glückseligkeiten liefern, und so will ich alles bis auf unsre Zeit zurückführen, und diese recht nutzen lernen. Das Menschliche Geschlecht hat in allen seinen Zeitaltern, nur in jedem auf andre Art, Glückseligkeit zur Summe; wir, in dem

Journal meiner Reise im Jahr 1769 31

unsrigen, schweifen aus, wenn wir wie Roußeau Zeiten
preisen, die nicht mehr sind, und nicht gewesen sind; wenn
wir aus diesen zu unserm Mißvergnügen, Romanbilder
schaffen und uns wegwerfen, um uns nicht selbst zu ge-
5 nießen. Suche also auch selbst aus den Zeiten der Bibel
nur Religion, und Tugend, und Vorbilder und Glückseligkeiten, die für uns sind: werde ein Prediger der
Tugend **deines Zeitalters!** O wie viel habe
ich damit zu thun, daß ichs werde! wie viel bin ich
10 aber, wenn ichs bin! – Welch ein Großes Thema, zu
zeigen, daß man, um zu seyn, was man seyn soll, weder Jude, noch Araber, noch Grieche, noch Wilder,
noch Märtrer, noch Wallfahrter seyn müsse; sondern
eben der aufgeklärte, unterrichtete, feine, vernünftige,
15 gebildete, Tugendhafte, geniessende Mensch, den Gott
auf der Stuffe unsrer Cultur fodert. Hier werde alles
das Gute gezeigt, was wir in unserm Zeitalter, Künsten,
Höfflichkeit, Leben u. s. w. für andern Zeitaltern, Gegenden, und Ländern haben; alsdenn d[as] Grosse und
20 Gute aus andern dazugenommen, sollte es auch nur zur
Nacheiferung seyn, so weit es möglich wäre, es zu verbinden – o was schläft in alle dem für Aufweckung der
Menschheit. Das ist eine Tugend, und Glücksel[igkeit]
und Erregung, gesammlet aus mehr als aus Iselins Ge-
25 schichte, aus dem lebendigen Vorstellen der Bilder aller
Zeiten und Sitten und Völker; und gleichsam daraus
die Geschichte eines Agathon in jeder Nation gedichtet!
Welch ein grosses Studium! für Einbildungskraft und
Verstand und Herz und Affekten! Einer aus **Judäa**
30 und ein **Hiob aus Arabien**, und ein **Be-
schauer Aegyptens**, und ein Römischer Held,
und ein Pfaffenfreund, und ein Kreuzzieher und ein
Virtuose unsres Jahrhunderts gegen einander und in

16 unsrer] *danach* Litt[eratur] *gestr.*
29 f. J u d ä a und] *danach* Ar[abien] *gestr.*
33 in] *über gestrichenem* zu

allem Geist ihres Zeitalters, Gestalt ihrer Seele, Bildungsart ihres Charakters, Produkt ihrer Tugend und Glückseligkeit. Das sind Fragmente über die Moral und Religion aller Völker, Sitten und Zeiten, für unsre Zeit – wie weit laße ich damit hinter mir die Bruckers und die Postillenprediger und die Mosheimschen Moralie[n].

Ein solches grosses Geschäfte, in seiner Vollendung, welch ein Werk würde es für die Welt! Aber was sorge ich für die Welt; da ich für mich, und meine Welt und mein Leben zu sorgen und also aus meinem Leben zu schöpfen habe. Was also zu thun? Dies in allen Scenen zu betrachten und zu studiren! Die ersten Spiele der Einbildungskraft der Jugend, und die ersten starken Eindrücke auf die weiche empfindbare Seele zu behorchen; aus jenen vieles in der Geschichte unsres Geschmacks und Denkart erklären; aus dieser alles Rührende und Erregende brauchen zu lernen. Das erste Verderben eines guten Jünglings auf seine Lebenszeit, was gibts auch aus meinem Leben für rührende Züge, die noch jetzt alle meine Thränen locken, und so viel Homogene ähnliche Verwirrungen und Schwächungen auf mein ganzes Leben würken. Alsdenn das Wunderbare und Immer Gute, was jeder Schritt unsres Lebens mit sich bringet – weiter! ein Bild von allen Gesichten und Nationen und merkwürdigen Charakteren und Erfahrungen, die ich aus meinem Leben mich erinnere –

---

7 M o r a l i e [n .] *Letztes Wort einer Seite, wegen Raumknappheit am Ende verkürzt, doch deutlich genug lesbar:* Moralie[n] *mit Bezug auf den Titel von Mosheims »Sittenlehre« (s. Register). Herder drängte das Wort noch ans Seitenende, weil er auf der folgenden Seite mit neuem Absatz beginnen wollte. Suphan entzifferte:* Moral *und entnahm die irrige Ergänzung* Moral[isten] *aus »Lebensbild«; er übersah den nachfolgenden Absatz (leichte Einrückung)*
11 sorgen] *danach* habe *gestr.*
12 habe] *verbessert aus* zu haben

was für Geist und Leben muß dies in meine Denkart, Vortrag, Predigt, Umgang bringen. So lernte ich ganz mein Leben brauchen, nutzen, anwenden; kein Schritt, Geschichte, Erfahrung, wäre vergebens: ich hätte alles in meiner Gewalt: nichts wäre verlöscht, nichts unfruchtbar: alles würde Hebel, mich weiter fortzubringen. Dazu reise ich jetzt: dazu will ich mein Tagebuch schreiben: dazu will ich Bemerkungen sammlen: dazu meinen Geist in eine Bemerkungslage setzen: dazu mich in der lebendigen Anwendung dessen, was ich sehe und weiß, was ich gesehen und gewesen bin, üben! Wie viel habe ich zu diesem Zwecke an mir aufzuwecken und zu ändern! Mein Geist ist nicht in der Lage zu bemerken, sondern eher zu betrachten, zu grübeln! Er hat nicht die Wuth Kenntniße zu sammlen, wo er sie kann; sondern schliesset sich schlaf und müde in den ersten Kreis ein, der ihn festhält. Dazu besitze ich nicht die Nationalsprachen, wohin ich reise. Ich bin also in Frankreich ein Kind: denn ich müßte Französisch können, um mich geltend zu machen, um Alles zu sehen, zu erfragen, kennen zu lernen, um von meinem Orte und aus meinem Leben zu erzählen und also dies auf gewiße Art zu wiederholen und gangbar zu machen. Ich bin also, ohne dies alles, in Frankreich ein Kind, und wenn ich zurückkomme, eben dasselbe: Französische Sprache ist das Medium um zu zeigen, daß man in Frankreich gelebt und es genossen hat – so auch mit andern Sprachen – wie viel habe ich zu lernen! mich selbst zu zwingen, um nachher Einer seyn zu können, der Frankreich, England, Italien, Deutschland genossen hat, und als solcher, erscheinen darf! Und kann ich als solcher erscheinen, was habe ich in Liefland als Prediger, für Vorzüge und Geltungsrechte! Mit allen umgehen, von allem urtheilen zu können, für eine Samm-

20 mich] *in SWS:* nicht *(Druckfehler)*

lung von Känntnißen der policirten Welt gehalten zu
werden! Was kann man mit diesem Scheine nicht thun!
nicht ausrichten! Wie viel liegt aber vor mir, diesen
Schein des Ansehens zu erreichen, und der Erste Menschenkenner nach meinem Stande, in meiner Provinz
zu werden!
Bin ichs geworden, so will ich diesen Pfad nicht verlassen, und mir selbst gleichsam ein Journal halten, der
Menschenkänntniße, die ich täglich aus meinem Leben,
und derer, die ich aus Schriften sammle. Ein solcher
Plan wird mich beständig auf einer Art von Reise unter
Menschen erhalten und der Falte zuvorkommen, in die
mich meine einförmige Lage in einem abgelegnen Scytischen Winkel der Erde schlagen könnte! Dazu will
ich eine beständige Lecture der Menschheitsschriften, in
denen Deutschland jetzt seine Periode anfängt, und
Frankreich, das ganz Convention und Blendwerk ist,
die seinige verlebt hat, unterhalten. Dazu die Spaldinge, Resewitze und Moses lesen; dazu
von einer andern Seite die Mosers, und Wielands und Gerstenbergs brauchen; dazu zu
unsern Leibnizen die Shaftesburis und
Locke's; zu unsern Spaldings die Sterne's, Fosters, und Richardsons; zu unsern Mosers, die Browne und Montesquieus; zu unsern Homileten jedes Datum
einer Reisebeschreibung oder merkwürdigen Historie
dazu thun. Jahrbuch der Schriften für
die Menschheit! ein grosser Plan! ein wichtiges
Werk! Es nimmt aus Theologie und Homiletik; aus
Auslegung und Moral; aus Kirchengeschichte und Ascetik, nur das, was für die Menschheit unmittelbar ist;
sie aufklären hilft; sie zu einer neuen Höhe erhebt, sie
zu einer gewissen neuen Seite verlenkt; sie in einem

24 f. Richardsons; zu unsern] *danach* Le[ssings?] *gestr.*

neuen Licht zeigt; oder was nur für sie zu lesen ist. Dazu dient alsdenn Historie und Roman, Politik, und Philosophie, Poesie und Theater als Beihülfe; bei den letzten Allen, wird dies nicht Hauptgesichtspunkt, aber eine sehr nutzbare und bildende Aussicht! Ein solches Journal wäre für alle zu lesen! Wir habens noch nicht; ob wir gleich Materialien dazu haben! Es würde in Deutschland eine Zeit der Bildung schaffen, indem es auf die Hauptaussicht einer zu bildenden Menschheit merken lehrte. Es würde das Glück haben, was kein Journal so leicht hat, Streitigkeiten und Wiederspruch zu vermeiden; indem es sich von allem sondert, und nur bilden will. Es würde seinen Autor berühmt, und was noch mehr ist, beliebt machen: denn das Menschliche Herz öfnet sich nur dem, der sich demselben nähert und das ist ein Schriftsteller der Menschheit! O auf dieser Bahn fortzugehen, welch ein Ziel! welch ein Kranz! Wenn ich ein Philosoph seyn dörfte und könnte; ein Buch über die Menschliche Seele, voll Bemerkungen und Erfahrungen, das sollte mein Buch seyn! ich wollte es als Mensch und für Menschen schreiben! es sollte lehren und bilden! die Grundsätze der Psychologie, und nach Entwicklung der Seele auch der Ontologie, der Kosmologie, der Theologie, der Physik enthalten! es sollte eine lebendige Logik, Aesthetik, historische Wißenschaft und Kunstlehre werden! aus jedem Sinn eine schöne Kunst entwickelt werden! und aus jeder Kraft der Seele eine Wißenschaft entstehen! und aus allen eine Geschichte der Gelehrsamkeit und Wißenschaft überhaupt! und eine Geschichte der Menschlichen Seele überhaupt, in Zeiten und Völkern! Welch ein Buch! – – und so lang ich dies nicht kann! so sollen meine Predigten und Reden und Abhandlungen und was ich künftig gebe,

3 Philosophie,] *danach al[s] gestr., statt dessen Komma gesetzt*

Menschlich seyn! und wenn ichs kann, **ein Buch
zur Menschlichen und Christlichen
Bildung** liefern, das sich, wie ein Christ in der Einsamkeit u. s. w. lesen lasse, was empfunden werde, was
für meine Zeit und mein Volk und alle Lebensalter und
Charaktere des Menschen sei! – Das wird bleiben! –
**Ein Buch zur Menschlichen und
Christlichen Bildung!** Es finge von der
Känntniß sein selbst, des weisen Baues an Leibe und
Geist an: zeigte die Endzwecke und Unentbehrlichkeiten jedes Gliedes an Leib und Seele; zeigte die Mancherleiheit, die dabei statt fände, und das doch Jedes
nur in dem Maas möglich und gut ist, wie wirs haben:
alsdenn Regeln und Anmahnung, sich an Leib und
Geist so auszubilden, als man kann. Dies erst an sich,
und so weit ist Roußeau ein grosser Lehrer! Was für
Anreden sind dabei an Menschen, als Menschen, an
Eltern und Kinder, an Jünglinge und Erwachsne, an
mancherlei Charaktere und Temperamente, Fähigkeiten und Menschliche Seelen möglich! Alsdenn kom[m]t
ein zweiter Theil **für die Gesellschaft,** wo
Roußeau kein Lehrer seyn kann. Hier ein Catechismus
für die Pflichten der Kinder, der Jünglinge, der Gesellschafter, der Bürger, der Ehegatten, der Eltern; alles
in einer Ordnung und Folge und Zusammenhang, ohne
Wiederholungen aus dem vorigen Theile, ohne Einlaßung auf Stände und blos Politische Einzelnheiten –
wäre ein schweres Werk. Drittens ein Buch **für die
Charaktere aus Ständen,** um die bösen Falten zu vermeiden, die der Soldat und Prediger, der
Kaufmann und Weise, der Handwerker und Gelehrte,
der Künstler und Bauer gegen einander haben; um jedem Stande alle seine Privattugenden zu geben, alle mit
einander aus den verschiednen Naturen und Situationen

9 Baues] *danach* des *gestr.*
10 Endzwecke und] *danach* Abs[ichten?] *gestr.*

der Menschheit zu erklären, und zu versöhnen, alle dem gemeinen Besten zu schenken. Hiemit fängt sich ein vierter Theil an, wo Unterthanen und Obrigkeiten gegen einander kommen; vom Bauer an, der dem Sklaven nahe ist, denn für Sklaven gibts keinen Catechismus, zu seiner bürgerlichen Herrschaft, zum Adel, zum Prinzen, zum Fürsten hinan: alsdenn die mancherlei Regierungsformen, ihre Vor- und Nachtheile und endlich Grundsätze eines ehrlichen Mannes, in der, wo er lebt. Hieraus werden **fünftens** die schönen, überflüßigen Bedürfnisse: Kunst, Wißenschaft, gesellschaftliche Bildung: Grundriß zu ihnen: ihre Erziehung nach Temperamenten und Gelegenheiten: ihr Gutes und Böses: Auswahl aus ihnen zum ordentlichen, nützlichen und bequemen Leben unsres Jahrhunderts: und hier also Philosophie eines Privatmannes, Frauenzimmers, u. s. w. nebst einer Bibliothek dazu: **Sechstens**: Mängel, die dabei bleiben, uns zu unterrichten, zu beruhigen, zurückzuhalten, aufzumuntern: Christliche Känntniße, als Unterricht, Beruhigung, Rückhalt, und Erhebung: Was Menschen davon wissen konnten und wie Gott sich Menschen geoffenbaret hat, in Absicht auf die Schöpfung, Ursprung des Uebels in der Welt, Wanderungen des Menschengeschlechts, Erlösung, Heiligung, künftige Welt. Begriffe von der Theopnevstie überhaupt; von der Gestalt der Religion in Judäa; im alten und neuen Testament, und in den verschiednen Jahrhunderten. Alles im Gesichtspunkt der Menschheit – und hieraus Lehren für Toleranz: Liebe zur Protestantischen Religion: wahrer Geist derselben im Akademischen Lehrer, Prediger, Zuhörer, Privatchristen. Christliche Erziehung: Taufe: Confirmation: Abendmal: Tod, Begräbniß. – – – Ich liefre nur kurze Gesichtspunkte, wohin würde die Ausarbeitung nicht führen! – Noch ist Alles Theo-

25 überhaupt;] *danach* u[nd] wie *gestr.*

rie: es werde Praxis und dazu diene die Seelensorge meines Amts. Hier ist ein Feld, sich Liebe, Zutrauen und Känntniße zu erwerben: ein Feld, zu bilden und Nutzen zu schaffen – wenn die Religion z. E. bei Trauungen und Taufen und Gedächtnißreden und Krankenbesuchen, den Grossen edel und groß und vernünftig; den Geschmackvollen mit Geschmack und Schönheit; dem zarten Geschlecht zart und liebenswürdig; dem fühlbaren Menschen fühlbar und stark; dem unglücklichen und sterbenden tröstl[ich] und hoffnungsvoll gemacht wird. Und hier ist ein Feld besonders für mich. Sich vor einer Gewohnheits- und Kanzelsprache in Acht nehmen, immer auf die Zuhörer sehen, für die man redet, ⟨sich⟩ immer in die Situation sich einpassen, in der man die Religion sehen will, immer für den Geist und das Herz reden: das muß G e w a l t über die Seelen geben! oder nichts gibts! = = Hier ist die vornehmste Stelle, wo sich ein Prediger würdig zeigt: hier ruhn die Stäbe seiner Macht.

Alles muß sich heut zu Tage an die Politik anschmiegen; auch für mich ists nöthig, mit meinen Planen! Was meine Schule gegen den Luxus und zur Verbeßerung der Sitten seyn könne! Was sie seyn müsse, um uns in Sprachen und Bildung dem Geschmack und der Feinheit unsres Jahrhunderts zu nähern und nicht hinten zu bleiben! Was, um Deutschland, Frankreich und England nachzueifern! Was um dem Adel zur Ehre und zur Bildung zu seyn! Was sie aus Polen, Ruß- und Kurland hoffen könne! Was sie für Bequemlichkeiten haben, da Riga der Sitz der Provinzcollegien ist, und wie unentbehrlich es sei, die Stellen kennen zu lernen, zu denen man bestimt ist. Wie viel Auszeichnendes eine lieftländische Vaterlandsschule haben könne, was man auswärtig nicht hat. Wie sehr die Wünsche unsrer

4 wenn] *davor* bei dem *gestr.*
19 ruhn die] *über gestrichenem* hat er

Kaiserin darauf gehen, und daß zur Kultur einer Nation mehr als Gesetze und Colonien; insonderheit Schulen und Einrichtungen nöthig sind. Dies Alles mit Gründen der Politik, mit einem Vaterlandseifer, mit
5 Feuer der Menschheit und Feinheit des Gesellschaftlichen Tons gesagt, muß bilden und locken und anfeuren. Und zu eben der Denkart will ich mich so lebend und ganz, als ich denke und handle, erheben. Geschichte und Politik von Lief- und Rußland aus,
10 studiren, den Menschlichwilden Emil des Roußeau zum Nationalkinde Lieflands zu machen, das, was der grosse Montesquieu für den Geist der Gesetze ausdachte, auf den Geist einer Nationalerziehung anwenden und was er in dem Geist eines kriegerischen Volks fand, auf
15 eine friedliche Provinz umbilden. O ihr Locke und Roußeau, und Clarke und Franke und Heckers und Ehlers und Büschings! euch eifre ich nach; ich will euch lesen, durchdenken, nationalisiren, und wenn Redlichkeit, Eifer und Feuer hilft, so werde ich euch nutzen,
20 und ein Werk stiften, das Ewigkeiten daure, und Jahrhunderte und eine Provinz bilde.
Die erste Einrichtung meiner Schule sei, so viel möglich, im Stillen, und mit Genehmigung meiner Mitlehrer: auf solche Art ist die Bevestigung seiner Absich-
25 ten natürlich, und ich sichere mich der Liebe meiner Collegen. Ists möglich, einzuführen, daß jeder seine Arbeiten wählt, die für ihn sind, Stunden wählt, die für ihn sind, keinen Unterschied an Classen und Ordnungen findet und finden will: wie viel wäre damit
30 ausgerichtet. So hat jeder seine Lieblingsstunden und Arbeiten: so fällt der Rangstreit weg, und das, was da bleibt, ist nur Ordnung: so wird die Achtung der Schüler unter die Lehrer vertheilet: so wird der Ein-

---

13 was] *am Rand für gestrichenes* fast *(Schreibversehen)*
33 vertheilet: so wird] *danach blieb* die *versehentlich ungestr., als nach Seitenwechsel die Satzkonstruktion geändert wurde*

förmigkeit und dem verdrüßlichen Einerlei, immer einen Lehrer und eine Methode zu haben, abgeholfen: so wird Veränderung in das Ganze der Schule gebracht, und alle Classen nehmen daran Theil: so wird keine ganz und gar verwildert, da doch alle Subjekte bei Einer Schule nicht Alle gleich gut seyn können: so wird ein größeres Band unter Lehrern und Schülern: so bekommt jeder die ganze Schule auf gewisse Art zu übersehen, zu unterrichten, und wird ein Wohlthäter des Ganzen: so bekommt der Aufseher das Ganze der Schule mehr zu kennen: so und überhaupt so ist die Vertheilung die natürlichste. Nun wird nicht Alles der Lateinischen Sprache aufgeopfert und ihr gleichsam zu Liebe rangiret: nun kann jeder Schüler, nach jeder Fähigkeit, hoch und niedrig und gerade an seinem Ort seyn: nun darf keiner, um einer Nebensache willen, in Allem versäumt werden: das Papistisch Gothische, das die Lateinische Sprache zur Herrscherin macht, wird weggenommen, und Alles wird ein regelmäßiges natürlich eingetheiltes Ganze. Jedem Lehrer bleibt sein Name, sein Rang, seine Lateinische eigne Classe; nur jede andre Wißenschaft, Theologie, Physik, Gr[iech]. Ebr. Franz. Sprache, Geographie, Historie, Realien, Poesie u. s. w. wird vertheilt.
Eine Realklasse fängt an. Die ersten Känntniße mehr der Naturgeschichte, als der Naturlehre, mehr von sich, als von Entferntem Fremden, von Körper, Seele, merkwürdigen Sachen, die man täglich braucht, und siehet und nicht kennet, Kaffee und Thee, Zucker und Gewürze, Brot und Bier und Wein u. s. w. Die ganze äußere Gestalt der Welt, in deren Mitte das lernende Kind steht, wird erklärt. Er auf den Unterschied, und Ähnlichkeiten und Beschaffenheiten der Thiere geführt, die er so liebt: die gemeinsten Bedürfnisse des Lebens, Er-

21 nur] *danach* T[heologie] *gestr.*

findungen und Künste ihm gezeigt, damit er sich selbst
kennen, in seinem Umkreise fühlen, und Alles brauchen
lerne. Das wird ihn zu keinem Fremdlinge in der Welt
machen, wo er ist: ihm keine unverstandnen Ideen lassen, die er sonst mit Sprache und Gewohnheit lernt,
ihn aufwecken, selbst zu betrachten, und überhaupt dem
grossen Zwecke nacheifern, ihm das zu erklären, oder
ihm die Erklärung von Alle dem finden zu lehren, was
ihm die Sprache, als Vorurtheil einprägt. Hier brauchts
keines Genies für Lehrer und Schüler; nur Treue, Fleiß
und Aufmerksamkeit. Hier kommen lebendige Sachen
und Kupfer zu Hülfe: er kennet seine Welt: hier wird
Alles lebendig: er findet sich, daß das eben dasselbe
ist, was er wuste und nicht weiß, zu kennen glaubte
und nicht kennet, spricht und nicht denket. Welche
Wetteiferungen! welche Revolution in der Seele des
Knaben! welche Erregung von unten auf! Eifer, nicht
blos Akademisch todter Erklärungen, sondern lebendiger, lebendiger Känntniße; das erweckt die Seele. Das
gibt Lust zu lernen und zu leben: das hebt aus der
Einschläferung der Sprache; das lässt sich den Eltern,
zum Ruhm der Kinder, vorpredigen; das läßt sich anwenden: das bildet auf Zeitlebens. Buffons Naturhistorie ist hier für den Lehrer, mit Auswahl, ein gutes Buch:
die Artikel von der Menschheit, von vielen einzelnen
Thieren, ohne System, ist blos für die Jugend und sonst
kaum gut. Hoffmanns Kinderphysik war es sonst, und
muß es, in Ermanglung eines Beßern, noch seyn: Rothe
ist so ein Stymper, wie Baumeister: und nichts weniger,
als eine Naturlehre für Kinder.
Man siehet, daß sich mit dieser Klasse von selbst manches zusammen schlinge, insonderheit aus der Geschichte
der Künste, der Handwerke, der Erfindungen; nur daß
dieses alles blos untergeordnet bleibt und kein Haupt-

24 Buch:] *danach* für d[ie Jugend?] *gestr.*
34 dieses] *danach* letzt[e] *gestr.*

zweck wird, wie in der Domschule. Ein Schüler, der
von Künsten und Handwerken ohne lebendige Anschauung allgemeinhin schwatzt, ist noch ärger, als der von
Allem nichts weiß: der aber, dem jede Kunst dienet,
um andres von lebendigen Känntnißen, die er als
Knabe schon haben muß, zu erklären; der bleibt noch
immer Knabe, indem er auch davon hört, und wird
nicht ein Maulaffe von einem unwissenden nachplaudernden Lehrjungen.

Man siehet, daß Mathematische Begriffe eben so gut
hiezu gehören, aber nicht, wie sie in unsern Büchern
stehen, sondern wie sie der Hauptbegriff einer ganzen
Wißenschaft sind, Töne, Farben, Waßer, Luft, Figuren,
Erscheinungen, Maschienen u. s. w. kommen als Spielwerk, hieher und werden die Basis zu einem sehr grossen Gebäude. Erzählungen von dieser und jener Begebenheit, Sache, Erscheinung, Erfindung, Denkwürdigkeiten, weben sich überall ein, plündern Historie und
Geographie, ohne von beiden einen pedantischen Schatten zu leihen, würzen und beleben Alles, geben lauter
Data, und Merkwürdigkeiten, ob sie gleich nur immer,
es war e i n m a l ! erzählen: von der heiligen Historie
knüpft sich hier nichts ein, als was würklich Menschlich
ist: Adam, die Schöpfung, das Paradies, die Sündfluth:
Kirchenceremonien, die von Christo herkommen, Taufe
und Abendmal, machen dessen Geschichte unentbehrlich und rührend; alles blos Jüdische und noch mehr
Ärgerliche wird vermieden: es wird Hauptzweck, dem
Knaben von alle Dem lebendige Begriffe zu geben, was
er sieht, spricht, geniesst, um ihn in seine Welt zu setzen, und ihm den Genuß derselben auf seine ganze
Lebenszeit einzuprägen. Mit einem solchen Anfange
wird er nie der Wissenschaften und noch weniger des
Lebens überdrüßig werden; nie seine Schulzeit beklagen: sich nie in einer andern Welt gebohren zu seyn
wünschen, weil ihm durch keine andre der Kopf ver-

Journal meiner Reise im Jahr 1769

rückt ist, und die seinige sein erster Horizont wurde. Schöne Klasse: die erste und beste den Menschlichen Geist zu bilden: die angenehmste, die Entwicklung einer schönen jugendlichen Seele zu behorchen, und sie auf ihre ganze Lebenszeit weise, gründlich, von Vorurtheilen frei, und glücklich zu machen. Sie verschließt auf immer den faulen morrastigen Weg, auf Wörter, Bücher und Urtheile andrer stolz hinzutreten und ewig ein schwatzender Unwissender zu bleiben. O wäre ein solches Buch geschrieben! oder vielmehr hätte ich einmal einen solchen Cursus durchgelehrt! und noch mehr ihn selbst durchgelernt! und zuerst durchgelernt! und wäre so gebildet! Nun bleibt mir nichts, als eine zweite Erziehung übrig: ich will mich in Frankreich bemühen, die Buffons, und Nollets recht schätzen zu lernen, überall Kunst und Natur und Auftritte der Menschen aufzusuchen, und in mich zu prägen und recht zu geniessen: und: die rechten Quellen von Büchern kennen lernen, um mich nach ihnen, wenn ich sie habe, zu bilden – Genius meiner Natur! wirst du mich an mein Versprechen, das ich dir und mir thue, erinnern!

Für das Herz gehört eben eine solche Klasse. Der Catechismus Luthers muß recht innig auswendig gelernt werden und ewig bleiben. Erklärungen über ihn sind ein Schatz von Pflichten und Menschenkänntnißen. Was auch Basedow über das Jüdische der zehn Gebote sage, mit rechten Erklärungen und leichten Einleitungen sind sie eine schöne Moral für Kinder. Das Artikelbekänntniß, ist dem ersten Stück nach, vortreflich und mit jedem Wort der Erklärung groß: das zweite führt auf die Lebensgeschichte Jesu, für Kinder so rührend und erbaulich: das dritte mehr nach den Worten des Artikels selbst, als jedem Buchstaben der Erklärung sehr nützlich und gleichsam die Basis zum Bekenntniß

5 Lebenszeit] *danach* glü[cklich?] *gestr.*
21 mir] *danach* suche *gestr.*

dessen, was Christliche Republik ist. Luther ist nicht in seinen Sinn eingedrungen, der mit jedem Wort eine Politische Einleitung ist, schön und unterrichtend. Das Gebet Christi ist schwer zu erklären und Luther zu weitläuftig: es ist im Sinn und mit Worten der Zeit Jesu; zum Theil auch nach den Vorurtheilen der Jünger, die auf Ein beßeres mit ihren eignen Ausdrücken gelenkt werden: es hat also eine Jüdisch-Hellenistische Farbe, und muß, da es einmal täglich in unserm Munde ist, in solche Worte, eben so kurz und verständlich übersetzt werden, als es ein Christus jetzt, für Kinder beten würde. Das Sakrament der Taufe ist vortreflich, um zu bilden, um daran zu erinnern, was man versprochen, um Christliche Bürger zu machen. Eine Taufe ohne Unterricht nach derselben ist Nichts; mit diesem, in den ersten frühesten Jahren, die nutzbarste Sache von der Welt. Das Abendmal ist das, worauf sie zubereitet werden sollen und nicht zeitig und innig gnug zubereitet werden können. Das soll einer meiner grösten Zwecke seyn, dies Sakrament würdig zu machen, es zu erheben, die Confirmation in alle Feier ihres Ursprungs zu setzen, und die ersten Eindrücke so ewig zu machen, als ich kann. Dazu will ich Karfreitag und Alles Rührende zu Hülfe nehmen, um es wenigstens von Außen so ehrwürdig zu machen, als ich kann: die ersten Eindrücke in ihrem ganzen Einfluße aufs Leben zu zeigen, den Pöbel zu empören, die schönen Geister zu überzeugen, die Jugend zu erbauen.

Der Cathechismus der Menschheit, wie ich ihn oben entworfen, fängt hier an, und wie schließt er sich mit Luthers Catechismus zusammen. Züge, Porträte, Geschichte, Leben aus aller Historie kommt dazu, um Menschlich zu bilden; aus der Bibel wenig – Kain, die Sündfluth mit gehörigen Einschränkungen, die Ge-

2 Sinn] *danach* ent[riert] *gestr.*
19 einer] *verbessert aus* mein

Journal meiner Reise im Jahr 1769

schichte Josephs, Eli, einiges von David, die Geschichte von Jesu in ein[i]gen Handlungen u. s. w. Die Geschichte andrer Völker und Zeiten, in grossen Beispielen und Vorbildern drängt sich Haufenweise heran: lebendig werde sie erzählt, wieder erzählt, nie gelernt, nie Pedantisch durchgefragt und durchgeknätet: so bildet sich Seele, Gedächtniß, Charakter, Zunge, Vortrag, und nachdem wird sich in späterer Zeit, auch Styl, auch Denkart bilden. Mit jedem solcher Geschichten wird die Seele des Knaben in einen guten Ton gewiegt: der Ton trägt sich stille fort, wird sich einprägen, und auf ewig die Seele stimmen —
Die zweite Realklasse ist schon ein completerer Cursus, der sich dem Wißenschaftlichen mehr nähert. Die Naturhistorie wird schon mehr Naturlehre, allgemeiner, zusammenhangender, mit Instrumenten und Erfahrungen. Da bekommt der Jüngling Wunderdinge zu sehen und noch mehr, zu a r b e i t e n : wie bin ich aber hierinn versäumt? Weiß ich Instrumente zu wählen, zu brauchen, zu verbeßern? Hier muß mir meine Reise zu Hülfe kommen, oder alles ist vergebens. Die erste beste Instrumentensammlung, wo ich sie finde: wo ich mit einem Manne bekannt werde: insonderheit in Deutsch- und Holland, wo ich der Sprache mächtig bin — ich will sie sehen, und kennen lernen, und jeden Mann nutzen, mit dem ich umgehe, und mich zu solchen drängen, mit denen ich umgehen kann, und keinen Winkel leer lassen. Eine Reisebeschreibung jedes Landes soll mir die Merkwürdigkeiten in Natursachen, Instrumenten und Kupfern sagen, die da zu sehen sind: und da jeder Mann gern seine Sachen erklären mag, so hoffe ich Erklärer zu finden. Und wenn ich zurückkomme: o so will ich alles erregen, um die Nutzbarkeit und Unentbehrlichkeit solcher Sachen des Anschauens zu zeigen,

12 stimmen —] *am letzten Buchstaben Schlußschnörkel: langer Horizontalstrich*

ich will das Elende der Worterzählungen beweisen und nicht ruhen, bis ich der Schule einen Schatz von Instrumenten und Naturalien verschaffe, und nachlasse. Vielleicht wird sich, wie Büsching das Glück gehabt, solche zu finden, auch für mich und meine Absichten Beförderer finden – –
Die Naturgeschichte wird in das Entferntere fortgesetzt; durch Kupfer und Natursachen. Buffon, Swammerdam, Reaumur, Röseler u. s. w. sollen hier spielende Bücher seyn, deren Bilder mit Erzählungen begleitet werden. Wie vieles habe ich hier selbst zu lernen, was ein Philosoph, wie Reimarus wuste. –
Eben hiemit wird ein Weg zu Büschings Vorbereitung zur Geographie: ein Buch, das ich wünschte, wie ein Collegium, in seinem Umfange, durchzuwissen. Die Naturhistorie verschiedner Reiche führt auf die Geographie, die in ihrem Anfange am schwersten ist. Wie ich von meiner sichtlichen Situation ausgehe? wie Naturansicht einer Insel, Halbinsel, festes Land u. s. w. auf eine Karte komme? wie ich diese in der Natur finde? wie eine Karte der Welt werde? wie sich Meer und festes Land im Ganzen verhalte? wie Flüße und Gebürge werden u. s. w.? wie die Erde rund seyn könne? und wie sie sich umschiffen lasse? wie sie in der Luft schwebe? wie Tag und Nacht werde? – siehe da! so wird der Anfang der Geographie natürlich Physische Geographie. Hier versammelt sich Naturlehre, Naturhistorie, etwas Mathematik und viel Data, viel Erscheinungen, viel Geschichten. Es ist nicht zu sagen, wie schwer manches den Kindern zu erklären sey, wovon sie immer schwatzen; aber eben auch ists nicht zu sagen, wie nutzbar ein solcher Cursus seyn müße. Hier wird die vorige Naturgeschichte ausgebreitet: ich finde, daß jedes Land seine Menschen, und Geschöpfe habe:

16 f. Geographie, die] *danach* erst schw[er] *gestr.*
23 u. s. w.?] *danach* Das sind *gestr.*

Journal meiner Reise im Jahr 1769

ich lerne sie überall kennen, jedes an seine Stelle setzen, und den ganzen Umfang einsehen, in den Alles gehört, den ganzen Körper der Erde. Man läßt sich also in jedes Landes einzelnes und am wenigsten Politisches Detail noch nicht ein: von allem die Hauptbegriffe, und wie Alles insonderheit zum Ganzen gehört. Natur bleibt also Natur und die Erste: Menschengattungen, politische und wilde und halbwilde Welt, in ihrer Gestalt, Kleidung, Lebensart; also nur Hauptstädte, aber viel Data von Sitten, Haupteinrichtungen und Zuständen: was sie haben und liefern, sind und nicht sind: wiefern alles ein Ganzes ist, oder nicht ist. Bei allem kommt Erzählung und Bild zu Hülfe; die ganze Geographie wird eine Bildersammlung. Wenig und keine erzwungene Reflexion, keine Charakteristik, noch keine einseitige Ideen; aber Data, Erzählungen: da lernt der Jüngling aus seinem Winkel hinaussehen, er lernt Humanität, nichts blind verachten und verspotten, alles sehr kennen, und seinen Zustand geniessen, oder sich einen beßern suchen. Grosses Studium! wer wird dabei ermüden? L i n d i n g e r s Charaktere sind ein elendes Werk: die Geographie in Dodsleis Lehrmeister ist ein Anfang: aus den besten Reisebeschreibungen, aber im Geschmacke eines Reisenden, wie Roußeau (s. Emil 4. Th. über die Reisen) muß ein lebendiger Auszug alles beleben! Welche Welt hier für den Jüngling! zu hören! zu behalten! wieder zu erzählen! aufzuschreiben! Styl, Denkart, Vernunft zu bilden! abzuwechseln – welche Welt! Was Pikard in Absicht auf Religionen allein ist, ist dies auf Alles!
Mathematik wird noch nicht anders getrieben, als mit Physik verbunden: wie viel aber kann und muß da schon getrieben werden, um jene nicht zu verlassen. Zur Geographie schließt sich Astronomie, Chronologie,

12 nicht sind:] *danach* u[nd] so wird es *gestr.*

Gnomonik: zur Känntniß des Lichts, der Luft, des Waßers, der Körper, Optik, Aerometrie, Hydrostatik, Mechanik: zur Känntniß der Karten Geometrie und Perspektiv – von allem also lebendige, nette, vollständige Begriffe; ist der Raum klein oder groß?
Aber es kommt noch ein grösserer, die Historie: diese muß jetzo schon eine Historie der Völker werden, und wie das? Daß sie dem andern treu bleibe, nur die Hauptveränderungen und Revolutionen jedes Volks erzähle, um seinen jetzigen Zustand zu erklären, alsdenn nur die Hauptveränderungen und Revolutionen zu erzählen, wie der Geist der Cultur, der Bekanntheit, der Religion, der Wißenschaften, der Sitten, der Künste, der Erfindungen von Welt in Welt ging: wie vieles dahinsank und sich verlor; andres neues herauf kam und sich fortpflanzte: wie dieser mit jenem Geschmack abwechselte, und weiter fortging, und der Strom der Zeiten sich immer fortsenkte, bis er unsre Zeit gab, den Punkt, auf dem wir stehen. Man sieht, diese Historie ist nichts, als eine Reihe von Bildern, in vielen Gattungen; nur muß in keiner kein einziger todter Begrif gegeben werden, sonst ist alles verlohren. Von keinem Geschmack, Erfindung, Kunst keine Geschichte gegeben werden, wo nicht der Begrif schon in der ersten Klasse liegt, von keinen Revolutionen z. E. in der Politik, feinen Kriegslehre u. s. w. erzählt werden, wo nicht der Gesichtspunkt schon vorgesteckt ist. Man sieht, daß hier nichts von unsrer Geschichte bleibt: keine Reihe von Königen, Schlachten, Kriegen, Gesetzen, oder elenden Charakteren; alles nur aufs Ganze der Menschheit, und ihrer Zustände, der Völkerwanderungen und Einrichtungen, Religionen und Gesetze und Denkarten, Sprachen und Künste – lauter Hauptbegriffe. Keine Geschichte einer einzelnen Kunst wird hier vollständig gegeben, so we-

1 Gnomonik: zur] *danach* le[bendigen?] *gestr.*
10 alsdenn] *danach* die *gestr.*

Journal meiner Reise im Jahr 1769

nig, als eine einzige vollständige Theorie zum Grunde lag; aber der Same zu allen Theorien und allen Geschichten; einzelner Künste, Wißenschaften, Gesetze u. s. w. so fern er im Strom der Zeiten lebendig herbeigeschwommen, darsteht. Wir haben gnug Geschichten *des revolutions* von Franzosen und Engländern; alle sind sehr zu brauchen und keine soll vergebens da seyn; nur keine muß, wie sie ist, gebraucht werden, und Rollin am wenigsten. Geschichte der Juden, von Prideaux, der Aegypter von Marigni, Mallet, mit Shaw, mit Pocock verbunden, der Chineser von Duhalde, der Japaner von Kämpfer, der Tartaren von de Guigne, der Indianer und Perser von Tavernier, der Araber von Marigni, der Griechen von Linguet, Winkelmann, Mably u. s. w. von Toscana, von Rom, von den neuern Völkern — welche grosse Anzahl Sammlungen, in der ich nicht eher ruhen will, bis ich eine kleine complete Sammlung der besten in jeder Gattung habe, und mir daraus eine Geschichte des Menschlichen Geschlechts mache. Abbt unternahm sie, und führte sie nicht aus; Boßvet hat einige vortrefliche Bilder, und Voltaire noch nutzbarere Betrachtungen: die Boisens und Häberlins sammlen vor: die Mehegans u. s. w. behandeln auf ihre Art: die Gatterers streiten über Historische Kunst; ich will nichts als eine bildende, Materielle Geschichte des Menschlichen Geschlechts suchen, voll Phänomena und Data. Montesquieus Geist der Gesetze, und Römer, Hume über England,

10 Marigni,] *danach* mit *gestr.*
11 Mallet,] *danach* von *gestr.*
11 Shaw,] *danach* v[erbunden?] *gestr.*
15 Griechen von] *zuerst:* Griechen, von M[ably?]
17 Rom,] *danach* durch Mon[tesquieu] *gestr.*
26 u. s. w.] *danach* sam[mlen?] *gestr.*

Voltaire, Mably, Goguet, Winkelmann u. s. w. sind hiezu grosse Leute! Doch ich gerathe zu weit

In diesem grossen Fortfluß der Geschichte, ist Griechenland ein kleiner Platz, und in diesem kleinen Platz die Mythologie eine Einzelne Merkwürdigkeit – immer merkwürdiger, als hundert andre Mythologien, da sie sich über drei grosse Völker und so viel Zeiten und Dichter und Weltweisen und Künstler erstreckt, die die Lehrer der Welt sind. In der Kunst und Dichtkunst ist diese Mythologie am sichtbarsten, am schönsten, am anschaulichsten: in jener wird sie wie eine lebendige Daktyliothek für Kunst und Denkart und Poesie und Nationalgeist studiret: und allerdings ist sie ein grosser, Beitrag zur Geschichte des Griechischen Geistes. Statt der blossen zerstückten Erklärungen könnte man für die Jugend schöne Stellen der Dichter, ganze Beschreibungen und ganze Gedichte aufsuchen und die todte Kunst durch die lebendige Poesie beleben. Ueberhaupt kann man nicht zu viel thun, um das blos Fabelhafte in der Mythologie zu zerstören; unter solchem Schein, als Aberglaube, Lüge, Vorurtheil hergebetet, ist sie unerträglich. Aber als Poesie, als Kunst, als Nationaldenkart, als Phänomenon des Menschlichen Geistes, in ihren Gründen und Folgen studirt: da ist sie groß, göttlich, lehrend!

Der Uebergang von Mythologie der Griechen auf Geschichte unsrer Religion ist rasch und hier nichts als Zufall: diese ist hier, wie eine Geschichte der biblischen Bücher aus Zeit, Volk, Nation, Denkart zu studiren. Michaelis Einleitung ins A. T. würde das beste Buch

3 weit] *kein Satzzeichen. Das Folgende in andrem Duktus*
12 anschaulichsten:] *danach* hier *gestr.*
22 Vorurtheil] *danach* studirt *gestr.*
22 sie] *danach* unerklärlich *gestr.*
27 Der] *in SWS:* Den *(Druckfehler)*

Journal meiner Reise im Jahr 1769

hier seyn, wenn wir sie hätten; jetzt wird aus seiner Einleitung ins N. T. nur ein weniges merkwürdiges herausgezogen, was für die Jugend wißenswürdig ist: und bei dem A. T. ist auf seine Uebersetzung zu warten und indessen ein Karpzow, Moldenhawer u. d. gl. zu brauchen. Es ist nicht zu sagen, was ein solches Pragmatisches Studium der Religion für Nutzen brächte: noch ist kein Kompendium, kein System in der Seele der Jugend präetablirt: noch ist nichts als Christliche Oekonomik der Kirche nach Luthers Catech[ismus] getrieben; jetzt wird Geschichte, die es aus Zeit und Volk erklärt, wie Theopnevstie, und die Schriften der Theopnevstie müssen verstanden werden. Das wird angenehm, wie Geschichte, wie lebendige Exegetik, wie ein Hinwandeln in andre Zeiten und Länder. Das wird bilden, und Pragmatische Einleitung zur Quelle der Theologie. Das gibt auf Lebenslang Hochachtung und Verstand der Religion: das ist das beste Mittel, ein neues Christliches Publikum zu schaffen. Mit dem Catechism der Menschheit wird dabei fortgefahren, und er ist das Buch zur Bildung. Ordnung des Heils wird nicht anders getrieben, als so fern sie jedesmal aus der Bibel im Zusammenhange der Zeit, Geschichte und Sinnes folgt: das einzige Mittel eine wahre Dogmatik zu bekommen, die weder eine Sammlung Biblischer Sprüche, noch ein Scholastisches System sey.

In diesem Zeitraum muß die Einbildungskraft leben; wie im ersten Gedächtniß, Neugierde, Sinn und Empfindung befriedigt wurden. Hier ist Alles Bild, Gemälde, der erste Schritt von der Erfahrung zum Raisonnement, was jetzt folgt

Und das wird dritte Klasse. Hier wird die Physik schon in ihren Abstrahirten Grundsätzen, im Zusammenhange

20 der] *in SWS:* zur *(Druckfehler)*
21 des] *Hs.:* der
31 folgt] *kein Satzzeichen. Seitenende*

einer Wißenschaft gezeigt. So auch die Mathematik und hier wirds also schon Gesichtspunkt, eine Schlußreihe zu übersehen, wie sie die Newtone gedacht und ausgedacht haben. Ebenfalls nähert sich die Naturgeschichte einer Kette; blos der Ordnung und des Uebersehens wegen; blos also aus Schwäche und nicht aus Nothwendigkeit. In allem diesen offenbart sich jetzt Philosophie der Natur; allgemeine grosse Aussichten, um so viel als möglich die Kette der Wesen anzurühren, die in der Natur herrscht. Von N e w t o n bis M a u p e r t u i s ; von Euler bis K ä s t n e r gibts hier Lehrer des Menschlichen Geschlechts, Propheten der Natur, Ausleger der Gottheit. Auf solche Art wird das System nicht zu frühe Geist der Erziehung; es kommt aber auch nicht zu spät: es schichtet die Seele, gibt der Jugend den letzten Druck, und Aussichten auf die ganze Zeit des Lebens. Hier bediene man sich des Sulzerschen Geistes der Encyklopädie, um bei allem Stuffe der Vollkommenheit, Mängel, und wahre Beschaffenheit zu zeigen: man werde überall, wie Bacon, um auf Lebenszeit zu entzünden und den Jüngling auf die Akademie zu lassen, nicht als einen, der seine Studien vollendet hat, sondern sie jetzt erst anfängt, jetzt erst ein Bürger der Republik wird, jetzt erst zu denken anfängt und dazu auf die Akademie und aufs ganze Leben eingeweihet wird. Eltern, Obrigkeiten, könnt ihrs gnug belohnen, daß man dadurch Faulheit und Ausschweifung bei eurer litterarischen Jugend auf Akademien fast unmöglich, Moralisch wenigstens unmöglich macht.
Die Geographie wird hier eben so vollendet. Ein lebendiger Abriß der Statistik jedes Landes, und des Zusammenhanges aller Länder durch Sprache, Commerz,

9 Wesen] *danach* zu *gestr.*
20 werde] *danach ein* zweit[er] *gestr.*
32 der] *danach* Moral [?] *gestr.*

Journal meiner Reise im Jahr 1769

Politik u. s. w. Hier wird, wer Geist dazu hat, eingeweihet, um ein Schutzgeist der Nationen zu werden; ihr Intereße gegen einander wird gewogen: er vergleiche, denke, wähle, verbeßre, ordne. Wie viel Unterwißenschaften öfnen sich hier! Oekonomie des Landes, Gesetzgebung, Handel, in allen ihren Zweigen! zu allem die Samenkörner, zu allem die Morgenröthe zu einem glücklichen Tage. – – Hier schließt sich die Geschichte an. Sie läßt sich schon auf jedes Reich im Detail ein, und so werden Könige, Reihen, Geschlechter, Namen, Kriege u. s. w. unvermeidlich. Alles aber wird nie eine Geschichte der Könige, der Geschlechter, der Kriege: sondern des Reichs, des Landes, und alles dessen was zu dessen Glückseligkeit oder Abfall beigetragen hat, oder nicht. Es versteht sich, daß es hieher gehört, wie sich alle Reiche zusammenschlingen, auch blos in Politischen Verträgen betrachtet: dies ist der letzte und veränderlichste Theil der Geschichte: nach welchen Aussichten über alle Zeiten und Völker nach dem Genie des Montesquieu, dem Bemerkungsgeist eines Mabli, der Politik eines Hume u. s. w. – Erziehung, die für unser Zeitalter, wo der Kriegerische und Religionsgeist aufgehört hat, wo nichts als der Commerz- Finanzen- und Bildungsgeist herrscht, sehr nöthig und nützlich ist

So wie jede Lehre auf dieser Classe schon überhaupt näher dem Wißenschaftlichen wird: so auch die Künste und Handwerke. Hier müssen einige z. E. Zeichnung, Malerei, in besondern Stunden vorausgesetzt, und mit Hülfe dieser von andern durch Nachzeichnungen u. s. w. Nachricht gegeben werden. Alle Instrumentalkünste sind in diesem Felde die schwersten: was soll man von ihnen zeigen? Instrumente? die würken nur, indem sie würken und diese Momente sind in ihnen nicht sichtbar.

25 ist] *kein Satzzeichen. Seitenende*

Wortbeschreibungen? wie elend, wie schwach, wie leicht werden sie die Sprache eines Halle. Man besuche also die Buden einiger Künstler, z. E. Uhrmacher u. s. w. und pflanze nur dem jungen Menschen Lust ein, die andern selbst zu besuchen. Man zeige ihm, wie viel Geist, Fleiß, Erfindung, Verbeßerung, Vollkommenheitsgabe in allen ruhe, und daß dieser Theil der Menschen der nächste sey an der unnachahmlichen Kunst der Thiere, die gewißermassen Kunst der Natur selbst ist. Hier siehet er den grösten Schauplatz des Menschlichen Geistes, den der Jüngling so leicht und gern verkennen lernt, und darinn blind bleibt.

Auf dieser Klasse ists erst Ort zur völlig Abstrakten Philosophie und Metaphysik, mit der man sonst zu frühzeitig anfängt: die aber hier unentbehrlich ist, und auch eine ganz andre Gestalt annimmt. Sie ist hier das Resultat aller Erfahrungswissenschaften, ohne die sie freilich nichts als eitle Spekulation wäre, hinter denen sie aber auch der bildendste Theil ist. Die Psychologie, was ist sie anders, als eine reiche Physik der Seele? Die Cosmologie anders, als die Krone der Newtonischen Physik? Die Theologie anders, als eine Krone der Cosmologie, und die Ontologie endlich die bildendste Wissenschaft unter allen. Ich gestehe es gern, daß wir noch keine Philosophie in dieser Methode haben, die recht Jünglinge bilden könnte, und die Ontologie insonderheit, die vortreflichste Lehrerin grosser Aussichten, was ist sie, als Terminologie geworden! O was wäre hier eine Metaphysik in diesem Geiste durchgängig, seine Aussichten von einem Begriffe auf einen höhern auszubreiten, im Geist eines Bako, was wäre das für ein Werk! Und ein lebendiger Unterricht darüber im Geist eines Kants, was für himmlische Stunden!

22 Physik? Die] *danach* O[ntologie?] *gestr.*

Journal meiner Reise im Jahr 1769

Die Logik wird nichts als eine Experimental Seelenlehre der obern Kräfte, und so wird sie ein ganz ander Ding, als sie ist. Welch ein Abgrund von Erfahrungen, wie die Seele, Ideen sammlet, Urtheilet, schliesset, liegt hier verborgen, und was ist die kleine elende Ab.c. Tafel die unsre Logik enthält. Man muß immer verbergen, daß man lehren will, und nur Ideen aufwecken, die in uns schlafen; unsre Logik thut das Gegentheil, nichts als lehren thut sie und siehe! sie lehrt trocken und erbärmlich. − − Eben hieraus leuchtets hervor, was für ein kleiner Theil in ihr entdeckt sey: welch ein weit grösserer ist die Aesthetik, als eine Philosophie der Sinne, der Einbildungskraft, der Dichtung! − Welch ein grösserer, die Philosophie des eigentlichen Bonsens, worunter das Wahrscheinliche, das Phänomenon u. s. w. nur kleine Funken sind, und die die wahre Lehrmeisterin des Lebens wäre.

Eben so die Moral mit der Seelenlehre, die Ethik mit der Menschlichen Natur, die Politik mit allen Phänomenen der Bürgerlichen Haushaltung verbunden! wie schließt sich alles an, was für ein Bako gehört dazu, um dies alles nur zu zeigen, wie es in den Plan der Erziehung und Aufweckung einer Menschlichen Seele gehört! der es ausführe und selbst dahinbilde!

Die Theologie tritt hier heran, wird ein System, aber voll Philosophie eines Reimarus, so wie sie in der vorigen Klasse voll Philologie eines Michaelis und Ernesti war. Alsdenn wird sie weder ermüden, noch vereckeln: sie wird denkende Christen und Philosophische Bürger machen − und wohl dem, der mit ihr, als Theologe, auf die Akademie geht.

Auf die Akademie geht, und siehe da! eine

4 die] *danach* Idee[n] *gestr.*
20 der] *danach* Mens[chlichen] *gestr.*
24 dahinbilde!] *danach* Die *gestr.*
30 der] *danach* als *gestr.*

Krone aller Philosophie, den Jüngling zu erheben, daß
er sich selbst bestimme, seine Studien recht einzurichten wisse, gut lese, höre, betrachte, geniesse, sehe, fühle,
lebe, daß er wisse sein eigner Herr zu seyn. Welch ein
Pythagoräisch Collegium! wie ein Gespräch mit sich
selbst beym Schluß des Tages! Geßners Encyklopädie,
mit mehr Realität durchwürzt, wäre darüber das beste
Lehrbuch, und Sulzer ihm zur Seite. Jener, um die
Menschliche, dieser um die gelehrte Seite des Jünglings zu decken: jener mit dem Geist eines Roußeau,
dieser eines Bako erklärt: das muß anfeuren, bilden,
und auf die ganze Lebenszeit anstossen!

Ich habe mich über Sprachen nicht ausgelassen und also
nur drei Classen gesetzt: denn es ist besser, daß man
lange auf einer Classe bleibe, als zu geschwinde springe.
Ist der Lehrer derselbe: so ist eine solche zu öftere
Veränderung nur ein Name; ist er andrer, ist seine
Methode anders, so ist der zu öftere Sprung schädlich.
Ueberdem gibts hier würklich drei Stuffen in der Natur der Sache: das Kind lernt nichts, als sich alles erklären, was um ihn ist, und er sonst nur schwatzen
würde, und legt durch Neugierde, Sinnlichkeit und
Empfindung den Grund zu allem: der Knabe dehnt
sich in Aussichten und Kännthißen der Einbildungskraft so weit aus, als er kann, und überfliegt das Reich
der Wissenschaften in hellen Bildern: der Jüngling steigt
auf alles herunter, und erforscht mit Verstand und
Vernunft, was jener nur übersahe. Sinn und Gefühl ist
also das Instrument des ersten: Phantasie des andern,
und gleichsam Gesicht der Seele: Vernunft des dritten
und gleichsam Betastung des Geistes! Der Materie nach
theilte sich jede Stuffe wieder in drei Behältniße, Naturlehre, Menschliche Geschichte, und eigentliche Abstrakte Philosophie. So z. E. in der ersten Klasse:

23 Knabe] *über gestrichenem* Jüngling

Naturlehre, Geschichte, Christlicher Catechismus. In der zweiten, Naturlehre, mit Naturhistorie und Mathematik: Geographie und Geschichte: Einleitung in die Geschichte der Religion und Catechismus der Menschheit. In der dritten Mathematik und Physik und Künste: Geographie, Geschichte und Politik: Metaphysik, Philosophie, Theologie, Encyklopädie. Die Eintheilung ist überall natürlich. Der Physiker kann nicht ohne Mathematik und umgekehrt; der Historiker nicht ohne Geographie und umgekehrt: der Philosoph nicht ohne Religion seyn und v[ice] v[ersa]. Das erste ist für den Sinn, das andre fürs Gesicht des Geistes und Einbildung, das dritte für Verstand und Vernunft: so werden die Seelenkräfte in einem Kinde von Jugend auf gleichmäßig ausgebessert, und mit Proportion erweitert. Das ist das Kunststück aller Erziehung und der Glückseligkeit des Menschen auf sein ganzes Leben!

Hiezu habe ich also drei Lehrer, oder neun Lehrer, oder im höchsten Nothfall nur Einen nöthig. Das erste ist das beste, und jeder der dreien lehrt auf drei Stuffen seiner Klasse: dies ist von außen gut, um ihm durchgängiges Ansehen zu verschaffen; und von innen, um ihm mehr Raum zu geben, von unten auf seine Wißenschaft zu excoliren, die mancherlei Stuffen derselben in Evidenz, Nothwendigkeit und Bildung zu zeigen, Methode des Menschlichen Geistes in drei Classen zu lernen, und ihm endlich, wenn er sich seinem Felde gibt, Ruhe von außen und von andern Arbeiten und Verwirrungen zu verschaffen. Der Schüler wiederum wird an eine fortgehende Methode gewöhnt, sieht, daß es immer der Lehrer ist der vorher mit ihm Kind war, jetzt Knabe, jetzt Jüngling wird, und gewinnt ihn desto lieber, indem er ihn immer beßer verstehen, nutzen,

5 f. und Künste] *nachträgl. über der Zeile*

anwenden lernt. So wird das Gebäude ohne Verwirrung und ohne Unordnung, und da der Vormittag vier Stunden gibt: so bleibt jeder eine übrig, und die vierte zu einer Sprache. Die ganze Realschule wird also ein simpler Plan von 3. Classen, 3. Lehrern; 9. Abschnitten und 9. Hauptarbeiten, die aber viel unter sich begreifen

Es ist natürlich, daß ich dazu fähige, willige, jugendliche Subjekte von Lehrern nöthig habe: Obern, die mich äußerlich unterstützen, mit Raum, Zeit, Instrumenten, Bildern: und denn Lehrbücher. Es wäre nicht unnütz, wenn der Aufseher einer Schule selbst Schemata zu den letzten gebe, wo wir sie noch nicht gedruckt haben; gedruckt aber sind sie in gewisser Maasse nach unsrer Welt besser, und nach der Pythagoräischen schlimmer.

Jetzt Sprachen! – Sprachen? – Es wird immer einen ewigen Streit geben, zwischen Lateinischen und Realschulen: diese werden für einen Ernesti zu wenig Latein, jene für die ganze Welt zu wenig Sachen lernen. Man muß also Stückweise fragen. Ist die Lateinische Sprache Hauptwerk der Schule? Nein! Die wenigsten haben sie nöthig: die meisten lernen sie, um sie zu vergessen. Die wenigsten wissen sie auch auf solchem höllischen Wege in der Schule selbst: mit ihr gehen die besten Jahre hin, auf eine elende Weise verdorben: sie benimmt Muth, Genie und Aussicht auf Alles. Das ist also gewiß, daß a) keine Schule gut ist, wo man nichts, als Latein lernet; ich habe ihm zu entweichen gesucht, da ich drei völlig unabhängige Realklassen errichtet, wo man für die Menschheit und fürs ganze Leben lernet? b) daß keine Schule gut ist, wo man nicht dem Latein

2 vier] *über gestrichenem* drei
4 ein] *danach* P[lan] *gestr.*
6 f. begreifen] *In der Hs. folgt hier die auf der nächsten Seite abgedruckte Tabelle*

[Zu S. 58]

Claße 1. Natur	Classe 2. Geschichte	Classe 3. Abstraktion
Ordnung 1. lebendige Naturhistorie einzeln	lebendige Geschichte aus aller Zeit einzeln	Catechismus: Sprüche: Empfind. Deutsche Poesie: und Sprache:
Ordnung 2. Naturlehre. künstl. Mathem. Physik }	Geschichte und Geographie künstlich Bilder aller Völker aller Zeit unsrer Zeit } }	Einleitung in die Geschichte der Religion und Catechismus der Menschheit.
Ordnung 3. Naturwissenschaft scientif. Mathem. Physik Naturlehre Künste	Geschichte und Geographie politisch: Grund aller Zeiten aller Völker unsrer Zeit	Philosophie und Metaphysik Logik, Aesthetik, Bonsens Moral, Politik, Ethik Theologie, Abschied, Encyklopäd[ie].

1 f. Claße 1. Natur] *statt* Natur *zuerst* Naturlehr[re] *und dann 3. Silbe gestr.*
4 f. lebendige Naturhistorie] lebendige *nachträgl. über der Zeile*

entweichen kann: in der meinigen ists. Wer gar nicht
nöthig hätte, Latein zu lernen, hätte Stunden gnug,
in dem was gezeigt ist und gezeigt werden soll c) daß
keine gut ist, wo sie nicht wie eine lebendige Sprache
gelernt wird. Dies soll entwickelt werden.

Man lobt das Kunststück, eine Grammatik, als Grammatik, als Logik und Charakteristik des Menschlichen
Geistes zu lernen: schön! Sie ists, und die Lateinische,
so sehr ausgebildete Grammatik ist dazu die beste. Aber
für Kinder? die Frage wird stupide. Welcher Quintaner
kann ein Kunststück von Casibus, Deklinationen, Conjugationen und Syntaxis Philosophisch übersehen? Er
sieht nichts, als das todte Gebäude, das ihm Quaal
macht; ohne Materiellen Nutzen zu haben, ohne eine
Sprache zu lernen. So quält er sich hinauf und hat
nichts gelernt. Man sage nicht, die todten Gedächtniß
Eindrücke, die er hier von der Philosophischen Form
einer Sprache bekommt, bleiben in ihm, und werden
sich zeitig gnug einmal entwickeln. Nicht wahr! kein
Mensch hat mehr Anlage zur Philosophie der Sprache,
als ich, und was hat sich aus meinem Donat je in mir
entwickelt?

Weg also das Latein, um an ihm Grammatik zu lernen; hiezu ist keine andre in der Welt als unsre Muttersprache. Wir lernen diese dumm und unwissend:
durch sie werden wir klug im Sprechen und schläfrig
im Denken: wir reden fremder Leute Worte und entwöhnen uns eigner Gedanken. Was für Geschäfte hat
hier die Unterweisung und welches wäre früher, als
dieses! Die ganze erste Klasse von Naturhistorie ist ein
lebendig Philosophisches Wörterbuch der Begriffe um
uns, sie zu erklären, zu verstehen, anzuwenden: ohne
Pedanterei der Logik, ohne Regeln der Grammatik.

1 Wer] *danach* sie *gestr.*
11 ein] *danach* Stu[eck?] *gestr.*
26 klug] *danach* u[nd] *gestr.*

Journal meiner Reise im Jahr 1769

Die ganze erste Klasse der Geschichte ist Uebung in
der leichtesten, lebendigsten Syntaxis, in der Erzälung
des historischen Styls. Die ganze erste Klasse für die
Empfindungen ist Rhetorik, erste Rhetorik der Sprach-
energie: alles lebendige Uebung. Nur spät, und wenig
aufschreiben; aber was aufgeschrieben wird, sei das
Lebendigste, Beste, und was am meisten der Ewigkeit
des Gedächtnißes würdig ist. So lernt man Grammatik aus der Sprache; nicht Sprache aus der Grammatik.
So lernt man Styl aus dem Sprechen; nicht Sprechen
aus dem künstlichen Styl. So lernt man die Sprache
der Leidenschaft aus der Natur; nicht diese aus der
Kunst. So wirds Gang, erst sprechen d. i. **denken**,
sprechen d. i. **erzählen**, sprechen d. i. **bewegen** zu lernen; und wozu ist hier nicht der Grund
gelegt! Die erste Klasse der Sprache sei also Muttersprache, die sich mit den vorigen zusammenschlingt, und
immer Eine Arbeit auf Eine Seele fortsetze. Der Lehrer lehre denken, erzählen, bewegen: der Schüler lerne
dreies: so lernt er sprechen: diese Klasse ist also nicht
von der vorigen, der ersten Ordnung durch alle 3. Klassen unterschieden. Die Wiederholung und Methode des
Lehrers ist schon Sprachübung.

Aus dieser ersten Ordnung des **Sprechens** folgt
in der zweiten, das **Schreiben**: und also der
Styl. Laß den Schüler die Erfahrungen und Versuche,
die er sieht, in aller Wahrheit aufschreiben: die Bilder
der Historie und Geographie in allem ihrem Lichte aufschreiben: die Einleitung in die Geschichte der Religion
und Menschheit in aller Stärke aufschreiben, und er hat
alle Uebungen der Schreibart, weil er alle der Denkart

---

1 Klasse der] *danach* Natu[r] *gestr.*
11 man] *danach angesetzt:* Ein[e?] *und gestr.; dann* die Kunst *gestr.*
19 denken,] *danach* spr[echen] *gestr.*
24 Ordnung] *danach* folg[t] *gestr.*
27 in aller Wahrheit] *nachträgl. am Rand*
30 Menschheit] *danach* auf[schreiben] *gestr.*

hat. Er lernt zwar freilich damit nicht Sachenlose eckle Briefe, Chrien, Perioden, Reden, und Turbatverse machen, die bei aller Ordnung noch Turbatverse, bei allen Materialien Schulchrien, bei aller Kunst der Wendung, linke Perioden, bei allem Geschrei kalte Reden bleiben; aber er lernt was Bessers: Reichthum und Genauigkeit im Vortrage der Wahrheit: Lebhaftigkeit und Evidenz, in Bildern, Geschichten und Gemälden: Stärke und unaufgedunstete Empfindung in Situationen der Menschheit. Jene erste Methode verdirbt in Briefen, Reden, Perioden, Chrien und Versen auf ewig: sie verdirbt Denk- und Schreibart: gibt nichts, und nimmt vieles, Wahrheit, Lebhaftigkeit, Stärke, kurz Natur: setzt in keine gute; sondern in hundert üble Lagen, auf Lebenszeit, macht Sachenlose Pedanten, gekräuselte Periodisten, elende Schulrhetoren, alberne Briefsteller, von denen Deutschland voll ist, ist Gift auf Lebenszeit. Die meinige lehrt alles, indem sie nichts zu lehren scheint: sie ist die bildendste Klasse des Styls, indem sie nichts als ein Register andrer Klassen ist, so wie auch würklich die Worte nur Register der Gedanken sind. Sie gewöhnt also dazu, nie Eins vom andern zu trennen, noch weniger sich auf eins ohne das andre was einzubilden, und am wenigstens, das Eine gegen das andre zu verachten. Mit ihr erspart man unendlich viel Zeit, unnütze und unmögliche Mühe, die auf jedem andern Wege seyn muß, thut mit Einem, was nicht durch 7. gethan werden [kann], bildet Sachenreiche Köpfe, indem sie Worte lehrt, oder vielmehr umgekehrt, lehrt Worte, indem sie Sachen lehrt, bildet den Philosophen, indem sie den Naturlehrer unterrichtet, und hebt also zwischen Beiden den ewigen Streit auf: bildet den Schriftsteller der Einbildungskraft, indem sie aus der

3 noch Turbatverse,] *danach* und *gestr.*
6 Reichthum] *danach* im *gestr.*
28 [kann],] kann *von G. Müller in der Hs. zugesetzt*

Journal meiner Reise im Jahr 1769

Geschichte und Weltkarte unterrichtet, und hebt also zwischen Beiden den ewigen Streit auf: bildet den Redner, indem sie den Philosophen der Menschheit [unterrichtet,] und hebt also zwischen Beiden den ewigen Streit auf. Der Logiker und der Naturerklärer wird Eins: was er ursprünglich auch ist, und in den Tsirnhausens, Pascals, Wolfen, Kästners und Lamberts war. Der Geschicht- und Schönschreiber wird Eins, was er ursprünglich auch war da die Herodote, Xenophons, Livius, Nepos, Boccaze, Macchiavells, Thuane und Boßvets, Hume, und Winkelmanns galten. Der Redner ins Herz und der Redner über Situationen der Menschheit wird Eins, was er auch war, da die Platone und Demosthene: die Catonen und Ciceronen, die Boßvets und Bourdeloue und Roußeaus, u. s. w. noch sprachen. Da war im ersten Fache noch keine Baumeistersche Logik, im zweiten keine Gatterische Historienkunst, im dritten keine Aristotelische oder Lindnersche Rhetorik vorhanden. Da lernte man beschreiben, erzählen, rühren, dadurch daß man sahe, hörte, fühlte! –
Die dritte Klasse wird hier eine Philosophische Klasse des Styls, wie es schon ihre Arbeiten mit sich bringen, die nichts als Philosophie sind. Nichts in der Welt ist schwerer, als Kunst und Handwerk zu beschreiben: wie gut muß man gesehen haben! wie gut sich auszudrücken wissen! wie oft seinen Styl wenden, Worte suchen, und recht fürs Auge reden, damit man begreiflich werde! Und dazu führt die erste Ordnung – zu einer Gattung von Styl, die ganz vernachläßigt wird, zu einer Gattung, in der die Halle's so elend sind, zu einer Gattung, die für alle am nöthigsten ist, für Kauf-

3 f. [unterrichtet,] und] unterrichtet *fehlt in der Hs.*
6 ursprünglich] *danach* ist *gestr.*
7 Pascals,] *danach* u[nd] *gestr.*
7 Lamberts] *danach* ist *gestr.*
9 auch war] *danach vor* [?] den *und verbessert in* da

mann und Handwerker, für Mann von Geschäften und Erfahrungen, für Alle. Hier ist Gellert elend, wie es Mai durch sein Beispiel zeigt: und hier ist doch die wahre Nutzbarkeit und Würde der Schreibart, in unsrer Sachen- und Politischen- und Commerz- und Oekonom[ischen] Welt, vom Staatsminister, bis zum Projektmacher; vom Mühlenschreiber bis zum Praktischen Philosophen, vom Handwerker zum Kaufmann. Hier zeigt sich die rechte Würde, in welcher z. E. ein Baumeister, ein edler Mechanikus, ein Kaufmann, wie H., und ein Staatsmann reden, der nicht wie in Regensburg schreibt. Hier sind wir Deutsche mit unsern Kreis- und Staatsgeschäften, mit unsern Oekonomie und Handelsbüchern, mit unsern Pütters und Estors, noch so sehr hinten: hier muß der Jüngling anfangen, und vollkommen werden.

Dasselbe bezieht sich auf die zweite und dritte Klasse dieser Materie; wo er in allen Arten der Realität – von Politik bis zur Philosophie Unterricht erhält, und hier eben wird die Rhetorik in ihrer grossen Allgemeinheit erst offenbar. Beschreibungen von Künsten und *factis*: Beschreibungen von den Gründen einer Situation, d. i. Politik und denn Raisonnement bis zu allen Gattungen der Abstraktion; o wie viel Arten des Styls mehr, als unsre Redekünste geben. Vortrag in Metaphysik, Logik, Aesthetik, Bonsens, Moral, Ethik, Politik, Theologie; allemal in ihrem Umfange – Gott! welcher Reichthum, Verschiedenheit, Menge an Materien und Formen! Und endl[ich] von Allem aus Philosophische Blicke auf Sprache und Alles! = = Das ist Styl der Muttersprache und sonst nichts in der Welt!

Jeder Lehrer legt in seiner Classe den Grund zu den Materialien dazu; die Aufsicht und Correktur derselben gehört dem Inspektor. So lernt er jeden Schritt der ganzen Schule, jedes Verdienst jedes Lehrers, jedes Talent jedes Schülers, und jeden Fortgang jedes Talents

Journal meiner Reise im Jahr 1769

derselben in vollem Maasse, und nicht durch Behorchen
der Lektionen, nicht durch Berichte der Lehrer, nicht
durch falsche vage Ex[p]loratorien und Examina, sondern durch Proben und Effekte kennen. Der Lehrer
hätte nichts zu thun, als die Schüler dazu anzuhalten,
und der Inspektor, dem Lehrer Plan oder Lehrbuch zu
geben: alles thut sich von selbst, ohne Bitterkeit, Mu-
sterungsbegierde und Herrschsucht. Die erste Klasse, die
nicht schreibt, sondern sich nur übt, zeigt diese Uebungen kindlich auf und erzählt desto mehr: das ist beßer,
als Paränetische und Betstunde: das ist das Jugendliche
Wettspiel feuriger Kinder. Eine allgemeine Versamm-
lungsstunde der Lehrer und Schüler, wo die würdigsten hervorgezogen, die unwürdigen gesichtet, und eben
dadurch auch den Lehrern Aufmunterungen gegeben
werden. Eine freundschaftliche Stunde monathlich unter
Lehrern, wo man nicht betet, sondern sich bespricht,
sich freuet, aufmuntert, ergötzet, als Mitarbeiter in einer
Ernte! – Eigentliche Rhetorik und Poetik als Kunst, ist
noch nicht hier, sie wird später hinten kommen! –
Man siehet, daß der Lehrer in jeder Stunde Materialien gibt; der Schüler sie zu Hause, oder in der letzten
Viertheilstunde ausarbeitet: und der Inspektor hat
wöchentlich neun oder wenigstens 6. Stunden nöthig,
um alles zu hören, zu lesen, zu beurtheilen. Man begreift, daß eben damit ein gar zu grosses Quantum von
selbst wegfalle. Daraus wird wechselsweise eine Geschichte der Arbeiten gemacht, wie die Geschichte der
Memoirs der Akademie: die bleibt bei der Schule. Die
Anzahl der Correkturen wird jedem Schüler, und der
Rektor wählt nur die Meisterstücke, um zum Denkmal
und zur Verewigung der Guten im Archiv der Schule
aufbehalten zu werden. Es versteht sich, daß die Ge-
rügten Faulen eben so gut im Archiv der Schule, wie

20 kommen! –] *danach* Es *gestr.*

auf der Rolle des Censors mit einer Note aufbehalten
werden; nur daß dies jedesmal nur das dritte mal geschieht. Am Examen, das jährlich einmal öffentlich ist,
wird diese Geschichte der Akademie laut und zur feierlichsten Stunde vorgelesen: der Lehrer hat eine in seiner
Klasse, wenn er will; die von der Schule, bleibt bei
dem Rektor, um auch äußerliche Ungezogenheiten der
Schülerrache zu verhüten. Der Rektor ist selbst der
Sekretär davon, der es monatlich aus den Uebungen
herauszieht, und in den Versammlungen vorlieset.
Nach der Muttersprache folgt die Französische: denn sie
ist die allgemeinste und unentbehrlichste in Europa: sie
ist nach unsrer Denkart die gebildetste: der schöne Styl
und der Ausdruck des Geschmacks ist am meisten in
ihr geformt, und von ihr in andre übertragen: sie ist
die leichteste, und einförmigste, um an ihr einen *Praegustus* der Philosophischen Grammatik zu nehmen: sie
ist die ordentlichste zu Sachen der Erzählung, der Vernunft und des Raisonnemens. Sie muß also nach unsrer
Welt unmittelbar auf die Muttersprache folgen, und
vor jeder andern, selbst vor der Lateinischen vorausgehen. Ich will, daß selbst der Gelehrte beßer Französisch, als Latein könne!
Drei Classen gibts in ihr: die erste hat zur Hauptaufschrift L e b e n ; die andre G e s c h m a c k , die
dritte V e r n u n f t — in allem der entgegengesetzteste
Weg von unserer Bildung, die todt anfängt, Pedantisch fortgeht und mürrisch endigt. Es muß ein Französischer Lehrer daseyn, der s p r e c h e , G e s c h m a c k und V e r n u n f t habe; sonst sei er von
allem entnommen. Das erste Wort hieß L e b e n , und
das erste Gesetz also; die Sprache soll nicht aus Grammatik, sondern lebendig gelernt werden: nicht fürs
Auge und durchs Auge studirt, sondern fürs Ohr und

9 davon,] *Komma verbessert aus Ausrufezeichen*
32 also;] *danach* le[bendig] *gestr.*

Journal meiner Reise im Jahr 1769

durchs Ohr gesprochen, ein Gesetz, das nicht zu übertreten ist. Ich weiß, was ich mir für verwünschte Schwürigkeiten in den Weg gelegt, aus Büchern, mit dem Auge, ohne Schall und Vestigkeit sie zu verstehen
5 und zu verstehen glauben: da bin ich mehr, als ein Unwissender. Die erste Sprache ist also eine Plapperstunde. Der Lehrer spricht mit dem Schüler über die bekanntsten Sachen des gemeinen Lebens, wovon überdem die erste Ordnung handelte[.] Der Schüler kann fragen,
10 der Lehrer muß ihm antworten, und sich nach ihm richten. Ein Schüler hat nach dem andern Freiheit, (aber nur im zweiten Theil des Cursus) Materien vorzuschieben; nur alle weitere Methode, Lehre, Frage, Ausdruck bleibt dem Lehrer. So wird der Schüler ein le-
15 bendig Gespräch und wie schön es ist, wenn er das wird und ist: denn ist er auf ewig auf dem 1[.] besten Wege. Nichts als eine kleine Geschichte wird bei dieser Klasse gehalten nach der sich alsdenn der Inspektor richtet: dessen Stunde hier, wie dort, eine Stunde kin-
20 discher Babillards ist; aber für ihn eine Stunde seyn muß, der er gnug thun kann: sonst ist Alles aufgehoben.
Die 2. Französische Classe spricht und lieset; mit Geschmack für die Schönheiten und Tours der Sprache:
25 hier sind Boßvets und Fenelons, Voltaire und Fontenelle, Roußeaus und Sevignes, Crebillons und Duklos Leute für den Geschmack der Sprache, der Wißenschaften, des Lebens, der Schreibart. Hier wird gelesen, das Buch geschloßen und geschrieben; also gewetteifert.
30 Hier werden alsdenn die Schönheiten der Sprache recht erklärt und gehäuft, um einen Originalen Französischen

---

1 gesprochen,] *danach* u[nd] *gestr.*
5 glauben:] *geändert aus* glaubte:
6 Sprache] *vielleicht irrtümlich statt* Klasse
15 f. wird und ist:] *danach* Nur *gestr.*
16 auf dem 1[.] besten] *deutliche* 1 *in großem Spatium; fehlt bei Suphan (SWS)*

Styl zu bilden. Uebung und Gewohnheit ist überall Hauptmeisterin, und so wie das Lehrbuch der Classe ein Auszug aus Büffons, Nollets, und allen Geschichten und ein Catechismus der Menschheit aus Roußeau u. s. w. ist: so ist das Geschichtbuch der Classe nichts minder, als ein Wetteifer mit diesen grossen Leuten.

Drittens und endlich kommt die Philosophische Grammatik der Sprache. Bei der Muttersprache hatten wir wenig Bücher; aber wir konnten sie, eben weil es Muttersprache war, lebendig selbst ableiten und bilden. Hier haben wir nicht blos gute Bücher, Restauts, d'Arnauds, Duklos, Desmarais, sondern die Grammatik ist auch die leichteste unter allen Sprachen. Die Sprache ist einförmig, Philosophisch an sich schon, vernünftig: ungleich leichter als die Deutsche und Lateinische, also schon sehr bearbeitet. Zudem hats auch den Vorzug, wenn man an ihr Philosophische Grammatik recht anfängt, daß ihr Genie zwischen der Lateinischen und unsrer steht: von dieser wird also ausgegangen und zu jener zubereitet. Dies Studium ist hier also am rechten Orte, angenehm und bildend: es sagt die Mängel der Sprache, wie ihre Schönheiten: es verbindet Lesungen und Uebungen über die Werke der grossen Autoren selbst. Es übt sich im Mechanischen, Physischen, Pragmatischen Styl, indem uns die Franzosen, in allem, in ihren Politischen, Physischen, Mechanischen Werken so sehr überlegen sind: übet sich in der Geschichte, wo die Französische Sprache die meisten feinen Unterschiede in Zeiten, Fluß in Bildern, Reihe von Gedanken u. s. w. hat: übet sich in der Philosophie, in der die Französische Sprache den meisten Schwung genommen: und thut zu allem die Urtheile der Critiker, der Frerons und Voltaire und Clements hinzu, um auch

---

34 Clements] *danach* zu *gestr.*

die Sprache der Französischen Critik lebendig zu lernen. Aus allem kommen Proben an den Direktor, der diese Sprache also nach aller Feinheit verstehen muß; oder der Zweck ist verloren. Dies ist Eins von den Mitteln, wodurch die Schule brilliren muß, und ohne ihr Wesen zu verlieren, und falsch zu brilliren. – – Jetzt sollte die Italienische Sprache folgen, das Mittel zwischen der Franz[ösischen] und Lat[einischen] insonderheit für den Adel, die Kenner von Geschmack, und die, die sonst nicht Lat[einisch] lernen, unentbehrlich; die Aussicht ist aber zu weit – ich komme aufs Latein.

Warum soll man bei dem eine Ausnahme machen, um es nur todt und vereckelt lernen zu wollen? Es ist eine todte Sprache! gut Historisch- Politisch- Nationaltodt; aber litterarisch lebt sie; in der Schule kann sie leben. Aber so wird sie nicht rein und Classisch gesprochen? warum nicht? wenn es der Lehrer spricht, wenn er nur Sachen wählt, über die es lohnt, Latein zu sprechen, warum nicht? und denn, gibt Natur und Fluß und Genie und Kern der Construktion, und lebendige Verständlichkeit der Lat. Spr[ache] nicht mehr, als das Schattenwerk weniger reiner Worte und Phrases? und werden nicht mehr Zwecke in der gelehrten Republik erreicht, wenn ich Latein kann, um zu sprechen, zu lesen, zu verstehen, zu fühlen: als zu Wortsichten, zu feilen, zu mäckeln? Und ists nicht endlich Zeit, von dieser Sucht hinweg zu lenken, und das Studium der Lateinischen Sprache würdiger zu machen? Die Wiederherstellung der Wissenschaften fing sich in Italien an: dies Land spricht beinahe Latein, indem es Italienisch spricht; Ohr und Zunge sind Latein: das konnte die Sprache adoptiren. Die Lateinische Sprache hatte in den Klöstern die Wissenschaften und Religion erhalten: sie schien von beiden und insonderheit der letzten also untrennbar. Italien konnte also seine Reihen von Vi-

da's und Sannazars haben, in denen wenigstens die
leichte holde Italienische Natur, die holde Musik der
Sprache u. s. w. zu sehen sind: indessen hat doch schon,
wie jeder weiß, und der Aut[or] über die Ital. Liter.
gezeigt hat, diese Sprache viele Jahrhunderte durch sehr
dadurch verlohren; sie hat Anagrammatisten und Critiker gezält, und den grossen Geist aufgehalten, der in
Italien schläft. Was geht dies alles uns entfernte Deutsche an? wohlan also! mit unserer eignen, Nordischen,
Originalsprache, sei
Die erste Lateinische Klasse spät, weit nach der Muttersprache, hinter der Französischen und selbst Italienischen, wenn es seyn kann. Sie fange zwar nicht mit
Sprechen (denn das Genie ist zu verschieden!) aber mit
lebendigem Lesen an, in Büschings Buch, wenn es nur
Originallateinischen Perioden hat, oder in den *histor.
select.* oder im Cornel. Nepos, oder wo es sei. Nur lebendig, um den ersten Lat. Eindruck stark zu machen,
den Schwung und das Genie einer neuen, der ersten
Antiken Sprache recht einzupflanzen, und also wahre
Lateiner zu bilden. Hier wird nichts geplaudert, von
Seiten der Schüler; und der Lehrer spricht nur immer
als Lektion, lebendige Lektion, rein und vorsichtig.
Aber **v i e l** wird gelesen, immer Eindrücke, lebendige
Bemerkungen, eingepflanzt: hier ist also die erste Classe
was bei der Französischen die zweite war; aber wie viel
Vorschritte hat nicht auch der Schüler schon?
Die zweite Klasse fährt schon gelehrter fort, übt sich in
allen Arten des Styls, und schreibt also. Da sind **L i -
v i u s**, und **C i c e r o n e n** und **S a l l u s t i u s** und
C u r t i u s u. s. w. was für eine neue Welt von Reden,
Charakteren, Geschichtschreiberei, Ausdruck, Höflich-

---

10 sei] *Anakoluth. Zu ergänzen etwa:* begonnen[.]
15 Buch,] *danach* oder *gestr.*
19 neuen,] *danach* Anti[ken] *gestr.*
28 fort,] *danach* u[nd] *gestr.*

keit, Staatswelt! wenig wird übersetzt! denn [wird] dies wenigstens nicht Hauptzweck! aber alles lebendig gefühlt, erklärt, Rom gesehen, die verschiednen Zeitalter Roms gesehen, das Antike einer Sprache gekostet,
5 Antikes Ohr, Geschmack, Zunge, Geist, Herz gegeben: und Allem nachgeeifert! Welch Gymnasium! welche schöne Morgenröthe in einer Antiken Welt! Welch ein Römischer Jüngling wird das werden! Hier also kommt Antike Historiographie, Epistolographie, Rhetorik,
10 Grammatik! Man sieht, wie übel, daß man die Rhetorik fürs einzige nimmt! Die antike Rhetorik mit der Modernen verwechselt! Die Antike Historiographie nicht erklärt, die Epistolographie zum Muster nimmt, und überhaupt Grammatik einer Antiken Sprache, nicht
15 von der Modernen unterscheidet. Hier wird alles unterschieden, lebendig gekostet, nachgeeifert! in dieser Klasse muß sich der Lat. Styl bilden!
Die dritte folgt: und hier die Poeten: Lukrez und Virgil, Horaz und Ovid, Martial und Juvenal und Per-
20 sius, Catull und Tibull. Hier ist das gröste Feld, antike Schönheit, Sprache, Geist, Sitten, Ohr, Regiment, Verfassung, Wissenschaften zu fühlen zu geben. Hier keine Nacheiferungen; es sei denn, wen die güldne Leier Apolls selbst weckt; aber viel Gefühl, Geschmack,
25 Erklärung. Auf dieser Klasse sind die Blumen und die Krone der Lateinischen Sprache: die Virgile und Horaze, die Ciceronen in ihrer Philos. und höchsten Rede, die Pliniusse und Tacitus: die grösten Muster also Antiker Poetik und Poesie, Antiker Rhetorik und Rede,
30 Antiker Politik und Naturhistorie – welche Welt, wahre Gelehrte, Weise aus der Alten Welt, Römische Sachgelehrte zu bilden, die die Römer kennen! Wie viel habe ich selbst noch auf solche Art zu studiren! –

1 f. denn [wird] dies] *statt* wird *in der Hs. zweimal ist und gestr.; so blieb der Satz versehentlich ohne Verbum*
23 güldne] *danach* Flöte A[polls] *gestr.*

Griechisch endlich, ist das unter den Antiken, was Französisch unter Modernen war. Auch der blosse Theologe fängt nicht mit dem Lateinischen Testament und der Hällischen Grammatik [an], sondern mit einer Reellen Grammatik, deren wir viele haben, und so gleich mit Lesen des Herodots, Xenophons, Lucians und Homers. Wohlverstanden in einem Cirkus von Zeit, Fortschritten und Wißenschaften! Hier ist die wahre Blume des Alterthums in Dichtkunst, Geschichte, Kunst, Weisheit! Welcher Jüngling wird hier nicht, der die Lateinische Sprache durchschmeckt, höher athmen und sich im Elysium dünken. Drei Classen gibts hier: ich bin aber noch zu wenig mit mir selbst über Methode einig, um sie genau zu bestimmen. Am sichersten, daß sie sich nach dem Latein richten: in der ersten viel g e l e s e n, in den H e r o d o t s und X e n o p h o n s und L u c i a n e n, oder im ersten allein. In der zweiten viel g e s c h m e c k t und b e m e r k t, in allen Prosaischen Gattungen. Im dritten der ganze Griechische Geist gekostet, in Poesie und was dem anhängt. Es schadet nichts, daß diese in der Geschichte vorausgegangen ist: denn in der Geschichte des Geistes nach unsrer Zeit, Welt, Sitten, Sprache geht sie nicht voraus: zuerst genommen verdirbt sie sogar: da gegentheils hinten nach erscheinend, alles auf sie bereitet und einladet, wie blühende Kinder auf ihre blühendere Mutter! O wer hier ein Kenner der Griechen wäre.

In der Hebr. Spr[ache] möchte ich mit Michaelis einig seyn, sie gar nicht, oder wenigstens müßte sie mit der kleinsten Auswahl getrieben werden, gleichsam der innigste Kreis eines Pythagoras. Sie komt also sehr spät, und wird blos als Orientalische, Botanische, Poetische, Sprache, eines Buchs oder einer Sam[m]lung wegen getrieben, die vortreflich ist. Dies ganze Studium ist Philosophie: die Sprache geht zu sehr ab, als sie sprechen, in ihr schreiben zu können, aber als Orientalische

Natur und Nationaldenkart betrachtet – welch eine Welt! Moses fängt an, und wir lernen seine Lieder selbst wie Kinder – von Abraham bis Moses wird lebendig zu lesen gesucht: Jacobs Lobgesang und Mirjam wird studirt: Moses Leben und Republik studirt, erklärt und so weit muß man gekommen seyn, um auf Akademie zu wandern. Wer weiter will, geht Josua und die Richter durch, fängt die Samuelis an, und geht jetzt an die Psalmen, Jesaias und einige Propheten: fährt in den Königen fort, und geht mit einer Auswahl der Propheten und Psalmen weiter: mit einigen Büchern Ezechiel, Daniel, Malachias, Esra, Nehem[ia], Esther zu endigen ist kaum nöthig. – – Hier ist eine Tabelle der Klassen der Sprachschule: Deutsche Sprache hat Vorsprung, Französische folgt: Italienische bei manchen: bei andern Lat. Franz. Ebr. Also

4 Jacobs Lobgesang und] *danach* Debo[rah] *gestr. Siehe Anm. zu* Mirjam
9 Psalmen,] *danach* Pro[pheten] *gestr.*

1. Deutsche Klasse Erste Ordnung	Franz. Klasse Erste Ordnung	Lat. Klasse Erste Ordnung	Griechische Erste Ordn.	Hebräische Zweite Gr. Ordn.
	Zweite Deutsche	Zweite Französische	Zweite Latein.	Dritte Lat.
		Dritte Deutsche	Dritte Franz.	Zweite Ital.
			Erste Italien.	Repitit. des Franz.
				Repitit. des Deutschen

Man siehet mit Fleiß nur zwei Ital., 2. Gr. Classen; denn beide sind sich an Subjekten entgegen. Nur eine Hebr., denn sie ist die letzte, Philos., eingeschränkteste Sprache; und ihr Anfang ist leicht; so wie ihr
5 schwerster Fortgang zum Glück blos Akad. ist, nicht Scholastisch ist. Franz[ösisch] hat 4. Klassen, denn es muß immer fortgesetzt werden: Lat. nur drei: Deutsch fünf, denn es dauret so lang, als Unterricht in den Wissenschaften dauret, und ist nach unsrer Methode
10 unabtrennbar von den Gedanken. Die erste Deutsche Klasse coincidirt mit der ersten Ordnung der 3. ersten Klassen, und fodert keine Besonderheit, als die Correktur des Lehrers. Die zweite Schichte, wo die Französische anfängt wills, und das bis zur Griechischen
15 Schichte: das sind täglich 3. Stunden, wovon die eine zwei, die andere 3., die 3te 4. Absonderungen hat. Die Hebräische Schichte fällt auf 2. Stunden die Woche, etwa Mitwoch und Sonnabend mit 5. Abtheilungen. Und so sind mit allen diesen Spracharbeiten täglich
20 3. und Mitwoch und Sonnabend eine Stunde besetzt, mit den vorigen 3. zusammenaddirt sind tägl[ich] 6., Mitwoch und Sonnabend eine nach Mittage, und das ist auch der Raum der Schule.

11 mit der ersten] *verbessert aus* mit den drei ersten
19 diesen] *danach* A[rbeiten] *gestr.*

Hier ist also Haupttabelle des Ganzen:

	7 – 8.	8. – 9.
1. Ordn.	Katechism. *etc.* Abstrakt.	Lebend. Geschichte
2. Ordn.	Geschichte u. Geogr.	Naturlehre
3. Ordn.	Naturwissen	Philosoph[ie]

9 – 10.

1. Ordn. Leb. Nat. Histor.
2. Ordn. Relig.
3. Ordn. Gesch. u. Geogr.

Sprachenschule

	10. – 11.	2 – 3.	3 – 4.
	Erste Franz: Klasse:	2te Deutsche	3te Deutsche
	Erste Lat. „	2te Franz.	3te Franz.
	Erste Gr. od. Ital.	2te Lat.	3te Lat.

Mitw. u. Sonn.

Hebr.
Gr. u. Ital.
Deutsch u. Franz.

So wechseln, Lehrer, Schüler, Arbeiten, ab; alles!
Daß die Schule so möglich National und Provinzial-

---

1 Ganzen:] *Sämtliche 7 Kolumnen wurden in der Hs. zunächst am linken Seitenrand untereinandergeschrieben. Für ihre Nebeneinanderordnung hatte Herder Fächer gezeichnet, die er aber leer ließ und durchstrich. Beim Untereinanderschreiben der ersten 3 Kolumnen wiederholte er jedesmal die Angaben 1., 2., 3. Ordnung, was im Druck fortblieb. Die letzten 4 Kolumnen am Rand wurden durchgestrichen, dann mit geändertem Inhalt und der Überschrift* Sprachenschule *nebeneinandergesetzt. Aus der durchgestrichenen Partie zu erwähnen: Die Kolumne* 10.–11. *enthielt unter* 3. Ordn. *den Vermerk:* Deklam[atorische] Arbeiten *(nach gestrichenem* ex[ercitia] lat.*)*

12 2te Deutsche] *ursprüngl. an zweiter Stelle, durch Buchstabenverweisung umgeordnet*

Journal meiner Reise im Jahr 1769

farbe bekomme, versteht sich, und das in Religion, Geschichte, Geographie, Naturhistorie, Politik, Vaterlandsgegenden u. s. w. Daß dies aber nicht mehr, als Farbe seyn müsse, versteht sich eben so sehr: denn der Schüler soll für alle Welt erzogen werden. Die Ritterklassen sind Reiten, Zeichnen, Fechten; sie sind vor 7. um 11. oder nachmittag um 4. oder endlich Mittwochen und Sonnabend. Sonnabend nach Mitt[ag] bleibt wenigstens ganz von Scholastischen Arbeiten leer!

Aber Ausführen? und warum könnte ich eine solche Stiftung nicht ausführen? Wars den Lykurgen, Solonen möglich, eine Republik zu schaffen, warum nicht mir eine Republik für die Jugend? Ihr Zwingels, Calvins, Oekol[a]mpadius, wer begeisterte euch? und wer soll mich begeistern? Eifer für das Menschliche Beste, Größe einer Jugendseele, Vaterlandsliebe, Begierde auf die würdigste Art unsterblich zu seyn, Schwung von Worten zu Realien, zu Etablißemens, lebendige Welt, Umgang mit Grossen, Ueberredung des Gen. Gouv[erneurs], lebendiger Vortrag an die Kampenh[ausen], Gnade der Kaiserin, Neid und Liebe der Stadt! = = o Zweck! grosser Zweck, nimm alle meine Kräfte, Eifer, Begierden! Ich gehe durch die Welt, was hab' ich in ihr, wenn ich mich nicht unsterbl[ich] mache!

Ich schiffete Kurland, Preußen, Dännemark, Schweden, Norwegen, Jütland, Holland, Schottland, England, die Niederlande vorbei, bis nach Frankreich; hier sind einige Politische Seeträume. Kurland: das Land der Licenz und der Armuth, der Freiheit und der Verwirrung; jetzt eine Moralische und Litterarische Wüste. Könnte es nicht der Sitz und die Niederlage der Freiheit und der Wißenschaft werden, wenn auch nur gewisse Plane einschlagen? Wenn das was bei dem Adel Recht und

6 Fechten;] *Hs.:* Feichten; *(Schreibversehen), danach* Zeichnen *gestr.*
14 Oekol[a]mpadius,] *Herder schrieb versehentlich* Oekolompadius

Macht ist, gut angewandt, was bei ihm nur gelehrter Luxus ist, aufs Grosse gerichtet würde? Bibliothek ist hier das Erste, es kann mehr werden, und so sei es mir Vorbild und Muster der Nacheiferung und Zuvorkommung. Auf welche Art wäre dem Liefländisch[en] Adel beizukommen zu grossen guten Anstalten? dem Kurländischen durch Freim.* dem Liefländisch[en], durch Ehre, Geistliches Ansehen, gelehrten Ruhm, Nutzbarkeit. Also zur Verbeßerung des Lyceum, also zur Anschaffung eines Physischen Kabinets von Natursachen und Instrumenten, also zur Errichtung neuer Stellen zum Zeichnen, und der Französischen und Italienischen Sprache u. s. w. Der gute Umgang zwischen den Predigern im Kurland sei mir auch Vorbild! = = Was für ein Blick überhaupt auf diese Gegenden von West-Norden, wenn einmal der Geist der Kultur sie besuchen wird! Die Ukraine wird ein neues Griechenland werden: der schöne Himmel dieses Volks, ihr lustiges Wesen, ihre Musikalische Natur, ihr fruchtbares Land u. s. w. werden einmal aufwachen: aus so vielen kleinen wilden Völkern, wie es die Griechen vormals auch waren, wird eine gesittete Nation werden: ihre Gränzen werden sich bis zum schwarzen Meer hinerstrecken und von dahinaus durch die Welt. Ungarn, diese Nationen und ein Strich von Polen und Rußland werden Theilnehmerinnen dieser neuen Kultur werden; von Nordwest wird dieser Geist über Europa gehen, das im Schlafe liegt, und dasselbe dem Geiste nach dienstbar machen. Das alles liegt vor, das muß einmal geschehen; aber wie? wenn? durch wen? Was für Samenkörner liegen in dem Geist der dortigen Völker, um ihnen Mythologie, Poesie, lebendige Kultur zu geben? Kann

---

7 Freim.*] *Freimaurerlogen. Das Sternchen, undeutlich, wohl als Freimaureremblem – Winkelmaß und Zirkel – gedacht*
22 f. ihre Gränzen] *verbessert aus* ihr Hand[el?] *(letztes Wort gestr.)*
32 Kann] *danach* es *gestr.*

Journal meiner Reise im Jahr 1769

die Katholische Religion ihn aufwecken? Nein, und wirds nicht nach ihrem Zustande in Ungarn, Polen u. s. w. nach dem Toleranzgeist, der sich auch selbst in dieser und der Griechischen Religion mehr ausbreitet,
5 nach dem anscheinenden Mangel von Eroberungen, den diese Relig[ion] mehr machen kann. Vielmehr werden also unsre Relig[ionen] mit ihrer Toleranz, mit ihrer Verfeinerung, mit ihrer Anrückung an einander zum gemeinschaftlichen Deismus einschlafen, wie die Römi-
10 sche, die alle fremde Götter aufnam: die brausende Stärke wird einschlafen, und von einem Winkel der Erde ein andres Volk erwachen. Was wird dieses zuerst seyn? Auf welche Art wirds gehen? was werden die Bestandtheile ihrer neuen Denkart seyn? wird seine
15 Kultur blos off- oder defensiv im Stillen gehen? was ists das eigentlich in Europa nicht ausgerottet werden kann vermöge der Buchdruckerei, so vieler Erfindungen und der Denkart der Nationen? Kann man über alles dies nicht rathen nach der Lage der gegenwärtigen Welt,
20 und der Analogie verflossner Jahrhunderte? Und kann man nicht hierinn zum Voraus einwürken? Nicht Rußland auf eine Kultur des Volks hinzeigen, die sich so sehr belohne? Da wird man mehr als Bako: da wird man im Weißagen größer als Newton: da muß man
25 aber mit dem Geist eines Montesquieu sehen; mit der feurigen Feder Rousseaus schreiben, und Voltairs Glück haben, das Ohr der grossen zu finden. In unserm Jahrhundert ists Zeit: Hume und Locke, Montesq[uieu] und Mablys sind da: eine Kaiserin v. Rußland da,
30 die man bei der Schwäche ihres Gesetzbuchs fassen kann, wie Volt[aire] den Kön. von Preußen: und wer weiß wozu der gegenwärtige Krieg in den Gegenden bereitet. Hier will ich etwas versuchen. Schlötzers An-

5 dem] *danach* Mang[el] *gestr.*
6 diese Relig[ion] mehr] *Hs.:* Relig. *über gestrichenem* Nation
23 Bako: da] *danach* kan[n] *gestr.*

nalen, Beilagen, Merkwürdigkeiten, Millers Sammlungen, jenes seine Geschichte der Moldau soll mir Gedenkbuch seyn, das ich studire: Montesquieu nach dem ich denke und wenigstens spreche: das Gesetzbuch der Kaiserin wenigstens Einfassung meines Bildes, über die wahre Kultur eines Volks und insonderheit Rußlands. Worinn die wahre Cultur bestehe? nicht blos im Gesetze geben, sondern Sitten bilden: was Gesetze ohne Sitten, und fremdangenommne Grundsätze der Gesetze ohne Sitten sind? Ob bei Rußlands Gesetzgebung Ehre das erste seyn könne? Bild der Nation? Ihre Faulheit ist nicht so böse, wie man sie beschreibt; natürlich, war bei allen Nationen und Schlaf zum Aufwachen. Ihre List – ihre Nachahmungssucht – ihre Leichtigkeit – wie in allem der Saame zum Guten liege? wie er aufzuwecken sei? was ihn verhindre? Weg zur allmälichen Freiheit. Was eine plötzliche schaden könne? Weg zur allmälichen Einrichtung? Was plötzl[iche] Colonien, Vorbilder u. s. w. schaden können? Was die Deutschen geschadet haben? Vortreflichkeit guter A n o r d n u n g, die über Gesetze und Hofbeispiele geht. Einrichtung des Ackerbaues, der Familien, der Haushaltungen. Der Dependenz der Unterthanen, der Abgaben, ihrer Lebensart. Einige Vorschläge für die neue Oekonomische Gesellschaft, die mehr den Geist der Oekonomie in Rußland betreffen. [I.] Daß andre Länder und selbst Schweden nicht immer Vorbilder seyn können. Vom Luxus. Daß Befehle hier nichts machen können, üble Folgen in Riga. Daß das Exempel des Hofes nur an Hofe gelte, und da auch grosse Vortheile aber auch Nachtheile habe. Daß viele einzelne Exempel in einzelnen Provinzen mehr thun; und noch mehr einzelne Beispiele in einzelnen Familien. Folgen davon, daß

29 Daß] *danach* de[r] *gestr.*

die Rußische Herren das ihrige in Peterburg verzehren. Daß der Peterb[urger] Staat ins Prächtige Geschmacklose verfällt; wogegen unsre Kaiserin arbeitet. Daß es mit Frankreich anders sei durch den Besuch der Fremden und andre Anstalten, und daß auch selbst dieses sich erschöpft. Uebles Beispiel der Gouverneure in den Provinzen, und der Hausväter in Fabriken und Bauerhütten. II. Daß weder Englands noch Frankreichs noch Deutschlands gesetzgeberische Köpfe es in Rußland seyn können. Wie sehr man sich in der Nachahm[ung] Schwedens versehen. Daß man Griechenland und Rom nicht zum Muster nehmen könne. Daß es Völker in Orient gebe, von denen man lernen müße. Persien, Aßyrien, Egypten, China, Japan. Grundsätze hievon, nach dem Charakter, der Vielheit und der Stuffe der Rußischen Nationen. Eintheilungen in ganz cultivirte, halb cult[ivirte] und wilde Gegenden. Für diese ihre Gesetze, um sie herauf zu bilden, das sind Gesetze der Menschheit und der ersten rohen Zeiten. Wie diese Nationen von Rußland vortreflich zu brauchen sind. Wie das Halbcult[ivirte] Gesetze haben muß, um gesittete Provinz nichts aber mehr zu werden. Unterschied des Geistes der Cultur in Provinz und Hauptstädten. Endlich Gesetze für Haupt- und Handelsstädte. Wie Montesq[uieu] Muster seyn kann. Die wilden Völker sind an den Gränzen: das halbges[ittete] ist Land: das gesittete Seerand. Gebrauch von der Ukraine. Vorige Plane hieher. III. Das Materielle von den Gesetzen und der Beitrag jedes auf die Bildung des Volkes macht das dritte aus. Alles nach Montesq[uieus] Methode kurz, mit Beispielen, aber ohne sein System. Die Fehler der Gesetzgebung frei beurtheilt, und ihre Grössen frei gelobt. Viel Beispiele, Geschich-

17 diese] *über gestrichenem* jede
21 um] *danach* der [?] er[sten?] *gestr.*
31 sein] *danach* Str... [?] *gestr.*

ten und Data angeführt und o ein grosses Werk! und
wenn es einschlüge? was ists ein Gesetzgeber für Fürsten und Könige zu seyn! und wo ist ein beßerer Zeitpunkt als jetzt, nach Zeit, Jahrhundert, Geist, Geschmack und Rußland!
Die Staaten des Kön. v. Preußen werden
nicht glücklich seyn, bis sie in der Verbrüderung zertheilt werden. Wie weit ists möglich, daß nicht ein
Mann, durch sich, kommen kann? wie groß, wenn man
ihn in allen geheimen Spuren seines Geists verfolgte? wie
groß, wenn er sein Politisches Testament schriebe, aber
ohne das Epigramm zu verdienen, was er selbst auf
Richelieu gemacht hat. So dünkt er uns jetzt, wie aber
der Nachwelt? was ist denn sein Schlesien? wo wird
sein Reich bleiben? Wo ist das Reich des Pyrrhus? Hat
er mit diesem nicht grosse Ähnlichkeit? – – Ohne Zweifel ist das Größeste von ihm Negativ, Defension,
Stärke, Aushaltung; und nur seine grossen Einrichtungen bleiben alsdenn ewig. Was hat seine Akademie ausgerichtet? Haben seine Franzosen Deutschland und seinen Ländern so viel Vortheil gebracht, als man glaubt?
Nein! seine Voltäre haben die Deutschen verachtet
und nicht gekannt: diese hingegen haben an jenen so
viel Antheil genommen als sie auch immer aus Frankreich her genommen hätten. Seine Akademie hat mit
zum Verfall der Philosophie beigetragen. Seine Maupertuis, Premontvals, Formeis, d'Argens was für Philosophen? was haben sie für Schriften gekrönt? den
Leibniz und Wolf nicht verstanden, und den Hazard
eines Premontv[al] die Monadologie eines Justi, den
freien Willen eines Reinhards, die Moralphilosophie und
Kosmologie eines Maupertuis, den Styl eines Formei
ausgebrütet. Was ist dieser gegen Fontenelle? was sind
die Philosophen auch selbst mit ihrer schönen Schreib-

30 eines Premontv[al] die] eines Premontv[al] *nachträgl. über der Zeile. Zu Hazard vgl. Anm.*

art gegen die Locke und Leibnitze? – Ueber die Sprachen sind sie nützlicher geworden. Michaelis, Premontval und die jetzige Aufgabe; aber doch Nichts grosses an Anstalt, und für ewige Ausführung. Mathematik hat einen Euler gehabt; der wäre aber auch überall gewesen, so wie le Grange sich im Stillen bildete. Und denn fehlts allen seinen Entdeckungen noch an dem grossen Praktischen in der Anwendung, wodurch V ö l ker lernen, und Weise ihre Theorien verbessern um sie augenscheinlich ins Werk zu richten. Der Geschmack der Voltaires in der Historie, dem auch Er gefolgt ist, hat sich nicht durch ihn ausgebreitet: seine Unterthanen waren zu tief unter ihm und Voltaire, um ihn zum Muster zu nehmen: zu sehr unwißende Deutsche, zu sehr Unterthanen. Seine und Voltairs Philosophie hat sich ausgebreitet; aber zum Schaden der Welt: sein Beispiel ist schädlicher geworden, als seine Lehre. Daß er seine Deutsche nicht kennet? warum er Preußen verachtet? Daß er Machiavell folgt, ob er ihn gleich widerlegt hat. Aussichten auf das Glück seiner Unterthanen nach der Zertheilung.
S c h w e d e n : da sehe ich die Klippe des Olaus! Wie war die Zeit, da er lebte, da er starb! Wie grosse Gedanken gibt sein Grab mit Nebel und Wolken bedeckt, von Wellen bespült u. s. w. von dem Nebel und der Zauberei seiner Zeit? Wie hat sich die Welt verändert! Was für drei Zeiten, die alte Skandinavische Welt, die Welt des Olaus, unsre Zeit des armen ökonomischen und erleuchteten Schwedens. Hier wars, wo voraus Gothen, Seeräuber, Wikinger, und Normänner segelten! Wo die Lieder ihrer Skalden erklangen! Wo sie ihre Wunder thaten! Wo Lodbroge und Skille fochten! welche andre Zeit! Da will ich also, in solchen dunkeln trüben Gegenden ihre Gesänge lesen und sie

17 ist] *danach* sehr *gestr.*
30 Gothen,] *danach* Straßen[räuber] *gestr.*

hören, als ob ich auf der See wäre: da werde ich sie mehr fühlen, als Nero seine Heroide da Rom brannte. Wie verändert von diesem, als auf dieser See die Hanseestädte herrschten. Wisby, wo bist du jetzt? Alte Herrlichkeit von Lübeck, da ein Tanz mit der Königin Bornholm kostete, und du Schweden ihren Gustav Wasa gabst, wo bist du jetzt? Alte Freiheit von Riga, da der Altermann seinen Hut auf dem Rathhause lies und nach Schweden eilte, um die Stadt zu vertheidigen, wo jetzt? Alles ist zurückgefallen: mit weichen Sitten ist Schwachheit, Falschheit, Unthätigkeit, Politische Biegsamkeit eingeführt; der Geist von Hanseestädten ist weg aus Nordeuropa, wer will ihn aufwecken? Und ists für jede dieser Städte, Hamburg, Lübeck, Danzig, Riga nicht grosse wichtige Geschichte, wie sich dieser Geist verlohren? nicht, wie sich ihr Handel, ihre Privilegien u. s. w. sondern ihr Geist vermindert und endlich Europa verlassen hat, und haben wir solche Geschichte von Hanseestädten? Willebrand sollte sie schreiben, wenn er nicht zu fromm wäre: und alle Hanseestädte auf ihren offenbaren Rechtstägen lesen! – Jetzt, Riga, was ists jetzt? Arm und mehr als arm, elend! Die Stadt hat nichts, und mehr auszugeben, als sie hat! Sie hat eine dürftige, nutzlose Herrlichkeit, die ihr aber kostet! Ihre Stadtsoldaten kosten, und was thun sie? ihre Wälle und Stadtschlüßel kosten und was thun sie? Das Ansehen ihrer Rathsherren kostet ihnen so viel schlechte Begegnung und nutzt nichts, als daß sie sich brüsten und den Bürgern für den Kopf stossen können. Alles reibt sich an der Stadt: Gouverneur und Regierungsrath, Minister und Kronsschreiber: Dieser gibt sich ein dummes Ansehen mit seinen 150. Rubeln über Bürgerm[eister] und Rath: das ist Uebelstand.

11 f. Biegsamkeit] *danach* hat s[ie] *gestr.*
19 von] *danach* Ri[ga] *gestr.*
30 Stadt:] *danach* der *gestr.*

Journal meiner Reise im Jahr 1769

Der Minister läßt sichs bezahlen, daß er nicht schade: Uebelstand. Der Regier[ungs]rath zwackt Foderungen ab, daß er helfe: Uebelstand. Gouverneur wird in Ansehen Despot und verbindet noch Intereße: Uebelstand
– alles ist gegen einander. Kaiserin und Stadt: Hof und Stadt: Gouvernement und Stadt: Kronsbediente und Stadt: Titelräthe und Stadt: Adel und Stadt: Schmaruzer und Stadt: Rathsherren und Stadt – welcher Zustand! Man kriecht um über andre sich zu brüsten: man schmarutzt, um sich zu rächen: man befördert sein Intereße, und schiebts auf die Kaufmannschaft: man erkauft sich einen Titel, um elend zu trotzen: man bereichert sich, um mit leeren Versprechungen zu helfen. Welcher Zustand! Unmöglich der Rechte, sondern die Hölle zwischen Freiheit und ordentlichem Dienste. Es höre der Unterschied zwischen Stadt und Krone auf: der Rath behalte seine Einrichtungen, Freiheiten, Departemente, Gewalt: nur [er] bekomme einen Präsidenten, der sie gegen Militarische Begegnung durch sein Ansehen schütze. Auch sie müssen Kronsbediente werden, und aller Unterschied der Begegnung z. E. bei Gerichten u. s. w. aufhören: sie selbst und jeder unter ihnen, Advokat u. s. w. Rang bekommen: Die Casse muß ihr bleiben, nur der Präsident sei das Mittel, das sie mit dem Hofe binde und von allem wisse. Er sei der Burggraf, und der Vater der Stadt: der Vertreter gegen Gewalt, und Vorsprecher bei der höchsten Obrigkeit. Im Commerzcoll[egio] bekomme der Präfect. der Stadt mehr Ansehen und könne dem Oberinspektor näher kommen. Der Oberpastor stehe über dem Past[or] der Jacobikirche, aber unter dem Sup[erintendenten] und das Stadtconsistor[ium] so unter dem Oberconsist[orium], wie Magistr[at] unter Hofgericht. Die Kanzelei sei nicht erblich, aber doch

22 aufhören:] *danach* er *gestr.*
34 Hofgericht.] *danach gestr.:* Es e...

die Stadtkinder behalten Vorzug und kein militarisches Aufdringen sei möglich. Sie balancire mit der Krone und aller Haß werde ausgelöscht. Man nehme Rathsherrn so gut aus Advokaten hier, wie bei der Krone: Kanzlei und Advokatur sei kein Wiederspruch; aber auch keine nöthige Verbindung. Man wähle, wo man findet, und lasse nicht 2. Rathsherrn und den Advokaten freie Hände. Kein Bürger werde in Ohrenklagen gegen den Magistrat gehört, und kein Magistrat beschimpft. Der Partheiengeist werde erstickt: in der Handlungsverbeß[erung] beßere bürg[erliche] Commission gesetzt: so im Geistl[ichen] auch, wo so viel Verbeßer[ung] nöthig ist, und die Stadt werde Eins, ruhig glücklich. Sie bleibe keine Scheinrepublik, keine R[es]p[ub]l[ica] in republ.; aber eine Dienerin mit Vorzügen und Range: wie glücklich wer das könnte! der ist mehr als Zwinglius und Calvin! ein Befreier und zugleich Bürger – sind dazu keine Wege möglich? aber jetzt nicht: spät: durch Gewalt an Hofe. Ich bin bei der Stadt gewesen, mit Advokaten, Canzl[ei] und Rath umgegangen; komme unter die Krone, werde dies Departement kennen lernen; beides untersuchen – soll dies nicht Vorurtheil für mich seyn? Kampenhausen und Tesch und Schwarz und Berens nützen: im Stillen arbeiten, und vielleicht bekomme ich einmal ein Wort ans Ohr der Kaiserin! Was Morellet in Frankreich ausrichtet; ich das nicht an einem andern Ort. Dazu will ich meine Gabe zum Phlegma und zur Hitze ausbilden, mir erste Anrede und Gabe des kalten deutl[ichen] Vorschlages geben, den nur spät ein Enthusiasmus unterstütze, und so mich im Stillen bereiten, um Einst nützl[ich] zu werden – o hätte ich doch keine Critische Wälder geschrieben! – – – Ich will mich so stark als mögl[ich] vom Geist der Schriftstellerei abwenden und

33 so] *danach* wenig *gestr.*

Journal meiner Reise im Jahr 1769

zum Geist zu handeln gewöhnen! — Wie groß, wenn ich aus Riga eine glückliche Stadt mache.

Die dritte Periode auf der Ostsee sind die Holländischen Domainen: Holland, dies Wunder der Republik; hat nur Eine Triebfeder, Handelsgeist, und dessen Geschichte möchte ich lesen. Wie er auf den Geist der Feudalkriege folgte? sich aus Amerika und Asien in Europa übertrug, und einen neuen Geist der Zeit schuff. Er war nicht einerlei mit dem Erfindungsgeiste: Port[ugal] und Span[ien] nutzten nichts von ihren Entdeckungen: er war eine Oekonomie Europens zu dem sich aus Morrästen eine arme, dürftige, fleißige Republik emporhob. Welch ein grosser Zustrom von Umständen begleitete sie zum Glück! zum Glück von Europa! Aber von ihnen hat Alles gelernt: derselbe Geist hat sich überall ausgebreitet: England mit seiner Akte, Frankreich, Schweden, Dännemark u. s. w. Holland ist auf dem Punkte zu sinken; aber natürlicher Weise nur allmählich. Der Verf. des *Commerce de la H[ollande]* hats gezeigt: sein Mittel aber zur Entdeckung des 5t[en] Welttheils wird nichts thun: der Entdeck[ungs]geist ist nicht der Kaufmannsgeist. Daher hat man nichts einmal unternehmen wollen: auch unternommen, wäre für Holland kaum eine Einnahme und Einrichtung zur Bothmäßigkeit mögl[ich]: und endlich würden sie es so gewiß verlieren, als Holland sein Brasilien und Port[ugal] sein Ostindien verlor. Dieser Verfall ist kaum mehr vermeidlich: die Gestalt Europens ist zu sehr darnach eingerichtet, daß sie ihn fodert; und Holland sinkt durch sich selbst. Seine Schiffe

14 Glück!] *danach gestr.:* u[nd] was l...
15 Aber] *danach* d[erselbe?] *gestr.*
17 Akte,] *danach* Dä[nemark?] *gestr.*
19 allmählich.] *danach* W *gestr.*
23 wollen:] *danach* daher *gestr.*
27 und] *danach* E[ngland?] *gestr.*

gehen umsonst: die Preise der Compagnie fallen: die
Republik ist weniger in der Waage Europens, und muß
dies Wenige bleiben, sonst wird sie noch mehr [verlieren]. Sie bereichert sich von dem, was andre ihr zu
verdienen geben, und diese geben ihr weniger zu verdienen, und werden endlich von ihr verdienen wollen.
Es wird also einmal und vielleicht schon bei meinen
Lebzeiten eine Zeit seyn, da Holland nichts als ein
todtes Magazin von Waaren ist, das sich ausleert und
nicht mehr vollfüllen mag und also ausgeht, wie eine
Galanteriebude, die sich nicht ersetzen will. Der Geldwechsel wird noch länger als der Waarenhandel dauren;
wie aber, wenn England mit seinen Nationalschulden da
einmal ein Fallißement macht? In diesem Betracht aber
kann es sich noch lange erhalten: denn einmal ist doch
vor ganz Europa eine Geldwechslerin nöthig: diese
muß eine Republ[ik] seyn: liegen, wie Holland liegt:
mit dem Seedienst verbunden seyn: die Genauigkeit
zum Nationalcharakter haben und siehe! das ist Holland! Republik, in der Mitte von Europa, für die See
geboren, arbeitsam und nichts als dieses, genau und
reinl[ich] wie im Gelde so in der Rechnung: es wird
lange Wechslerin bleiben, was ists denn aber als dieses
allein? Keine Seemacht, sondern Seedienerin; keine
handelnde Nation mehr, sondern Dienerin und Hand
des Handels: welche grosse Veränderung! Denn wird
man sehen, was Handelsgeist, der nichts als solcher ist,
für Schwächen gibt: das wird alsdenn kein grübelnder
Philosoph, sondern die Reelle Zeit lehren, nicht mit
Worten, sondern Thaten: in einem grossen Beispiel,
für ganz Europa an einer ganzen Nation. Da wird
man sehen, wie der blosse Handelsgeist den Geist der

3 sonst] *danach* ve[rliert?] *gestr.; am Ende des Satzes würde man* verlieren *erwarten*
16 diese] *danach* G[eldwechslerin] *gestr.*
23 lange] *danach* S[eedienerin?] *gestr.*

Journal meiner Reise im Jahr 1769

Tapferkeit, der Unternehmungen, der wahren Staatsklugheit, Weisheit, Gelehrsamkeit u. s. w. aufhebet oder einschränket: man kanns zum Theil in Holland schon jetzt sehen. Ist hier wahres Genie? einen ehrlichen
5 Friso nehme ich aus; diese Provinz ist nicht Holland: das übrige ist, als öffentliche Sache, Lat[einisch], Griech[isch], Ebräisch, Arab[isch] Experiment. Medicin. Kram; sehr gut, nach unsrer Litterat[ur] vortreflich, ein Muster, unentbehrlich. Sie kommen weiter, als die
10 Deutschen und Franzosen, die sich allem widmen, und weniger weit, als die Engländer, die immer Genie mit ihren Erfahrungen verbinden, und das erste oft übertreiben. Alles ist in Holland zu Kauf: Talente, und die werden also Fleis: Gelehrsamkeit und die wird
15 Fleiß: Menschheit, Honnetete, alles wird vom Kaufmannsgeiste gebildet – doch ich will erst Holland sehen! – Und zum Uebersehen des Genies, oder zum Gedächtnißlernen des Krams der Gelehrsamkeit ist das, glaub ich, das erste Land!
20 Was wird aber auf den Handelsgeist Hollands folgen? Geist der Partheien, d. i. der Ekonomischen innerlichen Handlung eines jeden Landes? Auf eine Zeitlang glaub ichs, und es läßt sich dazu an in ganz Europa. Oder der Partheien, d. i. der Aufwieglung? Dies ist auf das eben
25 genante unvermeidlich. Eines der großen Völker im Ekon[omischen] Handel z. E. England wird ein andres aufwiegeln, das wild ist, und dabei selbst zu Grunde gehen – könnte dies nicht Rußland seyn! – Oder der völligen Wildheit, Irreligion, Ueberschwemmung der
30 Völker? was weiß ich. Die Jesuiten in Amerika haben aufgehört: ich habe mich betrogen: seinem Untergang

10 allem] *danach Komma sowie* u[nd] *gestr.*
10 und] *danach* als *gestr.*
17 des Genies] *nachträgl. über der Zeile*
20 aber] *nachträgl. über der Zeile*
22 Handlung] *danach gestr.:* ? oder

indessen wird der feine Politische Geist Europens nicht entgehen. In Griechenland sprach man nicht ein Wort von Rom, bis dies jenes überwand: so mit Griechenland und Egypten: Egypten und Persien: Aßyrien und Meden. Nur Rom und die Barbaren – das war anders: da munkelte es lange, wie der Pöbel sagt: in unsrer Zeit muß es noch länger munkeln, aber desto plötzlicher losbrechen. –

Was wollen doch alle unsre Kriegskünste sagen? Ein Griechisches Feuer, Eine neue Erfindung, die alle vorige zerstört, ist allen überlegen. Was will alle Gelehrsamkeit, Typographien, Bibliotheken u. s. w. sagen? Eine Landplage, eine Barbarische Ueberschwemmung, alsdenn ein Herrnhutischer Kanzel auf den Kanzeln, der Gelehrsamkeit zur Sünde und Mangel der Religion und Philosophie zum Ursprunge des Verderbens macht, kann den Geist einführen, Bibliotheken zu verbrennen, Typographien zu verbrennen, das Land der Gelehrsamkeit zu verlassen, aus Frömmigkeit Ignoranten zu werden. So arbeiten wir uns mit unserm Deism, mit unsrer Philosophie über die Religion, mit unsrer zu feinen Cultivirung der Vernunft selbst ins Verderben hinein. Aber das ist in der ganzen Natur der Sachen unvermeidlich. Dieselbe Materie, die uns Stärke gibt, und unsre Knorpel zu Knochen macht, macht auch endlich die Knorpel zu Knochen, die immer Knorpel bleiben sollen: und dieselbe Verfeinerung, die unsern Pöbel gesittet macht, macht ihn auch endlich alt, schwach und nichts tauglich. Wer kann wider die Natur der Dinge? Der Weise geht auf seinem Wege fort die Menschliche Vernunft aufzuklären, und zuckt nur denn die Achseln, wenn andre Narren von dieser Aufklärung als einem letzten Zwecke, als einer Ewigkeit reden. Alsdenn muß man die Diderotschen und Schweizerischen Politiker widerlegen, oder, da dies im Geist unsrer Zeit, da der AntiRoußeauianism. herrscht, zu

Journal meiner Reise im Jahr 1769

einer Fabel wird und noch zu früh auch für Nutzen und
Ausführung wäre, bei sich das beßere denken. Alle
Aufklärung ist nie Zweck, sondern immer Mittel; wird
sie jenes so ists Zeichen daß sie aufgehört hat, dieses
zu seyn, wie in Frankreich und noch mehr in Italien,
und noch mehr in Griechenland und endl[ich] gar in
Egypten und Asien. Diese sind Barbarn, und verachtens-
würdiger als solche: die Mönche von Libanon, die
Wallfahrter nach Mecca, die Griechischen Papa's sind
rechte Ungeziefer aus der Fäulniß eines edlen Pferdes.
Die Italienischen Akademien in Kortona zeigen die
Reliquien ihrer Väter auf und schreiben drüber, daß
es erlaubt sey, sie aufzuzeigen, lange Bücher, *Memoires*,
4t- und Folianten. In Frankreich wird man bald so
weit seyn: wenn die Voltaire und Montesq[uieu] todt
seyn werden: so wird man den Geist der Voltaire,
Boßvets, Montesq[uieu] Racine u. s. w. so lange machen: bis nichts mehr da ist. Jetzt macht man schon
Encyklopädien: ein D'Alembert und Diderot selbst
lassen sich dazu herunter: und eben dies Buch, was den
Franzosen ihr Triumph ist, ist für mich das erste Zeichen zu ihrem Verfall. Sie haben nichts zu schreiben
und machen also *Abregés, Dictionaires, Histoires, Voca-
bulaires, Esprits, Encyclopedieen*, u. s. w. Die Originalwerke fallen weg. – Daß ein Volk durch seine Feinheit des Geistes, wenn es einmal auf Abwege geräth,
desto tiefer hinein sich verirre, zeigt der unvergleichli-
che M o n t e s q u i e u an den Griechen, die durch ihren feinen Kopf eben so tief hinein in die Spekulation
geriethen über die Religion, die ihr Gebäude umwarf.
E n g l a n d – in seinem Handel geht es sich zu ruini-
ren? seine Nationalschulden werden die Verfall des

5 zu] *danach gestr.:* zer *oder* zw *oder* zeu
15 todt] *verbessert aus* u[nd]
33 die] *danach etwas gestr.*

Ganzen machen? – aus Amerika wirds da nicht von seinen Colonien, Schaden nehmen? was ists in der Concurrenz andrer Nationen? wie weit kann diese dagegen noch steigen? = geht es im Handel also zu Bette, oder noch höher zu werden? Aber sein Geist der Manufacturen, der Künste, der Wißenschaften wird er sich nicht noch lange erhalten? Schützt es da nicht seine Meerlage, seine Einrichtung, seine Freiheit, sein Kopf? Und wenn es insonderheit die Aufwieglerin überwindender Nationen seyn sollte, wird es nicht dabei wenigstens eine Zeitlang gewinnen? und lange für dem Ruin sich wenigstens noch bewahren? = =
F r a n k r e i c h : seine Epoche der Litteratur ist gemacht: das Jahrhundert Ludwichs vorbei; auch die Montesquieus, D'Alemberts, Voltaire's, Roußeau sind vorbei: man wohnt auf den Ruinen: was wollen jetzt die Heroidensänger und kleinen Comödienschreiber und Liederchenmacher sagen? Der Geschmack an Encyklopädien, an Wörterbüchern, an Auszügen, an Geist der Schriften zeigt den Mangel an Originalwerken. Der Geschmack an äußerlichen fremden Schriften, das Lob des *Journal etranger* u. s. w. den Mangel an Originalen: bei diesen muß doch immer Ausdruck, Stempel u. s. w. verlohren gehen und wenn sie doch gelesen werden, so ists ein Zeichen, daß der blosse Werth und die Natur der Gedanken schon reichhaltig gnug sey, um nicht die Wortschönheit nöthig zu haben. Und da die Franzosen von der letzten so viel und Alles machen, da ihnen Wendung, Ausdruck und überhaupt Kleid des Gedankens alles ist: da die Deutschen so sehr von den Wendungen und dem Lieblingsstaat der Franzosen abgehen und doch, die so verachteten Deutschen doch gelesen werden – so ist dies ein grosses Kennzeichen von

1 nicht] *nachträgl. über der Zeile*
4 im] *danach* An *gestr.*
33 dies] *danach* ebe[n] *gestr.*

Journal meiner Reise im Jahr 1769

der Armuth, von der demüthigen Herabkunft des
Landes. Marmontel, Arnaud, Harpe sind kleine Stoppeln, oder sprossende Herbstnachkömmlinge: die grosse
Ernte ist vorbei.
Was hat das Jahrhundert Ludwichs würklich Originelles
gehabt? Die Frage ist verwickelt. Aus Italien und Spanien haben ihre grösten Geister vieles her, das ist unleugbar: die Klubbe unter Richelieu arbeitete über
fremde Gegenstände: Corneilles Cid ist Spanisch: seine
Helden noch Spanischer: seine Sprache in den ersten
Stücken noch Spanischer, wie Voltaire in seinem Comment[ar] darüber zu lesen ist. Seine Medea war ein
Hexenstück: sein Cid s. davon die merkw[ürdige] Vorrede Volta[i]rs und die Romancen drüber. Von Moliere findet man etwas im 2ten Th. der Bibl[iothek]
der Ana – der Cardinal Mazarin, der Quinault und die
Oper aufweckte, war Italiener. Die Ritteraufzüge, Festlichkeiten u. s. w. Italienisch: Lulli ein Italiener: der
Geschmack der Kunst, Baukunst, Bildhauerei, Verzierungen, Münzen, Italienisch: die Komödie Italienisch.
Die Gesellschaft der Wißenschaften meist Italiener im
Anfange s. Fontenelle und Voltaire: Telemach ein Gedicht halb Lateinisch, halb Italienisch in seinen Beschreibungen: u. s. w. Die vornehmsten Künste waren
erfunden oder zurückerfunden von den Italienern: was
haben die Franzosen gethan? nichts, als das Ding zugesetzt, was wir G e s c h m a c k nennen. Dazu disponirte sie ihre Philosophischere Sprache, mit ihrer
Einförmigkeit, Reichthum an Abstrakten Begriffen
und Fähigkeit, neue Abstrakte Begriffe zu bezeichnen.
Da kam also der Spanische und Italienische Geschmack
mit ihren Gleichnißen und Spielwörtern ab, man nenne
diese Katachresen, oder Concetti oder wie man wolle,

10 ersten] *danach* Comödien *gestr.*
16 Ana –] *danach* Boßvet u[nd] *gestr.*
28 ihre] *danach* so *gestr.*

wovon noch die ersten Französischen Romanen, Tragödien und Poesien voll sind. Die zu hitzige Einbildungskraft der Span[ier] und Ital[iener] ward in der kältern Sprache und Denkart der Franzosen gemildert: das gar zu feurige der Liebe verschwand; es ward gemildert; aber mit dem Abentheuerlichen ging auch das wahrhaftig zärtliche weg: es ward endlich frostige Galanterie, die nur Adel in Gedanken, Franchise in Worten und Politesse in Manieren sucht. So wird also keine wahre zärtliche Liebe mehr die Scene eines Franzosen von Geschmack seyn. – Man sehe sie selbst auf ihrem Theater: welche ausstudirte Grimassen! einförmige Galanterien! – Sie haben das Herzbrechende weggeworfen: das gar zu niedrige von Küssen u. s. w. ist weg: das Uebertriebne von Augen u. s. w. ist weg: die wahre eheliche Liebe wird nicht gespielt; der wahre Affekt der Brautliebe ist gemein, ist einem Theil nach unedel und verächtlich; dem andern Theile nach übertrieben und lächerlich – was bleibt über? wo sind die schönen Griechischen Scenen der Iphigenia u. s. w. auf dem Franz[ösischen] Theater? – – Eben so ists mit dem Helden des Franz[ösischen] Geschm[acks]. Der Spanier abentheuerlich; Italien hat jetzt keine mehr: was ist aber der galante Held Frankreichs. – – Die Komödie ist in Ital[ien] zu gemein, zu Hanswurstmässig; in Frankreich ist sie in Scenen des gesellschaftlichen Lebens ausgeartet. Moliere ist nicht mehr. Man schämt sich von Herzen aus zu lachen: man lächelt wie im Lügner des Gressets und andren; (s. Clements Nouvell. darüber). Die Franz. Komödie macht Scenen des gesellschaftlichen Lebens; Abende nach der Mode, Marquis, oder nichts. – – Die wahre Kanzelberedsamkeit

5 ward] *danach* aber *gestr.*
8 nur] *danach* Nob[lesse] *gestr.*
11 seyn. –] *danach* Die Sce[ne] *gestr.*
28 im] *danach* Me[chant?] *gestr.*

weg: keine unmittelbare Rührung, sondern Tiraden von
grossen Bildern, langschwänzigen Perioden, nichts mehr.
Können die Boßvets, Flechiers, u. s. w. rühren! Dazu
ist weder Thema, noch Publikum, noch das Ganze der
5 Rede; erleuchten, hie und da erschüttern, das können
sie – – nur jener Redner vom jüngsten Gericht in einer
Provinz wuste zu rühren mit dem Ganzen der Rede;
in Paris wäre er ausgelacht, oder ausgezischt u. s. w.
Also ists nur eine gewiße Annäherung an die kältere
10 gesunde Vernunft, die die Franzosen den Werken der
Einbildungskraft gegeben haben: das ist Geschmack
und ihr Gutes. Es ist aber auch Erkältung der Phantasie und des Affekts, die sie ihm damit haben geben
müssen; und das ihr Geschmack im bösen Verstande,
15 der endlich nichts, als das bleibt, was Montesq[uieu]
Politische Ehre ist. Dieser grosse Mann gibt auch hierin
eine Bahn zur Aussicht. Griechenland war gleichs[am]
wahre Republ[ik] der Wissenschaften; da galt auch
seine Triebfeder, Litt.-Tugend, Liebe zu den Musen. In
20 Rom wars Aristokratie: da schrieben nur einige Vor-
nehme und ihre Tugend war Moderation. Mit einem-
mal wards Despotism unter der Päbstischen Regierung.
Eine andre Art von Gestalt bei der Wiederauflebung,
wo es Ehre war die Alten nachzuahmen; das war Ari-
25 stokratische Monarchie: die Alten das Depot der Gesetze und des Senats. Vergleichung dieses Zeitpunkts
mit den Römern, bei denen die Griechen auch ein Depot der Gesetze und Senat waren; aber bei ähnlichen
Sitten, Sprachen, Zustande; also minder tyrannisch,
30 minder Venetianisch, wie die letzte. – In Frankreich
wars Monarchie! Ehre und wie sie Montesq[uieu] beschreibt, ward Triebfeder in Allem – in England ists
Despotism und Demokratie, Shakesp[eare] u. s. w. regieren: und werden verspottet: Bolinbrocke regierte und

33 f. regieren:] *danach* Bol[inbroke] *gestr.*

wird verspottet – was ists in Deutschland. – In Holland
Despotism und Schaarwerksarbeit; in Deutschland Akademische Aristokratie, die sich in
Wie kann sie in Deutschland nachgeahmt werden? Eben
um so weniger, da wir von dieser Monarchie, von diesem Hofzustande, von dieser Honneur in der Litteratur
wenig wissen, sie nicht haben können und wo wir sie
haben, mit Verlust erkaufen. Der Franzose weiß nichts
vom Reellen der Metaphysik und kann nicht begreifen,
daß es was Reelles in ihnen gebe (s. Clement bei Gelegenheit Condillacs, Maupertuis, Königs u. s. w. Siehe
eben so die Spöttereien Voltaires, Crebillons u. s. w.).
Er hat lauter Convention des Gesellschaftlichen in seiner Philosophie, die er hat und sucht; wir lieben Abstrakte Wahrheit, die an sich liebenswürdig ist, und
das Faßliche ist nicht Hauptwerk sondern *Conditio sine
qua non.* So auch in der Physik u. s. w. Bei Fontenelle
erstickt alles unter Gespräch, in seinen Lobreden alles
Materielle unter schöne Wendung, daß die Wissenschaft selbst Nebensache wird. So auch in der Menschlichen Philosophie: bei Roußeau muß alles die Wendung des Paradoxen annehmen, die ihn verdirbt, die
ihn verführt, die ihm gemeine Sachen neu, kleine groß,
wahre unwahr, unwahre wahr machen lehrt. Nichts
wird bei ihm simple Behauptung; alles neu, frappant,
wunderbar: so wird das an sich Schöne doch übertrieben: das Wahre zu allgemein und hört auf Wahrheit
zu seyn; es muß ihm seine falsche Tour genommen; es
muß in unsre Welt zurückgeführt werden, wer aber
kann das? Kans jeder gemeine Leser? ists nicht oft
mühsamer, als daß es das lohnt, was man dabei gewinnt? und wird nicht also Roußeau durch seinen Geist

3 die sich in] *Der Satz bricht am Anfang der letzten Zeile einer
Seite ab. Vgl. Anm. zu S.* 96,2 *f.*
13 Er hat] *danach* darum *gestr.*
19 Materielle] *nachträgl. über der Zeile*

Journal meiner Reise im Jahr 1769

unbrauchbar oder schädl[ich] bei aller seiner Größe? — Endlich Voltäre gar — was ist bei dem Historie als ein Supplement und eine Gelegenheit zu seinem Witze, seiner Spotterei, seiner Betrachtungslaune? Diese ist an sich schön; sie kann, insonderheit die Deutschen, sehr bilden; nur nachgeahmt werden? in der Historie nachgeahmt werden? Muster der Historie seyn? mit oder ohne Volt[aires] Geist – nie! m i t ihm wird die Historie verunstaltet; ohne ihn noch mehr verunstaltet – man lese ihn also als Volt[aires] Einfälle über die Historie! so recht und kann viel lernen. Dies gilt noch mehr die Abstrakten Wißenschaften, die Newtonische Philosophie und am meisten seine Metaphysik. = = T h o m a s was muß man ihm nehmen und geben, daß er würdig lobe! Geben den Geist der Helden, die er lobt, Sulli, und D'Agueßeaus, Trouins und des Marschalls, und insonderheit Deskartes – hat er den? kann er den haben? Er ist also ihr Deklamateur, was man bei allen, am meisten bei Deskartes, Sulli und dem Marschall sieht: macht Kleinigkeiten groß, und vergißt Grössen: hat so viel ers auch verbergen will, seine *loci communes* von Erziehung, Schutzgeist, Ungewöhnlichem der grossen Seele, Charakter aus Trüblet und Boßvet: hat noch mehr seine erschreckl[ichen] *loci com[munes]* bei Beschreib[ung] der Länder, der Wißenschaften, der Völker, Kriege und grossen Unternehmungen – da siehet man die Thomasschen Aufstutzungen, die, ihm genommen, was bleibt übrig? seine Anekdoten, die er anführt, und histor[ische] Umstände! Indessen ist er bei seinen Fehlern zu lesen: diese sind süße, bildende Fehler! aber nicht das sie das Hauptwerk der Lobreden werden. Ein Deutscher, der Wolf und Leibniz lobte, wie anders der?
R o c h e f o u c a u l t ! wie entfernt er sich! wie ver-

16 f. Marschalls,] *danach* des De[scartes] *gestr.*

tieft er sich! seine Hauptmaxime selbst ist nur halbwahr: und welche unmenschliche Anwendung! politisch wahr und vielleicht auch nützl[ich]! aber Menschl[ich] nicht wahr und erniedrigend, demüthigend, nicht beßernd, sondern verschlimmernd – die Ausgeburt eines scharfsinnigen Kopfs, eines witzigen Gesellschafters, der oft betrogen ist, und sich durch seinen Stand ein ernsthaftes Deßus gibt; eines Melanchol[ischen] Temper[aments] und gallichten Herz[en]s. Ich lese meinen Tristram lieber! – Montesquieu endlich selbst; ist er ganz frei vom *faux-brillant*? man sehe, wie oft er in der Uebersetzung unkenntlich ist, und es zum Theil seyn muß, der Güte und Fehler seiner Sprache halben. Ganz frei vom falsch Philosophischen? noch minder! und seine Uebersetzung in unsre Philosophischere Sprache ist hier noch mehr Zeugin. – Man sieht, die Mühe, die er sich gibt, Abstrakt, tiefsinnig zu seyn: Ideen zu verkürzen um nur viel zu denken zu geben und es scheine, daß er noch mehr gedacht habe: Aufstutzungen kleiner Juristischen Fälle und Phänomene unter Gerüste von grossen Aussichten, Continuat[ionen] desselben Sujets, Bemerkungen, Zubereitungen u. s. w. Selbst seine Grundsätze sind wahr, fein, schön; aber nicht vollständig und einer unendl[ichen] Mischung unterworfen: Es gibt Demokratische Aristokratien und *v[ice] v[ersa]* Aristokratien und Demokratien in verschiedner Stuffe der Cultur diese, der Macht und des Ansehens jene. Aristokratische Monarchien und Monarchische Aristokratien wie z. E. Rom, Florenz u. s. w. diese; jenes Schweden und Polen sind, und selbst diese wie verschieden sind sie? und noch mehr können sie seyn, nach Einricht[ungen], Sitten, Kult[ur,] Macht der Aristokraten und des

1 er sich!] *danach* wi[e] *gestr.*
2 und] *danach* Gott *gestr.*
8 gibt;] *danach* u[nd] *gestr.*
29 jenes] *danach* auf *gestr.*

Journal meiner Reise im Jahr 1769

Monarchs. Monarchischer Despotism, da dieser durch jenen nur gemildert wird, wie unter Ludw[ig] XIV. und Richelieu in Frankreich; und Despotische Monarchie, wie in Preußen und mit schwächern Zügen in Dännemark. Aristokratischer Despotism, wie in Rußland; Demokratischer, wie in der Türkei – Demokratisch Aristokratische Monarchie wie in Schweden; Monarchische Aristokratische Demokratie wie in England, u. s. w. wer kann alle Kleinere Republ[iken] und Staatsverfaßungen durchgehen? in allen Zeiten? Ländern, Veränderungen? Das einzige Rom wie viel hats gehabt? wenn war es sich gleich? Nie! welch ein feines Werk ist da noch aus Montesq[uieu] (G[ei]st der Gesetze) über Montesq[uieu] (G[ei]st der Römer) zu schreiben, was er und Mably nicht geschrieben! – Wie muß er also verstanden, vermehrt, ausgefüllt, recht angewandt werden! wie schwer ist das letzte insonderheit? Das zeigt das grösseste Beispiel, die Gesetzgebung Rußlands! Wie groß für Montesquieu, wenn er so geschrieben hätte, um nach seinem Tode ein Gesetzgeber des größesten Reichs der Welt seyn zu können? Jetzt ist ers, der Ehre nach; aber ob auch der Würde, dem würklichen Nutzen nach? Das weiß ich nicht.

Die Monarchin Rußlands setzt eine Triebfeder zum Grunde, die ihre Sprache, Nation, und Reich nicht hat, Ehre. Man lese Montesq[uieu] über diesen Punkt, und Zug für Zug ist die Rußische Nation, und Verfaßung das Gegenbild: man lese ihn über Despotism und Crainte, und Zug für Zug sind beide da. Nun höre man ihn selbst, ob beide zu einer Zeit da seyn können.

Die Ehre will, daß man sich von Mitbürgern unterscheide, schöne, grosse, außerordentliche Handl[ungen]

---

2 wie] *danach* in Preußen u[nd] *gestr.*
4 in Preußen und] *danach* sc[hwächer?] *gestr.*
7 Schweden;] *danach* Demokratische *gestr.*
8 England,] *danach* M[onarchische?] *gestr.*

thue: ein Ruße kann nicht diese Triebfeder haben, denn
er hat keine Mitbürger: er hat für Bürger kein Wort
in seiner Sprache. Der junge Ruße von Stande sieht an
Bürgern nichts als Knechte, wovon ich selbst ein redendes Beispiel gekannt habe: der junge Ruße ohne
Stand sieht nichts als Pfiffe, wodurch er sich heben
kann. Diese Pfiffe sind nicht Geist der Nation, weil
sie Grösse des Geistes sind, sondern weil sie Vortheile
bringen: so hebt sich der Grosse, wenn er glücklich rebellirt, und der Arme, weil er dadurch reich wird.
Beide wagen, als Sklaven, ein letztes! unglücklich oder
glücklich! Furcht oder Hoffnung! = ganz also das
Gegentheil der Ehre! Ists honett ein betrügerischer
Kaufmann, ein Schmeichler, ein Rebell, ein Königsmörder zu seyn? Der Ruße ist alles durch Natur!
Die Ehre will, daß man nicht n i e d r i g schmeichle:
der Ruße ist nie andres, als niedrig in seiner Schmeichelei, damit er g r o ß gegen andre sei: d. i. er ist
Sklave um Despot zu werden. Die Ehre will, daß
man die Wahrheit spreche, wenn es Honetete gebeut;
der Ruße sagt sie denn am wenigsten, und wenn es
auch nur der geringste Vortheil wollte. Die Politeße
der Rußen ist grob Despotisch z. E. im Saufen, Küssen
u. s. w. hat grobe Ehre; oder ist grobe Gewohnheit;
oder endlich Betrügerei. Kein Ruße ist fein, um zu
zeigen, daß er nicht grob und niedrig ist: denn sonst
würde ers immer seyn, auch gegen Bediente, Untere
u. s. w. sondern gegen die ist er eben Despot. Solche
Sitten haben sich z. E. dem Rathe in R[iga] selbst eingeflößt, und der dicke B. ist ein Muster Rußischer
Politesse: sein Anhängling hat wahrere Französische,
um ihr selbst willen, daß er doch nicht B. sey.
Diese Triebfeder ist also nicht blos nicht; die Sklavische

1 Ruße] *danach* h[at] *gestr.*
20 f. gebeut; der] *danach* dritte *gestr.*
26 niedrig ist:] *danach* sondern *gestr.*

Journal meiner Reise im Jahr 1769

Furcht ihr Gegentheil ist um so mehr würksam. Wie kann jene nun zur Triebfeder genommen werden? Damit sich der Hof betrüge! damit das Gesetzbuch nie gehalten werde! damit eine völlige Verwilderung einbreche! Der Furcht und ihren gräulichen Unternehmungen wird nicht zuvorgekommen, sie nicht eingehalten, sie nicht gelenkt: die Gesetze sind zu gelinde! Von der andern Seite werden Gesetze keine Ehre einflössen, diese also nicht würksam machen: der Staat hat also keine Triebfeder; er wird Despotische Aristokratie, oder wenigstens Demokrat. Aristokr. Despotism. bleiben, und sich in eine grosse Umwälzung hineinrollen, so bald das Gesetzbuch und nicht die Person eines Prinzen regiert. Diese regiert jetzt: wird sie aber immer regieren?

Die Monarchin will, um ihre Nation nicht zu schmälern, den Despotism verkennen, in der Triebfeder: vielleicht verkennet s i e auch im Effekt: denn w i e und welche Art und woher sie regiert, ist sie keine Despotin und kann es auch nicht seyn. Aber sieht sie denn keine Despoten ihrer Selbst? sieht sie keinen Senat, Grossen u. s. w., denen sie sich bequemen muß. Und was ist nun ärger, als ein Aristokratischer Despotism? = = Sie sieht nichts als Aristokratische Republik im Senate: sie ehrt ihn mit dem Namen eines Depots der Gesetze u. s. w. sie nimmt Regeln aus einer Republik her, um sie auf ihn zu passen. Grosse Kaiserin! wie unrecht genommen! = = Diese Herren stellen sie das Reich vor? sind sie aus dem ganzen Adel des Landes genommen? durch rechte Wege hineingekommen? sind sie die Gewährleute der Gesetze, da Rußland keine Gesetze hat? haben sie die gehörige Macht zu wiedersprechen? die gehörige Triebfeder fürs Reich zu reden? was ist ihr Reich? ihre Unterthanen? Die sind Sklaven.

1 Furcht] *danach* ist um so ehe[r] *gestr.*
5 Der] *verbessert aus* Die
15 f. schmälern,] *danach* die *gestr.*

Dein Reich! Große Kaiserin! Nein! ihr Palais, Güter, Luxus, Bedürfniße, Parthen, die sie durch Geschenke gewonnen, das ist ihr Reich, dem sie dienen! für das sie alles thun werden – für welches sie Pöbel für Dir sind, um Despoten über Dich und das Reich zu seyn; welche Republik! welch eine Zerstreuung! = = und nun wo ist Montesquieu an seiner Stelle. = = Ein zweiter Montesquieu, um ihn anzuwenden!
Die Normandie = o Land, was bist du gewesen? Wo ist dein Geist der Galanterie und des Heldenthums, der Gesetze; und der Erziehung, wo ist er? und wie groß war er? was hat er nicht in Europa ausgerichtet? in Frankreich, in England, in Neapel, in Sicilien, in Italien, in Asien durch die Kreuzzüge, in Cypern, in der Welt? Eine Geschichte von ihm wäre mehr als eine Geschichte des Französischen Patriotismus: sie enthielte zugleich einen grossen Theil des Ritter- und Riesengeschmacks, mithin der Französischen, Englischen und Italienischen Litteratur. Und wohin ist dieser Geist verflossen? Er hat sich im Fluß der Zeiten verdünnet, er ist in Orden und Cerimonien, in Kreuzzüge und Wanderungen verflossen: er ist nicht mehr. Indessen warens doch noch meistens aus der Normandie, die die berühmtesten Schriftsteller Frankreichs gewesen: Marot, Malherbe, Sarrazin, Segrais von Kaen: Scuderi von Havre, die Corne[i]llen, Brebeuf, Fontenelle von Rouen, Benserade dabei, und der Kardinal Perron aus Niedernormandie. Einer in den Ana zerbricht sich darüber den Kopf wie dies mit dem Phlegma der Provinz zu reimen sey: ich hätte Lust hievon zu abstrahiren, und die zweite Wiederauflebung ihres Geistes hier zu suchen.
In Frankreich: alles spricht hier Französisch, so gar Piloten und Kinder! Man legt die letzte Frage einem Deutschen Bedienten in den Mund und es wird Buffon-

3 für das] das *verbessert aus* die
4 für welches] für *verbessert aus* u[nd]

nerie. Wie viel Sachen aber sind nicht von den Alten, die wir so untersuchen, daß uns nur immer ein Bedienter diese Frage zuruffen sollte. So wenn wir die Griechische Sprache im Homer untersuchen: diese Sprache muß man alsdenn denken, sprachen alle Kinder! verstanden alle Leute! Poeten und Narren sangen sie auf den Gassen. Das waren Götter des Volks und des Pöbels! Geschichte und Heldenthaten des Volks und der Kinder! Accente und Sylbenmaasse des Volks und der Nation! So muß man sie lesen, hören, singen, als ob man sie in Griechenland hörte, als ob man ein Grieche wäre! = = Was das für Unterschied gibt zwischen einer lebendigen und todten Sprache, das weiß ich! Diese lieset man mit den Augen: man sieht sie; man hört sie nicht: man spricht sie nicht aus: man kann sie oft nicht aussprechen, wenn man sie gleich verstehet. So entbehrt man allen lebendigen Klang, und bei einem Poeten, bei einem Griechischen Poeten allen lebendigen Wohlklang: alles malende im Ton der Wörter: alle Macht des Sylbenmaasses, des Schalls, der Annehmlichkeit. So wenig ich alle Süßigkeiten in Voltairs Sylbenmaassen fühlen kann: so wie ichs immer mehr lernen muß, sie in ihm und Greßet und Racine zu fühlen; tausendmal mehr mit der lebendigen, tönenden, im Leben abgezognen, lebendig gesungnen Griechischen Sprache. Welche Zauberei gehört dazu, sie zu singen, nicht zu deklamiren, sondern zu singen, zu hören, wie sie Io bei Plato sang und hört und fühlte und wer kann das? = Wie viel Bemerkungen Clarks, Ernesti fallen da nicht weg! werden unleserlich! unausstehlich! In Holland will ich Homeren so lesen und den dürftigen 2t. Th. meiner Crit. W[älder] damit vollfüllen! =

15 man kann sie] *danach* n[icht] *gestr.*
28 wer kann das? =] *danach* Zweitens *gestr.*
31 und] *danach* m[einen?] *gestr.*
32 vollfüllen! =] *danach* Zw[eitens *gestr.*

Zweitens! fällt mit der todten Sprache aller lebendige Accent weg: die Flick- und Bindewörter, auf die sich die Rede stützt, wenn es auch nur ein *eh bien! ma foi!* u. s. w. seyn sollte, aber so hörbar ist, um Leben oder nichts zu geben. So sind im Französischen das *n'allés pas etc.* das *je m'en vais etc.* und 1000. andre Ausdrücke, und viele Phrases, Bindewörter, u. s. w. müßens im Griechischen seyn. Hier ist Clarke sehr zu brauchen und für mich zu wünschen, daß ich einen gebohrnen Griechen fände oder selbst nach Griechenland käme, auch nur, wie es jetzt ist: um diesen lebendigen Ton des Sinnes, den Accent des Ausdrucks u. s. w. zu hören, um NationalGriechisch sprechen zu können. Wie viel 1000. kleine Unterschiede gibts da nicht, bei Constructionen, *temporibus,* Partikeln, Aussprache, die man blos durch die lebendige Rede hört. Die Franzosen z. E. scheinen mit ganz andern und höhern Organen zu reden, als wir: unsre scheinen tiefer im Munde und Rachen zu liegen: so Holländer, Engländer; jene höher, öffnen mehr den Mund: insonderheit wird das beim Singen merklich. Daher auch mit je höhern Organen man spricht, man Musikalischer wird und sich dem Gesange nähert: s. Roußeaus Wörterbuch unter Accent, Schall, Ton, Stimme u. s. w. Die Deutschen singen also wenig oder gar nicht: der Franzose mehr: der Italiener seiner Sprache und Organen nach noch mehr: der Grieche noch mehr und sang. Das gehört zu haben, so sprechen zu können, so die Sprache in allen Accenten der Leidenschaft kennen: das heißt Griechisch können. O könnte ich Homer so wie Klopstock lesen! Skandire ich nicht: welch andrer Poet! Weiß ich für die Leidenschaft und Natur ihn zu scandiren; was höre ich da nicht mehr! Welche Verstärkung, Stillstand, Schwäche, Zittrung u. s. w. O sänge mir Homer, Pindar, und Sophokles vor.

18 als wir:] *danach* wi[r] *gestr.*

D r i t t e n s endlich; der Sinn und Inhalt der Rede: Lieblingsausdrücke und Bezeichnungen der Nation: Lieblingswendung und Eigenheit in der Denkart – Gott! welcher Unterschied! Wie hier der Franzose das *Jolie* liebt, immer vom Amusanten spricht, von Honnetete, die bei ihm ganz was anders ist; was hatte da der Geist der Griechischen und Lateinischen Sprache? Nicht, was das Wort heißen kann, nach ein Paar Wörterbüchern; sondern nach dem Sinn des lebenden Volks, hier, jetzt, und mit Eigensinn heißet? So muß Thersit charakterisirt werden und alle Charaktere und Homer und Alles! Welch ein Feld zu lernen, den Geist der Griechischen Sprache zu lernen! nach Zeitaltern und Schriftstellern. Da muß man aber in der Erziehung ein Monta[i]gne und Shaftesburi gewesen seyn und lebendig Griechisch können, oder kann nichts! Welche grosse Sache, wenn ein Professor der Gr[iechischen] und Lat[einischen] Spr[ache] diese so kann! nicht durch Wörterbücher, und Grammatik, sondern durch ein feines innerliches Gefühl, was uns unsre Ammen beßer beibringen, als unsre gelehrte Aristarche! Dies feine Gefühl am Sinn der Worte, der Redarten, der Construktion, des Klanges haben es im Lateinischen Geßner und Ernesti? hat es Klotz gehabt? kann er Geßner und Christ und Crusius beurtheilen? Wie beurtheilt er sie und Reiske und Sannazar insonderheit und Vida u. a.? Hier muß man sich aus den alten Lateinern und aus den neuen Italienern und aus den Favoritsprüchen in *ana* bilden, und ja gewisse Jahre und Fertigkeiten und am meisten lebendige Eindrücke nicht versäumen. Hat Ruhnke dies Gefühl im Griechischen? Herel im Griechischen? Heine nicht im Lateinischen! das wäre Weg ihn zu loben (im 2t. Th. der Kr[it]. Wälder) Hats Klotz in Absicht auf Horaz? Hats Algarotti in Absicht auf diesen mehr? Wie

6 ist;] *danach* ei, *gestr.*
24 hat es] *danach* der letzt[e] *gestr.*

sind in diesem Betracht die verschiednen Urtheile verschiedner von einem Manne zu vereinigen! Siehe die Bibliothek der *ana* p. 84. 85. u. s. w. Hat Lambin, B. – – – und Ramler ein solch Gefühl von Horaz! Klotz von Tyrtäus, Weiße? = = Dies ist auch der beste Weg mich herauszuziehen, wo man mich der Wörtlichen Schwäche im Gr[iechischen] und Lat[einischen] beschuldigt. Hiedurch werden die Krit. Wälder sich im 1. und 2. Th. sehr heben und das soll Holland thun! So will ich in Frankreich Französisch, in Holland Lateinisch und Griechisch, in England Englisch, in Ital[ien] Italien[isch] und Lat[einisch] und Gr[iechisch] lernen: ei wo Hebräisch und Arabisch? = = Ja aber, das ich nirgends die Frage vergesse: in Frankreich reden auch die Kinder Französisch?

Von diesem Geist der Zeit hängen Sprachen, wie Regierungen ab: die Sache wird bis zum Augenschein frappant, wenn man vergleicht. Derselbe Geist der Monarchischen Sitten, den Montesquieu an seiner Person so augenscheinlich mahlt, herrscht auch in ihrer Sprache. Tugend, innere Stärke, hat diese so wenig, wie die Nation; man macht mit dem Kleinsten das Größeste was man kann, wie eine Maschine durch ein Triebrad regiert wird. Nationalstärke, Eigenheit, die an ihrem Boden klebt, Originalität hat sie nicht so viel; aber das was Ehre auch hier heißt, das Vorurtheil jeder Person und jedes Buchs und jedes Worts ist Hauptsache. Ein gewißer Adel in Gedanken, eine gewisse Freiheit im Ausdruck, eine Politeße in der Manier der Worte und in der Wendung: das ist das Gepräge der Französischen Sprache, wie ihrer Sitten. Nicht das, was man a n d e r n lehrt ist Hauptmine, sondern das, was man selbst weiß und lehren kann; was man sich selbst schuldig ist, und das weiß keiner vortreflicher als Voltaire, und Roußeau,

---

21 so wenig] *fehlt bei Suphan (SWS)*
29 f. und in der Wendung] *nachträgl. über der Zeile*

Journal meiner Reise im Jahr 1769

so sehr es der letzte auch verläugnet und so gräulich verschieden sie ⟨es⟩ auch sind. Sie sinds doch, der erste eitel und frech auf sich; der andre stolz und hochmüthig auf sich: aber beide suchen nichts so sehr, als das Unterscheidende. Nur jener glaubt sich immer schon unterschieden zu haben, und verficht sich blos durch Witz; dieser durch seine unausstehliche, immer unerhörte Neuigkeit und Paradoxie! So sehr Roußeau gegen die Philosophen ficht; so sieht man doch, daß es auch ihm nicht an Richtigkeit, Güte, Vernunft, Nutzbarkeit seiner Gedanken gelegen ist: sondern an Grösse, Außerordentlichem, Neuen, Frappanten. Wo er dies finden kann, ist er Sophist und Vertheidiger: und daher haben die Franzosen auch so wenig Philosophen, Politiker und Geschichtschreiber; denn diesen drei Leuten muß es blos an Wahrheit gelegen seyn. Was aber opfert nun nicht Voltaire einem Einfall, Roußeau einer Neuigkeit, und Marmontel einer Wendung auf.

Die Galanterie ist daher so fein ausgebildet unter diesem Volk, als nirgends sonst. Immer bemüht, nicht Wahrheit der Empfindung und Zärtlichkeit zu schildern; sondern schöne Seite derselben, Art sich auszudrücken, Fähigkeit erobern zu können – ist die Galanterie der Französischen Romane und die Coquetterie des Französischen Styls entstanden, der immer zeigen will, daß er zu leben und zu erobern weiß. Daher die Feinheit der Wendungen, wenn sie auch nichts sind, damit man nur zeige, daß man sie machen könne. Daher die Komplimente, wenn sie nur nicht niedrig sind: daher also aus dem ersten die Crebillons, aus dem zweiten die Fontenelle, aus dem dritten die Boßvets und Flechier, die Prologen und die Journalisten. Hätte Fonten[elle] die Gaben auf den Inhalt gewandt, die er jetzt auf Wendungen und die Oberfläche der Wißenschaften

---

13 Vertheidiger:] *danach* Die F[ranzosen] *gestr.*

wendet, welch ein grosser Mann wäre er geworden, in
einer Klasse; da jetzt als Sekretär aller Klassen keiner
über ihn ist unter denen die vor ihm gewesen und nach
ihm kommen werden. So die Komplimenten der Journalisten: keine Nation kann beßer, feiner, genauer, reicher
schildern als diese: nur immer wird diese Schilderung
mehr zeigen, daß sie schildern können, daß sie Erziehung haben, daß sie nicht grob wie Deutsche sind, als
die Sprache des Sturms der Wahrheit und Empfindung seyn. Die Galanterie ist nichts weniger als die
Sprache des Affekts und der Zärtlichkeit: aber des
Umgangs und ein Kennzeichen, daß man die Welt
kenne.
So auch der Tadel: er ist immer die Sprache, die da
zeigt, daß man auch zu tadeln hardi und frei und klug
gnug sey: nicht die Sprache, daß der Tadel unentbehrlich, nützlich, nothwendig, gut, gründlich sey. Das ist
Wahrheit des Pöbels, der sie blos aus Simplicität um
ihr selbst willen sagt. – – So auch der Wohlstand: er
ist Hauptsache der Manier. Man will gefallen; dazu ist
der grosse Ueberfluß der Sprache an Wohlstands-Höf-
lichkeits-Umgangsausdrücken; an Bezeichnungen fürs
Gefällige, die immer das Erste sind: Bezeichnungen für
das, was sich unterscheidet: an Egards, ohne sich was
zu vergeben u. s. w. Die Hofmine hat die Sprache von
innen und außen gebildet und ihr Politur gegeben. Geschmack ist Hauptsache und tausendmal mehr als Genie, dies ist verbannt, oder wird verspottet, oder für
dem Geschmack verkleinert. Der beständige Ueberfluß
von vielen Schriften und Vergnügen, macht nichts als
Veränderung zur Haupttugend: man ist der Wahrheit
müde: man will was Neues, und so muß endlich der

1 geworden,] *danach* da freilic[h] *gestr.*
23 sind: *danach* an *gestr. Versehentlich?*
25 Die Hofmine] Die *verbessert aus* Diese (*zweite Silbe gestr.*).
 Suphan (SWS): Diese

Journal meiner Reise im Jahr 1769

barokste Geschmack herhalten um was Neues zu verschaffen. Dies Neue, das Gefällige, d[as] Amüsante ist Hauptton. Auch als Schriftsteller, auch in der ganzen Sprache ist der Honnethom[m]e der Hauptmann. Tausend Ausdrücke hierüber, die auch im Munde des Pöbels sind, geben der Sprache ein Feines und Cultivirtes, was andre nicht haben. Jeder wird von seiner Ehre, von Honnetete, u. s. w. sprechen und sich hierüber so wohl, und oft so fein, so delikat ausdrücken, daß man sich wundert. Hierinn ist sie Muster, und es wäre eine vortrefliche Sache vom Geist, vom Wohlstande, von der Ehre, von der Höflichkeit der Franz[ösischen] Sprache und ihrer Cultur zu schreiben!

Aber nun umgekehrt: wo ist Genie? Wahrheit? Stärke? Tugend? Die Philosophie der Franzosen, die in der Sprache liegt: ihr Reichthum an Abstraktionen, ist g e l e r n t ; also nur dunkel bestimmt, also über und unter angewandt: also keine Philosophie mehr! Man schreibt also auch immer nur b e i n a h e w a h r : man müste auf jeden Ausdruck, Begrif, Bezeichnung Acht geben, sie erst immer selbst erfinden, und sie ist schon erfunden: man hat sie gelernt: weiß sie *praeter propter*: braucht sie also, wie sie andre verstehen und ungefähr brauchen: schreibt also nie sparsam, genau, völlig wahr. Die Philosophie der Franz[ösischen] Spr[ache] hindert also die Philos[ophie] der Gedanken. – – Welche Mühe hat sich hierüber Montesq[uieu] gegeben: wie muß er oft bestimmen, sich immer an einem Wort festhalten, es oft neu schaffen um es zu sichern! wie muß er kurz, trocken, abgeschnitten, sparsam schreiben, um völlig wahr zu seyn: und doch ist ers nicht immer und das seiner Sprache halben! doch ist er nicht genau, oft seiner Sprache halben! und den Franzosen unleserlich, kurz und freilich, da man immer ins Extrem fällt, zu ab-

21 und] *danach* man *gestr.*

gekürzt. Helvetius, und Roußeau bestätigen noch mehr,
was ich sage, jeder auf seine Art. Hieraus werde beurtheilt, ob die Französische Sprache Philosophische sey?
Ja sie kans seyn, nur Franzosen müsten sie nicht schreiben! nicht sie für Franzosen schreiben! sie als todte
Metaphysische Sprache schreiben! und da nehme man
doch ja lieber gerade statt dieser Barbar[ischen,] die es
damit würde, eine andre noch mehr Barbarische, die
nicht Franzosen erfunden: die sich nicht wie die [der]
Franzosen veränd[er]t, die todt, Metaphys[isch], bestim[m]t ist, die Lat[einische]. – – Aber freilich in Sachen lebend[igen] Umgangs mit etwas Teinture der
Philos[ophie] keine beßer, als die Französische! Sie
hat einen Reichthum an feinen und delikaten Abstraktionen zu *Substantiven*, eine grosse Menge Adjektiven
zur Bezeichnung insonderheit [der] Dinge des Geschmacks, eine Einförmigkeit in Construktionen, die
Zweideutigkeiten verhütet, eine mehrere Kürze von
Verbis als die Deutsche: sie ist zur lebendigen Philosophie die beste.

Insonderheit in Sachen des Geschmacks! Grosser Gott!
welche Menge, Reichthum, glücklicher Ueberfluß in Bezeichnungen, Carakterisirung der Schönheit und Fehler
herrscht nicht in Clements Nouvellen! Welch ein Ueberfluß von Hof- und Galanter Sprache im Angola, im
Sopha, in den feinen Romanen des Jahrhunderts! Selbst
der Mangel hat hier Reichthum gegeben! Man macht

8 würde,] *Umlautzeichen oder U-Häkchen fehlt in Hs. Doch ist
wohl mit Suphan* würde *zu lesen*
9 f. wie die [der] Franzosen] *Suphan änderte die Franzosen in
die Französische Doch bestand Herders Flüchtigkeitsfehler wohl
im Auslassen von* der
16 f. Bezeichnung insonderheit [der] Dinge des Geschmacks,] *wiederum Auslassung eines Worts. Vgl. S. 110,9. Suphan:* insonderheit Dinge *Ein von späteren Herausgebern nach* Bezeichnung *gesetztes Komma ändert den Sinn. Vielleicht hätte Herder verbessert:* von Dingen des Geschmacks
24 Nouvellen!] *danach* i[m?] *gestr.*

Subst. aus *Adject.*: man macht Bezeichnungen mit dem *genitive: c'est d'un etc.* man formt neue Wörter: man biegt andre alte in einen neuen Sinn – was wäre hier für ein Wörterbuch und für eine Grammatik über d e n
G e s c h m a c k in der Französischen Sprache zu schreiben[,] wie das Comische z. E. bekannt ist: so hier das Aesthetische, das Feine, das Galante, das Artige, das Polie! Ich wünsche und wäre es nicht werth mich daran zu üben! Wer von dieser Seite die Französische Sprache inne hat, kennt sie aus dem Grunde, kennt sie als eine Kunst zu brilliren, und in unsrer Welt zu gefallen, kennt sie als eine Logik der Lebensart! Insonderheit aber wollen die Wendungen derselben hier berechnet seyn! Sie sind immer gedreht, sie sagen nie was sie wollen; sie machen immer ⟨eine⟩ Beziehungen von dem, der da spricht, auf den, dem man spricht: sie verschieben also immer die Hauptsache zur Nebensache, und die Relation wird Hauptsache und ist das nicht Etiquette des Umgangs? Mich dünkt, diese Quelle der Wendungen hat man noch nicht gnug in diesem Licht angesehen, und verdients doch so sehr, philosophisch behandelt zu werden. Hier geht die Französische Sprache von allen ältern ab: hier hat sie sich einen ganz neuen Weg gebahnet: hier ist sie andern und der Deutschen Sprache so sehr Vorbild geworden: hier und hier allein ist sie Originalsprache von Europa. Die Alten kannten dies Ding der galanten Verschiebungen nicht: wie oft ist Montesquieu in Verlegenheit, wenn er seinen Perser Französische Wendungen machen läßt, oder ihn Orientalisch will reden laßen und also diesen Wendungen entsagen muß. Und doch ist Montesquieu noch so edel,

2 *c'est d'un*] *Hs.*: c'est d'on *Von Suphan verbessert*
2 formt] *danach* u[nd] *gestr.*
10 dem] *danach* K *gestr.*
23 ältern] *danach* h[ier] *gestr.*
26 Europa.] *danach* Ih[re?] *gestr.*

so simpel, so einfach in seinem Ausdruck, daß er in seinen Briefen z. E. oft wie ein Winkelmann spricht, und in seinen Sachen, die ausgearbeitet sind, und wo er nicht drechselt, noch mehr. Und doch ist Montesquieu der vielleicht, der unter allen Franzosen am meisten von seinen Freunden den Römern und Orientaliern gelernt hat! Wie viel verliert man daß sein Arsaces nicht erscheint! wie würde er da auch über die Eheliche Liebe Morgenländisch denken und Französisch sprechen! Nun nehme man aber andre, die die Franz[ösische] Sprache haben Orientalisiren wollen, um den Unterschied zu sehen! Wo bleibt da das Morgenländ[ische] Wiederholen des Chors? Es wird in Französische Wendung umgegossen. Hier will ich noch die *Lett[res] Turques* von S[ain]t Foix lesen und überhaupt sehen wie dieser delikate Geist den Orientalismus behandelt! Alsdenn die Peruvianerin mit ihrer Französischen Liebesmetaphysik! Alsdenn den guten Terraßon in seinem Sethos! Ramsai in seinem Cyrus und hier wäre die Parallele schön, wie Xenophon den Perser gräcisiret und Ramsai ihn französiret, oder nicht! Alsdenn ein Blick über die Türkischen Spione, Sinesischen und Jüdischen, Iroquesischen und Barbarischen Briefe, über die Französischen Heroiden aus Orient her, über die Orientalischen Erzählungen in den Englischen Wochenblättern, in Wieland, in Sonnenfels, in Bodmer – – um aus allem Verschiedenheit des Genius der Sprache zu sehen. – –
Die Griechische Sprache hat eben so wenig von diesen Wendungen des blossen Wohlstandes gewußt, wie es ihre Sprache der Liebe, des Umganges, des Affekts, der Briefe, der Reden zeigt. Daher der jämmerliche

9 Morgenländisch denken und Französisch sprechen!] *Ursprüngliche Reihenfolge in Hs.:* Morgenländisch sprechen und Französisch denken! *Die Verben durch Bezifferung umgeordnet*
16 Geist] *danach* die Orie[ntalen] *gestr.*
22 Jüdischen,] *danach* Briefe *gestr.*
24 her, über die] *danach* Engl[ischen] *gestr.*

Journal meiner Reise im Jahr 1769

Unterschied wenn Euripid und Racine seine Griechischen Liebhaber! wenn Corneille und Sophokles seine Helden sprechen läßt – bei den Griechen ist alles Sinn, bei dem Franzosen alles loser, gewandter Ausdruck. Voltaire hat Recht, daß es schwer sei, Griechische und Lateinische Verse Französisch zu machen und das Corneille dabei viel Kunst bewiesen! Viel Kunst freilich: Voltaire hat wahr, daß aus einem meist 2. werden, weil Wendung und Endreim in der Französischen Sprache g e g e b e n sind, und vorgestochen daliegen! Aber wehe der Sprache, die so was giebt! und vorzeichnet, das sind nicht Olympische Schranken! Hier öffnet sich überhaupt die grosse Frage, ob bei dieser Bildung des Französischen Stelzenausdrucks in der Tragödie nicht viel an Corneille gelegen! an seiner schweren Art sich auszudrücken! an dem Geschmack den er vor sich fand! an der gewandten Ritter- und Höflichkeitssprache, die man liebte, der er aus dem Spanischen folgte! die ganz Europa angesteckt hatte! Und denn, Corneille war ein Normann, so wie die Scuderi, so wie Brebeuf, so wie Benserade, so wie Fontenelle! und haben alle mit ihrem Normännischen Romangeist im Ausdruck nicht eben so viel und mehr zum Verfall des guten simpeln Geschmacks beigetragen, als man von den Seneka und Persius und Lukans aus Spanien abmißt? Seneka und Corneille, Lukan und Brebeuf, der Philos[oph] Seneka und Fontenelle, wie gut paßen sich die nicht überhaupt. Vom Fontenelle zeigts die Vorrede vor dem *Esprit de Fontenelle*: von Corneille hats Voltaire in einigen Remarquen gezeigt und wäre über ihn ausführlicher zu zeigen. Von Brebeuf, Scuderi, Benserade, Marot ist alles bekannt! Von hieraus ein Weg über die Verschiedenheit des Ausdrucks in der Griechischen

---

1 Racine seine] *danach* Lieb[haber] *gestr.*
9 Endreim] *danach* gegeben *gestr.*
18 liebte,] *danach* u[nd] *gestr.*

und Französischen Tragödie! und wie viel Corneille auf
diese gewürkt! eine grosse und weder vom Elogisten
Fontenelle, noch vom Commentat[or] Voltaire berührte
Frage. Racine folgte dieser Sprache nach und hat sie
zur künstlichsten Versification zugeschmiedet: und Belloi
und Marmontel, jener in der Zelmire, dieser im Dionys.
und Aristomen u. s. [w.] wie übertreiben sie!
Noch artiger wäre die Aufgabe von der Verschiedenheit
des Griechischen, oder Röm[ischen] und Französ[ischen]
Wendungsausdrucks in Reden! Hier müßte man
Uebersetzungen vergleichen und Original gegen Original
halten, Demosthen gegen Boßvet, Cicero gegen Flechier
und urtheilen! Daraus entscheiden sich die Inversionen
der Französ[ischen] Sprache, über die Batteux und Cerceau
und Dider[ot] und Clement so getheilt sind. Ohne
Zweifel hat die Franz[ösische] Sprache viele, aber sind
Tours des Wohlstandes! nicht Inversionen für die
Einbildungskraft! wie das Latein, wie das Griechische!
Diese den Alten ganz unbekannte Sprache, so fern sie
ans Dekorum gränzt, würde den zweiten Theil der
Krit. W[älder] sehr heben! und wäre völlig neu!
Woher ist aber dieser Geist des Wohlstandes bei den
Franzosen entstanden? Aus dem Genie der Nation? die
wie StFoix will, schon als Barden das schöne Geschlecht
ehrten und schon zu Julius Cäsars Zeiten leichtsinnig
und Tänzer waren? Alsdenn aus dem Feudalgeist der
alten Franken! wo hier die Gesetze der Ehre und der
Monarchie für Montesquieu sich herleiten, da hier die
Gesetze der Ehre in der Sprache! Alsdenn aus dem
Spanisch-Italienischen Geschmack, der vor dem Jahrhundert
Ludwichs die Welt beherrschte! Alsdenn aus
dem Hofgeschmack Ludwichs, der die Teniers aus seiner
Stube hinwegroch und bei dem vieles aus seinem Jugendlichen
Romangeist erklärt werden kann! Und end-

2 weder vom] *danach* Fon[tenelle] *gestr.*

lich aus dem einmaligen Ton, in den sich die Nation gesetzt hat und auf welchen sie andre Nationen besuchen um ihre Höflichkeit zu sehen und zu lernen.
Mit diesem Geist des Wohlstandes geht aber den Franzosen das meiste in[n]re Gefühl weg! So wie die Regelmäßigkeit ihrer Sprache aus Wohlstand immer verschoben ist, daß sie sich nie recht und gerade zu ausdrückt: so macht auch überhaupt der Wohlstand Barrierre für den Geist! Ihr *Vive le Roi* ist Wort, Ausdruck, den sie empfinden, wie sie alles empfinden, leicht, ohne Jugement, auf der Oberfläche, ohne Grund und dabei sind sie glücklich – sie preisen ihn und dienen ihm und thun alles *pour le Roi*, auch wenn sie aus der Schlacht laufen! Die Deutschen grübeln schon mehr, murren, wenn ihr König Invaliden die Erlaßung gibt und der Kön. von Frankreich thuts immer: murren, wenn sie nicht aus dem Lande sollen und die Franzosen machen sich eine Ehre draus, es nicht zu wollen! murren bei Auflagen und Verpachtungen, und in Frankreich ist alles verpachtet! Kurz, in Frankreich ist alles selbst bis auf den Namen Ludwichs des Vielgeliebten Ehre des Patriotism, darüber man schreiben möchte: sie wissen nicht, was sie thun? und warum sie es thun! So die Generos[ité] der Franzosen! Sie ist Politesse; selten reelle, Gründliche Freundschaft, E[i]nlaßung in die Situat[ion] des Andern. So selbst ihr Vergnügen: Agrement, Zerstreuung; nicht innerliches Eindringen und daher hat Yorik Recht, daß es eine zu ernsthafte Nation ist: ihre Gayete ist Flüchtigkeit, nicht innerl[iche] Freude. Ihr Lachen ist mit Wohlstand verbunden; daher wenig von dem süßen beseligenden Lachen, das uns den Genuß der Natur zu fühlen gibt: sondern so wie es Clement in s[einem] ersten Briefe bei Gelegenheit des Mechants von Greßet und im letzten bei seinem

---

12 preisen ihn und] *danach* sal[utieren?] *gestr.*

Der Teufel ist los, zeigt. Daher hat ihre Komödie so grosse Schranken, und schildert nichts als Auftritte des bürgerlichen Lebens, oder Komplimentenscenen, oder Wohlstandsübungen. Worinn sind die Franzosen glücklicher als in diesen? Im Abend nach der Mode, in Visiten, in Stellungen um eine Gruppe zu machen, in Amanten nach den Affenmienen des Wohlstandes. Aber den wahren Liebhaber? wer macht den mit dem Händedrücken und Affektiren – den wahren Menschen im Auftritt – das wird gemeinigl[ich] Coup de *theatre* wie z. E. in de la Chaussee *Prejugé à la Mode* der beste schönste Auftritt ein Theaterstreich wird. Das kann der Franzose nicht sehen, daß ein gerührter Ehemann wiederkehrt, und zu Füßen fällt, und die ganze Scene sich ordentlich entwickle, dazu muß Masque und Radebrechen in Epigrammatischen Versen, und ein *bout rimé* nöthig seyn. Das wahre Lachen ist überdem aus der feinen neuen Französischen Comödie so glücklich ausgestorben, als der wahre Affekt von ihrem Trauerspiel. Alles wird Spiel, Schluchsen, Händeringen, Deklamiren, Scene, Bindung der Scenen u. s. w. Von diesem letzten und von dem was Wahrscheinlichkeit des Orts, Zeit, u. s. w. ist, haben sie ein Gefühl von dem der Deutsche weniger, der Engländer nichts fühlt. Und es ist auch in der That nichts als Etiquette des Theaters, woraus sie das Hauptwerk machen. Man lese alle Voltairische Abhandlungen über das Theater und in seinen Anmerkungen über Corn[eille] gleich die erste Anmerkung vom Schweren und Wesentlichen des Theatral[ischen] Dichters, und man sollte schwören, den Cerimon[ien] M[ei]st[e]r, nicht den König des Theaters zu lesen. So wie bei aller Franz. Anordnung der Häuser doch nicht in allem Bequemlichkeit herrscht: so wie sie bei ihren Gesellschaftszimmern ein andres eben so nöthiges ver-

12 wird.] *verbessert aus* wird, de[r]

gessen: so wie sie bei ihrem Etiquette sich Lasten aufgelegt haben, die sie nicht aber andre fühlen, so auch bei ihrem Theater, Romanen, und allem, was Scene des Wohlstandes heißt. Welche freiere Natur haben da die Engl[änder], nur auch freilich übertrieben! und was könnten wir Deutsche uns für eine schöne mitlere Laufbahn nehmen. Die Komödie vom Italiener, die Tragedie vom Engländer, in beiden die Französische Feile hinten nach[,] welch ein neues Theater! Da wird keine Zelmire sich mit hundert Verbrämungen es zu sagen schämen, daß sie ihrem Vater die Brust gegeben! Da wird kein Ehemann sich schämen, sich mit seinem Weibe zu versöhnen! Da wird die Opera *comique* nicht Lieder und *petits airs* des Wohlstands lallen, sondern Scenen der Empfindung, Lieder der Empfindung haben! und wieviel hätte sie damit gewonnen – o was wäre hierüber zu sagen! – – –

D. 4./15. Jul. stiegen wir in Painböf an Land, und unser Wahrzeichen war ein altes Weib. Man gewöhnt sich an alles, sogar ans Schiff und mein erster Eintritt in die Barke war nicht ohne kleinen Schauder so bei Helsingöhr, so hier. Wie gut wäre es gewesen mich bei Koppenhagen zu debarquiren. Ich erinnere mich noch der himmlischen Nächte, die ich vor Koppenhagen hatte, der schönen Tage, da wir die Jagdschlößer des Königs und seine Flotte vorbeizogen, der schönen Abende, da wir seine Gesundheit im letzten guten Rheinwein trunken. Ich bin aber zu gut um mich lenken zu lassen und

10 zu] *danach* schämen wagen *gestr.*
18 D[en] 4./15. Jul.] *Suphan behauptet, hier begänne der in Paris geschriebene Teil der Hs., da bereits die folgenden Seiten »Rückerinnerungen an Nantes« enthielten (SWS IV, Einl. XV). Bei den Erwähnungen von Nantes muß jedoch »Rückerinnerung« keineswegs notwendig angenommen werden. Dagegen finden sich wiederholt Stellen, die ohne Zweifel Vorblicke auf Paris darstellen. (Vgl. S. 119 f., 121.) So dürfte das Pariser Manuskript erst S. 128 beginnen, d. h. nach der dort in Anm. zu S. 127,7 erwähnten Lücke*

ich gab mein Wort ohne daß ich selbst wollte und ohne daß ich sagen kann, ein andrer habe mich dazu gezwungen. Der Geist Klopstocks hatte nicht gnug Anziehung vor mich, um über die kleinen Hinderniße der Reise zu profitiren, und so ward mein ganzer Plan vereitelt. In Deutschland wäre kein Schritt für mich ohne den größesten Nutzen gewesen und meine Beschäftigung wäre in ihrem vollen Feuer geblieben. Klopstock wie sehr dachte ich ihn zu nutzen, um seinen Geist und sein Temperament kennen zu lernen! um mich mit ihm über sein Bild des Meßias und seiner Zeit und seiner Religion überhaupt zu besprechen! um einen Funken von seinem Feuer zu bekommen! um seinen Meßias noch einmal und von Angesicht zu Angesicht zu lesen! ihn lesen, ihn deklamiren zu hören! und also auch nur von seinen Sylbenmaassen rechten Begrif zu erhalten! = = Resewitz! über wie viel Punkte der Offenbahrung hatte ich nicht zu reden, wo man nur mündlich offenherzig ist. Ueber die ersten Urkunden des Menschlichen Geschlechts. Ueber unsere Begriffe von den Patriarchen. Von Moses und seiner Religion. Von der Theopnevstie und dem Zustande der Jüdischen Kirche zu aller Zeit. Vom Charakter des Erlösers und der Apostel. Vom Glauben. Von den Sakramenten. Von der Bekehrung. Vom Gebet. Von der rechten Art zu sterben. Vom Tode und Auferstehung. Von einer andern Welt nach den Bildern der Christen = = welch ein Catechismus der Redlichkeit und mündlichen Offenherzigkeit! = = Alsdenn Cramer und ihn predigen zu hören, ihnen meine Ideen von der geistlichen Beredsamkeit zu geben, vielleicht selbst zu predigen! = = Das Münzkabinet zu sehen und da Begriffe zu sammlen, die ich durchaus noch nicht habe! = = Gerstenberg

---

4 um] *danach* auf *gestr.*
18 wo man nur] *aus* wo man nur er *verbessert;* er *gestr.,* man *über der Zeile zugefügt*

aufzusuchen, mit ihm die Barden und Skalder zu singen, ihn über seine Liebe und Tändeleien im Hypochondristen und wo es sey, zu umarmen, die Briefe über die Merkwürdigkeiten *etc.* mit ihm zu lesen, von Hamann, Störze, Klotz u. s. w. zu sprechen, und Funken zu schlagen, zu einem neuen Geist der Litteratur, der vom Dänischen Ende Deutschlands anfange und das Land erquicke. Alsdenn da über die Skalden zu schreiben, und nach Kiel hin ins Arabische zu verschwinden. Das war meine erste Periode, werde ich sie in Frankreich erreichen?

Es ist freilich vortreflich, die Französische Sprache und Nation von ihr selbst aus zu kennen; aber wenn man schon wählen muß, wenn man nicht lange Zeit, nicht viel Geld zu reisen hat, und am meisten noch nicht reisen gelernt hat: muß man da Frankreich wählen? Für die Kunst, für die Wissenschaft, was ist da zu sehen, wo alles in dem grossen Paris versteckt liegt, wo alles mit Luxus, Eitelkeit, und Französischem Nichts verbrämt ist? Wie viel grosse Leute gibts denn, die für mich so merkwürdig sind. Etwa einen Wille und wird der nicht vielleicht blos Künstler seyn? Einen Diderot, und hat der sich nicht vielleicht schon ausgelebt? Einen Buffon, Thomas, Du Klos, D'Alembert, Marmontel – und sind die nicht gewiß in einen Hefen Französischer Welt, und Anstandes und Besuchs eingehüllet? Und wem kann ich mich denn mittheilen? Wem Intereße an mir einflössen? Gegen wen mir den Stempel des Ausdrucks geben, der nach der Französischen Denkart allein den Menschen von Geschmack und von Geist ausmacht? Ton, Anstand, Geschwindigkeit, Wendung! siehe dahin ist alles geflohen[.] armer! wirst du dich mit deiner Deut-

3 umarmen,] *danach* ihn zu s[prechen?] *gestr.*
20 die] *danach* ich *gestr.*
21 merkwürdig] *danach* ist *gestr.*
25 gewiß] *danach* Fr[anz...] *gestr.*

schen Denkart, die mit deiner Muttersprache so zusammen gewachsen ist, mit deiner Deutschen Langsamkeit dich nicht durch alle Französische Litteratur nur durchbetteln müssen? Und in welche Kluft stürzest du dich alsdenn von Beschämungen, Mißvergnügen, unaufgeräumten Stunden, verfehlten Visiten, müssigen Tagen? Wo wirst du einen Freund finden, der mit dir dies Land der Fremde für dich, durchreise? Louvre und Luxemburg aufsuche, Thuilleries und Gärten durchpromenire, dir Bibliotheken und Naturkabinette aufschliesse, dich Künstler und Kunstwerke betrachten lehre? Wo wirst du ihn finden? und wirds ein Franzose oder ein Deutscher seyn?

Ich habe A. gesagt; ich muß auch B. sagen: ich gehe nach Frankreich: eine Nacht vor Helsingör hats entschieden. Ich überließ mich meiner Trägheit, meiner Schläfrigkeit, um zwei Tage zu verderben: da mir nichts leichter gewesen wäre, als von Hels[ingör] nach Koppenh[agen] zu gehen: wir sind fortgesegelt: ich fand mich in der See: ich gehe nach Frankreich. Nun ist also die Französische Sprache nach der Mundart der Nation, nach ihrem Ton, und Nasenlaut, nach ihrem Geschmack und Schönheit, und Genie mein Hauptzweck = und da, denke ich, in 14. Tagen, wie mir mein Freund B[erens] Hoffnung gemacht hat, in den Ton zu kommen, und mit ihr, wie viel habe ich, insonderheit in Riga, gewonnen! Welche Schande, bei Landräthen und Sekretairen von Wind und von Geschmack kein Französisch zu sprechen! Welche Schande eine Schweizerfranzösin und einen durchwandernden Franzosen insonderheit wenn es ein Abbe wäre nicht zu verstehen! Welcher Vortheil hingegen mit jedem Narren nach seiner Narrheit zu reden! den Geschmack auch in der

1 die] *danach* dir *gestr.*
14 sagen: ich] *danach* bin [in] *gestr.*
15 Frankreich:] *danach* Der [Tag] *gestr.*

Journal meiner Reise im Jahr 1769

Sprache des Geschmacks hören zu lassen! Werke des Geschmacks in Poesie, Prose, Malerei, Baukunst, Verzierung, auch in der Sprache des Geschmacks zu charakterisiren! Anekdoten von Paris zu wissen! wenigstens alles Das kennen, wovon andre plaudern! = Ferner, die Französische Oper, und Komödie zu studieren, zu schmecken! die Französische Deklamation, Musik und Tanzkunst zu geniessen! mir wenn nicht neue Äste der Vergnügen, wenigstens neue Farben zu geben! Kupferstecher- Maler- und Bildhauerkunst, wenn es möglich ist, unter der Aufsicht eines Wille, zu studieren! Von allem, was zum Jahrhundert Frankreichs gehört, lebendige Begriffe zu haben, um z. E. einen Clement, einen de la Place, einen Freron recht verstehen zu können! = Ferner die Französischen Gelehrten kennen zu lernen, wäre es auch nur, wie sie aussehen, leben, sich ausdrucken, bei sich und in Gesellschaft sind! Auch sie nur kennen bringt Leben in ihre Werke, und wenn nicht einen Stachel der Nacheiferung, so doch ein gutes Exempel, sich wie sie zu betragen. Das ist alsdenn ein Cursus der domestiquen Litteratur in Frankreich, der viel erklärt, an sich und im Contrast von Deutschland, und viel aufschließt! = Endlich die Französische Nation selbst, ihre Sitten, Natur, Wesen, Regierung, Zustand: was daraus auf ihre Kultur und Litteratur folge? was ihre Kultur eigentlich sey? die Geschichte derselben? ob sie verdiene, ein Vorbild Europens zu seyn? es seyn könne? was der Charakter der Franzosen dazu beigetragen? durch welche Wege sie das Volk von Honnetete, Sitten, Lebensart und Amusemens geworden sind? wie viel sie dabei wesentlichers verlieren? und es an-

---

7 schmecken!] *danach* nur *gestr.*
11 f. Von allem] *danach* leben[dige] *gestr., Komma gesetzt*
18 wenn] *danach* man *gestr.*
25 was daraus] was *verbessert aus* wie
27 ob sie] *danach* ein [Vorbild] *gestr.*

dern Nationen durch die Mittheilung ihrer Narrheit rauben und geraubt hatten! = Ja endlich! sollte sich denn keiner finden, der mein Freund und mein Muster werde, als Mann von Welt, um seine Känntniße recht vorzutragen, in unsrer Welt geltend zu machen, als Mann von Adreße und von Umgange, um auch in den Sachen, für die ich reise, es zu werden und das in meiner Zeit auszurichten, wozu ich da bin! Gütiges Schicksal, gib mir einen solchen[,] lehre mich ihn kennen! und gib mir Biegsamkeit, mich nach ihm zu bilden! Vorjetzt bin ich schon in Frankreich, ich muß es nutzen: denn gar ohne Französische Sprache, Sitten, Anekdoten, und Känntniße zurückzukommen, welche Schande!
In Painböf Begriffe von Frankreich holen, welche Schande, und gibts nicht Reisebeschreibungen, die sie so geholt haben – Smollet z. E. und selbst grosse Reisebeschreibungen in den 5.t[en] Welttheil, die von den Küsten aus geurtheilt haben.
Meine Reisegesellschaft von Painböf nach Nantes: es ist immer wahr, daß eine Niedrigkeit dem Dinge anklebt, von solchen Gesellschaften nach der Manier Teniers und Tristrams Gemälde nehmen wollen.
Ich verstand weder Pilot, noch Wirthin, noch alte Weiber mit alle meinem Französischen. So müste ebenfalls ein Grieche daran seyn, wenn er nach Griechenland käme. O Pedanten, leset Homer, als wenn er auf den Strassen sänge; leset Cicero, als wenn er vor dem Rathe deklamirte!
Der erste Anblick von Nantes war Betäubung: ich sah überall, was ich nachher nie mehr sahe: eine Verzerrung ins Groteske ohngefähr; das ist der Schnitt meines Auges, und nicht auch meiner Denkart? Woher das?

10 bilden!] *danach* Aus F[rankreich zurückzukommen] *gestr.*
26 Pedanten,] *danach* ler[net] *gestr.*
32 Denkart?] *Hs.:* Denkart. *Der Sinn erfordert Fragezeichen, wie Gillies es setzt*

ein Freund, den ich über eben diesen ersten Anblick fragte, stutzte und sagte daß der seinige auch vast, aber vaste Regelmäßigkeit, eine grosse Schönheit gewesen wäre, die er nachher nie in der *vue à la Josse* hätte finden können. Entweder hat dieser kälter Geblüt, oder wenn ich so sagen darf einen andern Zuschnitt der Sehart. Ist in der meinigen der erste Eintritt in die Welt der Empfindung etwa deßgleichen gewesen? ein Schauder, statt ruhiges Gefühl des Vergnügens? Nach den Temperamenten derer, die dazu beitrugen, kann dies wohl seyn, und so wäre das der erste Ton, die erste Stimmung der Seele, der erste Anstoß von Empfindung gewesen, der nur gar zu oft wieder kommt. Wenn ich in gewissen Augenblicken noch jetzt meinem Gefühl eine Neuigkeit und gleichsam Innigkeit gebe: was ists anders, als eine Art Schauder, der nicht eben Schauder der Wohllust. Selbst die stärksten Triebe, die in der Menschheit liegen, fangen in mir so an, und gewiß wenn ich in diesen Augenblicken zum Werk schritte, was könnte für eine frühere Empfindung dem neuen Wesen sich einpflanzen, als eben dieselbe? Und breite ich nicht also eine unglückliche verzogene Natur aus? oder ists kein Unglück, diese zu haben? oder werden mir bei reiferen Jahren, in der Ehe, bei rechten sanften Schäferstunden andre Gefühle und Schwingungen bevorstehen? Was weiß ich? Indessen bleibt dies immer Bemerkung in mir, die sich auf alles erstreckt. Ein erstes Werk, ein erstes Buch, ein erstes System, eine erste Visite, ein erster Gedanke, ein erster Zuschnitt und Plan, ein erstes Gemälde geht immer bei mir in dies Gothische Grosse, und vieles von meinen Planen, Zuschnitten, Werken, Gemälden ist entweder noch nicht von diesem

2 vast] *verbessert aus* vaste
6 Sehart.] *danach* Der m[einige] *gestr.*
25 Gefühle und] *danach* Kr[isen?] *gestr.*
32 noch] *nachträgl. über der Zeile*

hohen zum schönen Styl gekommen, oder gar mit dem ersten verschwunden. Gefühl für Erhabenheit ist also die Wendung meiner Seele: darnach richtet sich meine Liebe, mein Haß, meine Bewunderung, mein Traum des Glückes und Unglücks, mein Vorsatz in der Welt zu leben, mein Ausdruck, mein Styl, mein Anstand, meine Physignomie, mein Gespräch, meine Beschäftigung, Alles. Meine Liebe! wie sehr gränzt sie an das Erhabne, oft gar an das Weinerliche! wie ist die Entfernung in mir so mächtig, da es bei den Angolas nur immer der gegenwärtige Augenblick ist! wie kann mich ein Unglück, eine Thräne im Auge meiner Freundin rühren! was hat mich mehr angeheftet, als dieses! was ist mir rührender gewesen, als jene, die Entfernung! = = Daher eben auch mein Geschmack für die Spekulation, und für das Sombre der Philosophie, der Poesie, der Erzählungen, der Gedanken! daher meine Neigung für den Schatten des Alterthums und für die Entfernung in verfloßne Jahrhunderte! meine Neigung für Hebräer als Volk betrachtet, für Griechen, Egypter, Celten, Schotten u. s. w. Daher meine frühe Bestimmung für den geistlichen Stand, dazu freilich Lokalvorurtheile meiner Jugend viel beigetragen, aber eben so unstreitig auch der Eindruck von Kirch und Altar, Kanzel und geistlicher Beredsamkeit, Amtsverrichtung und geistlicher Ehrerbietung. Daher meine erste Reihen von Beschäftigungen, die Träume meiner Jugend von einer Waßerwelt, die Liebhabereien meines Gartens, meine einsamen Spatziergänge, mein Schauder bei Psychologischen Entdeckungen und neuen Gedanken aus der Menschlichen Seele, mein halbverständlicher halbsom-

8 Liebe!] *Das Folgende zuerst:* wie sehr sie an das Erhabne, oft gar an das Weinerliche gränze, zeigt ja insonderheit die R[eise?] *Dann erfolgte Streichung der letzten 6 Worte, Einfügung von* gränzt *über der Zeile, Setzung des Ausrufezeichens nach* Weinerliche
21 meine!] *danach* Neigu[ng] *gestr.*

brer Styl, meine Perspektive von Fragmenten, von
Wäldern, von Torsos, von Archiven des Menschl[ichen]
Geschlechts – – alles! Mein Leben ist ein Gang durch
Gothische Wölbungen, oder wenigstens durch eine Allee
voll grüner Schatten: die Aussicht ist immer Ehrwürdig
und erhaben: der Eintritt war eine Art Schauder: so
aber eine andre Verwirrung wirds seyn, wenn plötzlich
die Allee sich öfnet und ich mich auf dem Freyen
fühle. Jetzt ists Pflicht, diese Eindrücke so gut zu brauchen, als man kann, Gedanken voll zu wandeln, aber
auch die Sonne zu betrachten, die sich durch die Blätter
bricht und desto lieblichere Schatten mahlet, die Wiesen
zu betrachten, mit dem Getümmel darauf, aber doch
immer im Gange zu bleiben. Das letzte Gleichniß habe
ich insonderheit in den Wäldern in Nantes gefühlet,
wenn ich ging oder saß und meinen Belisar, meinen
Thomas auf Dagueßeau las, und über mein Leben nachdachte und dasselbe für meine Freundin in Gedanken
entwarf, und mich in grossen Gedanken fühlte, bis
selbst das Leben des Erlösers in seinen grösten Scenen
mir zu imaginiren, und denn aufblickte, die Allee, wie
einen grünen Tempel des Allmächtigen vor mir sah,
und Gedanken aus Kleists Hymne und seinem Milon
aus dem Herzen aufseufzte, und wieder las, und durch
die Blätter die Sonne sah und das weite Getümmel der
Stadt hörte und an die dachte, die mein Herz besaßen
und weinte! Da soll es seyn, wo mein Geist zurückwandert, wenn er Marmontels erste Kapitel und Thomas Dagueßeau lieset, und den Meßias fühlt und ein
Leben Jesu entwirft.
Wie kann man sich in dem Charakter eines Menschen
beim ersten Besuch irren, insonderheit wenn er sich
hinter der Maske des Umgangs versteckt. Der erste, der

3 Gang durch] *danach* eine Alle[e] *gestr.*
17 f. nachdachte und] *danach* selbst *gestr.*
21 denn] *danach* dab[ei] *gestr.*

mich in N[antes] besuchte, schien die Munterkeit, Belebtheit selbst: wer hätte in ihm den Türken an Bequemlichkeit, und den Langweiligen errathen sollen, der sich auf seinem Lehnstuhl zermartert und die schrecklichste höllische Langeweile auf die muntersten Gesichter ausbreitet, der immer einen Diskurs zu lang findet, frägt und keine Antwort Lust hat zu hören, mitten im Diskurs ein langweiliges Gähnen hervorbringt und an nichts Geschmack findet – wer hätte den in ihm rathen sollen? Artig gnug! sollte man sagen, wenn alle Französische Männer so sind, wer wird denn = = und siehe es sollte umgekehrt heißen: Gleißend gnug! wenn alle Franz. Männer so anders beim Kartentisch mit andern, und zu Hause sind, so heißt das Feuer aufraffen, damit es ersterbe und todte Flammen geben. Und würklich an diesem Charakter war recht das Französische zu sehen, was nichts als Gleißnerei und Schwäche ist. Seine Höflichkeit war *politesse* und *honneteté*, oft auswendig gelernt und in Worten: seine Lobeserhebungen fingen damit an, »er sprach Französisch[«] und endigten damit, [»]er war von einer *politesse*, Artigkeit, daß[«] – – und der Nachsatz fehlte. Seine Geschäftigkeit war leicht, aber auch um nichts: Briefe schreiben, wie Waßer; es waren aber auch gewäßerte Briefe, die nichts enthielten als Meteorologische Verzeichniße über Regen u. s. w. Seine Delikateße war todte Ordnung z. E. Symmetrie auf dem Tische, oder Faulheit: Seine Ruhe Gedankenlosigkeit: Sein Urtheil eine Versicherung voriger Jahre über die er weiter nicht dachte: sein Wiederspruch oft der simpelste Gegensatz ohne Umschweif und Gründe: kurz, bei allen guten Seite[n], die abgebrauchteste, entschlafenste Menschliche Seele, die Gähnendes gnug hatte, um zehn Andre um sich einzuschläfern und gähnend zu

---

22 Artigkeit,] *fehlt bei Suphan (SWS)*
27 Symmetrie] *danach* oder *(verbessert aus* u[nd]*) gestr.*

Journal meiner Reise im Jahr 1769

machen. Seine Freundin, der entgegengesetzteste Charakter von der Welt hielt ihn für unglücklich: er wars nicht, als nach ihrer Empfindung: dieser Gegensatz zeigt, wie opponirt beide Charaktere waren; zeigt aber auch die schöne Seele, die halb aus Freundschaft, halb aus Mitleid seit Jahren in die Gewohnheit hineingedrungen ist, mitzuschlafen, und sich aufzuopfern!

---

6 Mitleid] *danach* sich *gestr.*
7 aufzuopfern!] *Folgt größere Lücke in der Hs. Von Suphan »nur zum kleinsten Teil ausgefüllt« durch ein »nachträglich gefundenes Blatt«. (Hier S. 128–131.)*

Auf die Dogmatik müste ein anderes Werkchen folgen, wie die Christliche Religion jetzt zu lehren sey. Hiezu viel Data, wo der gemeine Unterricht Schwächen, Irrthümer, Mißbildungen gibt; wo er unnütz ist in Geheimnißen und Dunkelheiten von Abstraktionen: wo er was zu denken scheint und nichts zu denken gibt, in der ganzen Orientalischen Seite: wo er gar verderbl[ich] werden kann, in manchen Pflichten der Ewigkeit, der Unnützlichkeit guter Werke u. s. w. wo er veraltet und unvollkommen ist, wo ihm also aus unser Zeit zugesetzt werden muß – Hiezu immer Data, so kurz, so einfältig, daß nichts mehr und minder werde, als ein Catechismus der Christlichen Menschheit für unsre Zeit.

Die geistliche Beredsamkeit ist lange ein Lieblingsplan meiner Seele gewesen; aber wie wenig habe ich noch Materialien gesammelt. Ein grosser Theil davon kommt ins grosse Werk, daß man nehmlich nicht wie Propheten, Psalmisten, Apostel predigen müsse; und zweitens wie die verschiednen Geschichten und Stellen der Offenbarung KanzelMaterien seyn können. – – Das übrige des Werks von den Kirchenvätern z. E. Chrysostomus an, über Luther, und die neuern Engl[änder], Franz[osen] und Deutschen muß allein abgehandelt werden.

Christliche Kirchengeschichte – was blos ein Christ vom Zustande der Kirche aus jedem Jahrhundert wissen muß. o welch ein ander Werk – als Schröck! – Um alles das auszuführen, um davon wahre Begriffe auch nur für mich zu bekommen, was habe ich da zu studiren! Und um das zu studiren, was wie ich glaube, kein andrer für mich thun kann, so ists Geist der Zeit und Känt-

---

1 Auf die Dogmatik] *Von hier ab dürfte Paris der Ort der Abfassung des »Reisejournals« sein. Vgl. Fußn. zu S. 117,18*
9 f. veraltet] *danach ist gestr.*
32 kann,] *Komma von Herder aus Ausführungszeichen geändert*

niß der Menschlichen Seele! Eine Deutsche Bibel und
eine Bibel nach dem Grundtexte und *Poli Commentar*
sind mir dazu Hauptstücke: alsdenn die Englischen
Uebersetzer, die Jüdischen Paraphrasten, Richard Simon, Michaelis, u. s. w. o grosses Werk!
Und geschrieben muß es werden! ohne System, als blos
im Gange der Wahrheit! ohne übertriebnen Schmuck,
als blos Data, nach Datis! Viel Beweise, Proben, Wahrscheinlichkeiten! Schlag auf Schlag! Adel, Größe und
Unbewußtheit der Größe, wie Oßian, und Moses! Edle
Erhobenheit über kleine Wiedersprüche und Kabalen
der Zeit, wie für die Ewigkeit geschrieben! Sprache an
den gesunden Verstand und das Menschliche Herz wie
Pascal und Roußeau, wo er nicht Paradox und Enthu-
siast ist! Viel Materie, und in Form Simplicität! Kein
Esprit der Franzosen, der Montesquieu so verunziert:
keine Enthusiasterei! die Sprache der Wahrheit für alle
Welt! insonderheit für die Nachwelt! = = Grosses Werk
empfange meine Wünsche! meinen Eidschwur! meine
Bestrebung!
Ich komme auf meine Deutsche zurück, die viel denken
und nichts denken, und nichts ist von zwei Seiten betrachtet, unwahrer und wahrer als der Satz. Unwahrer;
der Erfinder der Luftpumpe, des Pulvers, des Laufs der
Sterne, der Infinitesimalrechnung *etc.* der Kupferste-
cherkunst sind Deutsche: und also die Guerike, Kep-
lers, Schwarze, Leibnitze, Dürers u. s. w. aber gegen
wenige Erfindungen welche Menge von Systemen! In
der Theologie, und haben wir eine Erklärung der Bibel? Haben wir *Polos*, Locke, Bensone u. s. w. In der
Juristerei und Historie – da sind wir als Sammler, ein-
zig. In der Medicin reichen unsre wahren Bemerker an
die Burhave und Sydenhams? In der Philosophie end-
l[ich]. Wie vieles ist bei Wolf System, Zuschnitt, Form,

13 wie] *danach gestr.:* Mont[esquieu] P[a]s[cal]
25 etc.] *danach sind* De[utsche] *gestr.*

Methode! Eine Probe ist die Aesthetik: wie viel scheinen wir gedacht zu haben! wie wenig denken wir!
Ich habe z. E. etwas über die Aesthetik gearbeitet, und glaube, wahrhaftig neu zu seyn; aber in wie wenigem? In dem Satze, Gesicht sieht nur Flächen, Gefühl tastet nur Formen: der Satz aber ist durch Optik und Geometrie schon bekannt und es wäre Unglück, wenn er nicht schon bewiesen wäre. Blos die Anwendung bliebe mir also: Malerei ist nur fürs Auge, Bildhauerei fürs Gefühl: eine Entdeckung, die noch immer arm ist, und wenn sie zusehr ausgedehnt ist, lächerl[iche] Folgen geben kann wie wir jetzt sind, da wir Gesicht für Gefühl gebrauchen, und zu gebrauchen gewohnt sind. Also sei dieser Satz blos Wegweiser zu mehrern Erfahrungen, über Gesicht und Gefühl! ich muß ein Blinder und Fühlender werden, um die Philosophie dieses Sinnes zu erforschen! ich glaube, dabei schon auf einigen neuen Wegen zu seyn: laßet uns sehen!

Von der Bildhauerkunst fürs Gefühl
s. Collektaneenbuch hinten unt[er] d[en] Alten Schwäb[ischen] Poes[ien.] Bl. 3.

1) Illusion der Statue vom Fleische:
   von der Bekleidung Ursachen *etc.*
   von der Griechischen Nacktheit Aufklärung
   Warum Malerei nicht   „   noch Waßergewänd[er] nachahme
   von Haaren, Augenbranen, Binde um den Mund
      u. s. w.
   von Adern, Knorpeln, Schaam
   vom Griechischen Profil
   von vorgebognen Armen, kleiner Taille und Füssen.

10 arm ist,] *danach* we[nn] *gestr.*

2) Illusion der Statue vom Geiste:
    von der Stirn, dem Tempel der Gesinnung
    vom Auge dem Redner des Verlangens
    von der Nase
    von der Augenbrane, dem Wink des Willens
    vom Munde dem Sitz der Grazie und des Reizes
    von der Stellung des Kopfs zur Seite, vorwärts, zurück
    „   „   „   der Brust, aus- einwärts, zur Seite
    „   „   „   der Hände und Füße,
    Correspondenz zwisch[en] Stirn und Brust, Auge
        und Hand, Mund und Fuß.

3) Vom Schönen durchs Gefühl (hint[er] Baumg[arten]
        Aesth.)
    Daß es der Blinde habe:
    „ „ die fühlbare Form des Guten und Bequemen
        sey
    also ein fühlbarer Begrif der Vollkommenheit
    Erklärungen daraus auf die Kunst der Thiere
                    des blühenden Alters
                    Ruhe und sanfte Ruhe.

4) Von der Philosophie des Gefühls überhaupt (neu
        Pap[ier] K)
    1. Sprache, die ein Blinder erfunden
    2. seine Welt s[eine] Kosmol[ogie]
    3. die Erinner[ung] seines Ichs, wie es sich ins Univers[um] geoffenb[art] h[at], s[eine] Psychol[ogie] u. Kosm[ologie]
    4. s[eine] Ideen von Raum, Z[ei]t, Kr[aft] s[eine]
        Ontologie
    5. „ „ von Unsterbl[ichkeit] d[er] Seele,
        Θ, Welt, Religion Theol[ogie] Nat[ur].

9 Füße,] *danach* corresp[ondenz?] *gestr.*
31 Θ,] *Das Zeichen wie ein großes griechisches Theta. Danach Suphan: Gott (Theos). Vgl. Herders Ausführungen über Hieroglyphen in* »Älteste Urkunde des Menschengeschlechts« *(1774); SWS VI, 336–423*

Das ist ein Plan, den ich schon entworfen, der aber noch sehr zu beleben ist, durch die Gesellschaft und das Studium der Blinden und Stummen, und Tauben! Diderot kann Vorbild seyn, Versuche zu machen, nicht aber blos auf seine Versuche zu bauen und darüber zu systematisiren! Ein Werk von der Art kann die erste Psychologie werden, und da aus dieser alle Wißenschaften folgen, mithin eine Philosophie oder Encyklopädie zu diesen allen. Vorzüglich aber will ich der Sucht der Deutschen wiederstehen, aus Nominalerklärungen alles herzuleiten, was folgt und nicht folgen kann.

Italiener sind die feinsten und erfindsamsten; für die mitlern Zeiten ists wahrhaftig wahr. Ihre Komödie lebt: ihre Heldengedichte sind Originale: in ihnen ist Kunst geschaffen: Galilei und Tartini, Machiavell, und Boccaz, Ariost und Taßo, Petrarch und die Politiane, Columb und Vespuc[ci], der Erfinder der Ferngläser und des Kompaßes – alles Italiener! der ganze Französische Parnaß ist aus Spanien und Italien gestohlen: in beiden Ländern lebt mehr wahre Natur, Genie, Schöpfung. Die Italien. und Franz. Komödie, Ariost und La Fontaine, Taßo und Voltaire, die Italien. und Franz. Musik, Petrarch und die Franz. Liebesdicht[er] – welcher Unterschied! O daß ich Italien kennte, mich in ihre Natur setzen, und sie fühlen, und mich in sie verwandeln könnte!

Ich habe in Nantes die neue *Voyage d'Italie* gelesen und zu excerpiren angefangen. Welche Anstalten die gewesen sind und zum Theil noch sind – ich habe darauf gedacht, manche von ihnen in meiner Republik nachzuahmen! Wie viel ist da zu sehen, was ich durchaus nicht gesehen habe! Insonderheit lebende Natur. Alsdenn über sie ein Bild liefern, was Frankreich und

---

10 aus] *nachträgl. über der Zeile*

Journal meiner Reise im Jahr 1769

Europa von ihnen genutzt! Was sie unter den Römern
und mittlern Zeiten gethan, geleistet!
Ich wurde in N[antes] mit einem jungen Schweden,
Koch, bekannt – durch die Klotzische Bibliothek! so
muß sich selbst das Pasquillhafte oft zu Zwecken finden! Wer hätte mir sagen sollen, daß dies Buch dienen
würde, um mich in Nantes bekannt zu machen: hätte
ich aber verlohren, wenn ich nicht bekannt geworden
wäre?
Dieser junge Mensch hatte vielen Geschmack am Wahren, Guten, und Würklich Schönen! Ich hab es oft bei
ihm gesehen, daß sein Auge und sein Geist mehr für
das Richtige geschaffen war, als meines; daß er in
Allem ein gewisses Gefühl von Realität hatte, das ihn
nicht mit Hypothesen sätigte; daß er nicht aus Büchern
Sachen lernen wollte, die auf Erfahrung und Praxis
beruhen, sondern zur That schritt. Zeichnen, Geometrie,
wahre Mathematik, Physik, Algebra, Augenschein der
Kunst – werde ichs nie lernen, und immer die Akademie der Wißenschaften nur aus Fontenelle kennen? Womit habe ichs in meinem vergangnen Zustande verdient,
daß ich nur bestimmt bin, S c h a t t e n z u s e h e n,
statt w ü r k l i c h e D i n g e mir zu erfühlen? Ich geniesse wenig, d. i. zu viel, im Uebermaas und also ohne
Geschmack: der Sinn des Gefühls und die Welt der
Wollüste – ich habe sie nicht genossen: ich sehe, e m p -
f i n d e i n d e r F e r n e, hindere mir selbst den
Genuß durch unzeitige Präsumption, und d[urch]
Schwäche und Blödigkeit im Augenblick selbst. In der
Freundschaft und Gesellschaft: zum Voraus unzeitige
Furcht oder übergroße fremde Erwartung, von denen
jene mich im Eintritt hindert, diese mich immer trügt,
und zum Narren macht. Ueberall also eine aufgeschwellte Einbildungskr[aft] z[um] Voraus, die vom

25 die Welt] *nachträgl. über der Zeile*
29 Blödigkeit] *danach* selbst *gestr.*

Wahren abirrt, und den Genuß tödtet, ihn matt und schläfrig macht, und mir nur nachher wieder fühlen läßt, daß ich ihn nicht genossen, daß er matt und schläfrig gewesen. So selbst in der Liebe: die immer Platonisch, in der Abwesenheit mehr als in der Gegenwart, in Furcht und Hoffnung mehr, als im Genuß, in Abstraktionen, in Seelenbegriffen mehr, als in Realitäten empfindet. So bei der Lectüre wie walle ich auf, ein Buch zu lesen, es zu haben; und wie sinke ich nieder, wenn ichs lese, wenn ichs habe. Wie viel auch selbst der besten Autoren habe ich durchgelesen, blos der Wahrheit ihrer Känntniße wegen, in der Illusion ihres Systems, in der Fortreißung ihres Ganzen, blos des Inhalts wegen, ohne Niedersinken, und Ermatten[,] so lese ich, so entwerfe ich, so arbeite ich, so reise ich, so schreibe ich, so bin ich in Allem!

Empfindungen der Art haben mich, wie Walter Shandy, auf die Ideen gebracht, ein **Werk über die Jugend und Veraltung Menschlicher Seelen** zu erdenken, wo ich theils aus meiner traurigen Erfahrung, theils aus Beispielen andrer Seelen, die ich zu kennen Gelegenheit gehabt, einer solchen Veraltung zuvorzukommen, und sich seiner Jugend recht zu erfreuen und sie recht zu geniessen lehre. Der Plan entstand mir schon in Riga, in traurigen Tagen, wo die Organisation meiner Seele gleichsam gelähmt, das Triebrad der äußeren Empfindungen stille stand, und sie in ihr trauriges Ich eingeschlossen, die muntere Sehnsucht verlohren hatte, sich Ideen und Vergnügungen und Vollkommenheiten zu sammlen. Da ging ich umher, dumm, und Gedankenlos, und stumpf, und unthätig, sprach zum Lachen *etc.* nahm hundert Bücher, um hundert von ihnen wegzuwerfen, und doch nichts zu wi-

---

4 immer] *danach* bei [mir] *gestr.*
25 wo] *danach* das Fühl[en] *gestr.*

Journal meiner Reise im Jahr 1769

ßen. Hier fiel mir der ehrliche Swift ein, der über den alten elenden grauen Mann, den er im Spiegel sahe, die Achseln zuckte, und zum Gegensatz schilderte sich mir die junge fröliche Welt des Plato und Sokrates vor, wie sie unter Scherz und Spiel ihre Seelen und Körper übeten, und bildeten, und schlank, stark, und vest machten, wie schöne Oelbäume am Rande der Quelle. Der alte und immer junge Monta[i]gne fiel mir ein, der sich immer zu verjüngen wuste im Alter und ich stand da, stutzig, betäubt und alt in meiner Jugend. Die Begriffe samleten sich: es sollte eine Abhandlung in die Königsberg. Zeitungen werden und wurde nicht, wie viel andre Plane meines Lebens. In der Unthätigkeit von Nantes brachte mich die Umarbeitung der Kritisch[en] Wälder, die Bekanntschaft mit diesem Jünglinge, der so sehr auf das Wesen hinzueilte, und am meisten das Gefühl des Leeren, Reellosen in mir, wieder auf die Gedanken. So wie es aber immer mein Fehler ist, nie recht an Materie, sondern immer zugleich an Form denken zu müssen; so ward ein Riß daraus, zu dem der Abt Clement die muntre Jugend seines Styls hergeben sollte. Der Plan ward lange umhergewälzt, und es ging ihm also, wie bei allen Umwälzungen; zuerst werden sie grösser; nachher reiben sie sich ab. Einen Abend gab ich meinem Schwedischen Jünglinge davon Ideen, die ihn bezauberten, die ihn entzückten: das Gespräch gab Feuer; der Ausdruck gab Bestimmtheit der Gedanken: werde ich jetzt, in der frostigen, unbequemen Stellung, da ich sitze, noch einige Funken von dem fühlen, was mich so oft durchwallte, wenn ich der Unthätigkeit und der Vernichtung der B.- - -schen Gesellschaft entrann:
Die Menschliche Seele hat ihre Lebensalter, wie der

1 Hier] *danach* fühl *gestr. Wohl Schreibversehen*
25 gab] *über gestrichenem* sagte
31 der Vernichtung] *verbessert aus* dem Nichts

Körper. Ihre Jugend ist Neugierde, daher kindischer Glaube, unersättliche Begierde, Dinge zu sehen, insonderheit Wunderdinge, die Gabe Sprachen zu lernen, wenn sie nur an Begriffen und Dingen hangen; jugendliche Biegsamkeit und Munterkeit u. s. w. Ein Alter, von der Neugierde, ist immer verächtlich und ein Kind.

Das Kind konnte an Allem, was es durch Neugierde kennen lernte, noch nicht viel Antheil nehmen: es sahe nur, es staunte, es bewunderte. Daher seine Ehrerbietung für die Alten, wenn sie ihm wahrhaftig ehrwürdig sind: daher die Tiefe seiner Eindrücke, die durch Staunen und Bewundern gleichsam eingerammelt werden. Je mehr Seele und Körper wächst, je mehr die Säfte in beiden zunehmen und aufwallen: desto mehr nähern wir uns gleichsam an die Gegenstände an, oder ziehen sie stark zu uns. Wir mahlen sie also mit Feuer des Geblüts aus: das ist Einbildungskraft, das herrschende Talent der Jugend. Da ist Liebe mit allen ihren Scenen die bezauberte Welt, in denen sie wandelt: oder in der Einsamkeit sinds Dichter, alte entfernte Dichterische Geschichten, Romane, Begeisterungen. Da wohnt der Enthusiasmus von Freundschaft, sie mag Akademisch oder Poetisch ausgemalt werden: da die Welt von Vergnügungen, von Theilnehmungen, Zärtlichkeiten. Da wird auch in den Wißenschaften, alles Bild, oder Empfindung, oder aufwallendes Vergnügen. Das ist der Jüngling: ein alter tändelnder feuriger Greis ist ein Geck.

Er wird Mann und Gesellschafter: dies zuerst, und also nach unsrer Welt werden die heftigen Züge der Einbildungskraft ausgelöscht: er lernt sich nach andern bequemen, sich von andern unterscheiden: das

12 wahrhaftig] *danach* ehrerbietig s[ind] *gestr.*

ist[,] Witz und Scharfsinn kommen los. Er
wird Gesellschafter; lernt alles Feine, das in der gesellschaftlichen Politur besteht: und wozu ihn Liebe, um
seiner Schöne[n] zu gefallen und was zu gelten,
Freundschaft, die bei uns meist Gesellschaft ist,
Vergnügungen, die nie ohne das Gesellschaftliche
so allgemein sind, kurz alles einladen. Ein Fontenelle,
der in der Akademie d[er] W[issenschaften], und in
seinem 103. Jahr witzelt, ist lächerlich. – – Aus dem
Gesellschafter wird Mann, und dies ist eigentlich
die reelle Stuffe, da der Gesellschafter blos ein Zugang
ist, den man nicht entbehren kann, in dem man aber
nicht stehen bleiben muß. Im Mann regiert Bonsens,
Weisheit zu Geschäften. Er hat die Bahn der Neugierde
durchwandelt, und gefunden, daß es viel Leeres gibt,
was blos ersten Blick verdient und nichts mehr; er ist
die Zeit der Leidenschaften durch, und fühlt, daß sie
gut sind, sich in die Welt hineinzuleben, nicht aber sich
durch sie hinwegzuleben, sonst verliert man alles. Er hat
also kaltes Geblüt, wahre Dienstfertigkeit, Freundschaft,
Weisheit, Brauchbarkeit, Bonsens. Sein Alter, seine Gesellschaft, seine Denkart, seine Beschäftigungen s[ind]
d[ie] Reellsten im Menschlichen Leben: er ist der wahre
Philosoph der Thätigkeit Weisheit Erfahrung.
Der Greis ist ein Schwätzer und Philosoph in Worten.
Seine Erfahrungen, matt, weitläuftig, ohne Bestimmtheit
in Lehren vorgetragen, werden *loci communes*: und er
ist reich an ihnen, weil er Erfahr[ung] zu hab[en]
glaubt, und sie vorträgt, da er d[ie] Jugend so von
sich entfernt sieht, sie für zu frei hält, weil er nicht
mit springen kann u. s. w. Das ist das Alter der Ruhe[.]
Neuen Eindrücken ist die Seele kaum mehr offen; sie ist

9 Jahr] *danach* ta[endelt?] *gestr.*
9 ist] *danach* ein *gestr.*
13 Bonsens,] *danach* Tha[etigkeit] *gestr.*
24 Thätigkeit] *danach* u[nd] *gestr.*

verschlossen: zu neuen Erfahrungen kaum aufgelegt: zu
furchtsam: für neuen Unterricht nicht mehr biegsam
gnug; gesätigt gleichsam an Lehre. Das was vorher
weich, und gleichsam Knorpel der Bewegung waren,
sind Knochen der Ruhe geworden. Die Seele geniesst
ihr Leben, das sie geführt und verlebt sich; und es ist
diese eingezogne Furchtsamk[ei]t auch gut, weil der
Greis kaum mehr Kraft und Stärke hat, sich aus seiner
Austernschaale zu bewegen. Das ist der Greis. – – Aristoteles,
Horaz, Hagedorn haben die Lebensalter geschildert:
ihre Schilderung muß für die Seele auf gewisse
Hauptbegriffe Psychologisch zurückgeführt werden, und
diese sind **Neugierde, Einbildungskraft
und Leidenschaft, Witz und Bonsens,**
endlich die **alte Vernunft.** Und aus ihnen wird
so ein System des Menschlichen Lebens, wie Montesquieu
die Regierungsarten geschildert hat.

Jeder Mensch muß sie durchgehen: denn sie entwickeln
sich aus einander: **man kann nie das folgende
geniessen, wenn man nicht das vorhergehende
genossen hat:** das erste enthält
immer die Data zum Zweiten: sie gehen in Geometrischer
nicht Arithmetischer Progression fort: in ihrer
ganzen Folge nur geniesst man das Leben, und wird auf
honette Weise alt. **Man kann nie das vorhergehende
völlig zurücknehmen, (auch
in Verbeßerung) ohne das gegenwärtige
zu verlieren.**

Hingegen aber, wenn man 1) dem Lebensalter nicht
Gnüge thut, in dem man ist 2) wenn man das folgende
vorausnimmt 3) wenn man gar alle auf einmal nimmt
4) wenn man in verlebte zurückkehret: da ist die Ordnung
der Natur umgekehrt, da sind veraltete Seelen:
junge Greise, greise Jünglinge. Unsre Vorurtheile der

---

15 endlich] *danach* V[ernunft] *gestr.*

Journal meiner Reise im Jahr 1769 139

Gesellschaft geben viel Gelegenheit zu solchen Monstern. Sie nehmen Zeitalter voraus, kehren in andre zurück, kehren die ganze Menschliche Natur um. So ist Erziehung, Unterricht, Lebensart: hier eine Stimme der Wahrheit und Menschheit ist Wohlthat: sie schafft den Genuß der ganzen Lebenszeit: sie ist unschätzbar. Und dazu das Buch.
Erster Theil: nach Fähigkeiten der Seele: und eben dabei nach den Zeitaltern der Menschheit.
Erster Abschn. von der Ausbildung der Sinne: und also von der Seele der Kindheit.
Man verliehrt seine Jugend, wenn man die Sinne nicht gebraucht. Eine von Sensationen verlaßene Seele ist in der wüstesten Einöde: und im schmerzlichsten Zustande der Vernichtung. Nach langen Abstraktionen folgen oft Augenblicke dieses Zustandes, die verdrießlichsten im Leben. Der Kopf wüste und dumm: keine Gedanken und keine Lust sie zu sammeln: keine Beschäftigung und keine Lust sich zu beschäftigen: sich zu vergnügen. Das sind Augenblicke der Hölle: eine völlige Vernichtung, ein Zustand der Schwachheit, bis auf den Grad, was zu begehren. – – Man gewöhnt die Seele eines Kindes, um einst in diesen Zustand zu kommen, wenn man sie in eine Lage von Abstraktionen, ohne lebendige Welt; von Lernen ohne Sachen, von Worten ohne Gedanken, von gleichsam Ungedanken ohne Gegenstände und Wahrheit hineinquält. Für die Seele des Kindes ist keine größere Quaal, als diese: denn Begriffe zu erweitern, wird nie eine Quaal seyn. Aber was als Begriffe einzubilden, was nicht Begriff ist, ein Schatte von Gedanken, ohne Sachen; eine Lehre ohne Vorbild, ein Abstrakter Satz, ohne Datum,

14 Man verliehrt] *davor* 1) *gestr. Vgl. S. 143,10:* Zweitens.

Sprache ohne Sinn – das ist Quaal; das ältert die Seele. (Alle Tugenden und Laster sind solche Abstrakta aus 1000. Fällen herausgezogen: ein feines Resultat vieler feinen Begriffe.)
Gehe also in eine Schule der Grammatiker hinein: eine Welt älternder Seelen, unter einem veralteten Lehrer. Jeder Mensch muß sich eigentlich seine Sprache erfinden, und jeden Begrif in jedem Wort so verstehen, als wenn er ihn erfunden hätte. Eine Schule des Sprachunterrichts muß kein Wort hören lassen, was man nicht versteht, als wenn mans denselben Augenblick erführe. Man gehe ein Deutsch Lexicon durch, ob man so die Sprache versteht: man gehe eine fremde Sprache durch, tausendmal weniger. Ein Kind lernt tausend Wörter, Nuancen von Abstraktionen, von denen es durchaus keinen Begrif hat; tausend andre, von denen es nur halben Begrif hat. In beiden wirds gequält, seine Seele abgemattet und auf Lebenslang alt gemacht. Das ist der Fehler der Zeit in der wir leben: man hat lange vor uns eine Sprache erfunden, tausend Generationen vor uns haben sie mit feinen Begriffen bereichert: wir lernen ihre Sprache, gehen mit Worten in 2. Minuten durch, was sie in Jahrhunderten erfunden und verstehen gelernt. Lernen damit nichts: veralten uns an Grammatiken, Wortbüchern und Discursen, die wir nicht verstehen, und legen uns auf Zeitlebens in eine üble Falte.
Weg also Grammatiken und Grammatiker. Mein Kind soll jede Todte Sprache lebendig, und jede lebendige so lernen, als wenn sie sich selbst erfände. Monta[i]gne, Shaftesburi lernten Griechisch lebendig: wie weit mehr haben sie ihren Plato und Plutarch gefühlt, als unsre Pedanten. Und wer seine Muttersprache so lebendig

1 die Seele.] *Der folgende eingeklammerte Satz wurde nachträgl. mit kleiner Schrift zwischen die Absätze eingefügt*
32 Plutarch] *Herder: Petrarch versehentlich, wie Suphan bemerkte*

lernte, daß jedes Wort ihm so zur Zeit käme, als er die Sache sieht und den Gedanken hat: welch ein richtiger, philosophisch denkender Kopf! welch eine junge blühende Seele! So waren die, die sich ihre Sprache selbst erfinden musten, Hermes in der Wüste, und Robinson Crusoe. In solcher Wüste sollen unsre Kinder seyn! nichts als Kindisches zu ihnen reden! Der erste abstrakte unverstandne Begrif ist ihnen Gift: ist, wie eine Speise, die durchaus nicht verdaut werden kann, und also wenn die Natur sich ihrer nicht entledigt, schwächt und verdirbt. Hier eben so, und was würden wir, wenn die Natur nicht noch die Güte hätte, uns dessen durch Vergessenheit zu entledigen. Wie ändert sich hier Schule, Erziehung, Unterricht, Alles! Welche Methode, Sprache beizubringen! Welche Genauigkeit und Mühe, Lehrbücher zu schreiben und noch mehr über eine Wißenschaft zu lesen, und sie zu lehren! Lehrer! in Philosophie, Physik, Aesthetik, Moral, Theologie, Politik, Historie und Geographie **k e i n W o r t o h n e B e g r i f f , k e i n B e g r i f f p r ä o c c u p i r t : s o v i e l , a l s i n d e r Z e i t e i n e M e n s c h l i c h e S e e l e v o n s e l b s t f a s s e n k a n n ,** und das sind in der ersten Jugend, nichts als B e g r i f f e d u r c h S i n n e.
Auf diese eingeschränkt, wie lebt die Menschl[iche] Seele auf: nun kein Zwang, keine Schule mehr. Alles Neugierde, die Neugierde Vergnügen. D[a]s Lernen Lust und Ergötzen; üben, sehen, neu sehen, Wunderdinge sehen, welche Lust, welche schöne Jugend. Hier ein Plan, was und wie sie in allen Wissenschaften hindurch zu lernen hat, um immer jung zu seyn, ist Verdienst der Menschheit.
Umgekehrt aber: sehet die elenden Schüler, die in ihrem Leben nichts als Metaphysik an Sprache, sch[önen]

---

8 wie] *danach in Hs. Komma; Schreibversehen*

K[ünsten] und W[issenschaften], und Allem nichts als
Metaphysik lernen! sich an Dingen zermartern, die sie
nicht verstehen! über Dinge disputiren, die sie nicht
verstanden hab[en]. Sehet elende Lehrer! und Lehrbücher, die selbst kein Wort von dem verstehen, was sie
abhandeln. In solchen Wust von Nominalbegriffen,
Definitionen, und Lehrbüchern ist unsre Zeit gefallen:
drum liefert sie auch nichts grosses: drum erfindet sie
auch nichts. Sie ist wie der Geizige[:] hat Alles
und geniesset nichts. Ich darf nur meine eigne
Erziehung durchgehen, so finde ich einen Reichthum
von traurigen Ex[empeln]. Ein Kind muß blos durch
sich und seine Triebfeder handeln, das ist Neugierde: die muß geleitet und gelenkt werden; ihm aber
keine fremde eingepflanzt werden z. E. Eitelkeit u. s. w.
die es noch n[ich]t hat. Durch die kans viel lernen,
nichts aber an seinem Ort, zu seiner Zeit. Die Jugend
der Menschlichen Seele in Erziehung wiederherzustellen,
o welch ein Werk! Das einzige, was den Schwarm von
Vorurtheilen tödten kann, der in Religion, Politik,
Weltweisheit u. s. w. die Welt bedeckt! ich zweifle aber,
ob es g[an]z in unsr[er] Gesellsch[aft] angeht. Jeder
lernt die Masse von hundert andrer Gedanken und wird
damit alt.
Nicht, als wenn man nicht von der Gesellschaft andrer
profitiren könnte: der Mensch ist ein so geselliges
Thier, als er Mensch ist. Die Senkung zur Sonne ist
den Planeten eben so natürlich, als ihre Kraft fort-
zueilen. Aber nur, daß die Geselligkeit unsre Eig[en]-
h[ei]t nicht g[an]z tödte: sondern sie nur in eine andre
schönere Linie bringe. So also wird die Gesellschaft
uns auch tausendmal mehr Begriffe geb[en] könn[en],
als wenn wir allein wär[en]: allein nur immer Be-

17 an seinem] *danach* Ze[it] *gestr.*
30 g[an]z] *Suphan (SWS): ganz Doch könnte ein Umlautzeichen in dem stark abbreviierten Wort auf gänzlich weisen*

gr[iffe], die wir verstehen können, die begr[iffen] s[in]d. Der Führer muß uns den Weg verkürzen, uns aber selbst gehen lassen, nicht trag[en] woll[en], und uns damit lähmen!

Es ist eine schwere Sache, jede Wissenschaft in allen Begriffen und jede Sprache in allen Worten auf die Sinne zurückzuführen, in denen und für die sie entstanden sind, und das ist doch zu jeder Wißenschaft und Sprache nöthig.

Zweitens. Alle seine Sinne zu gebrauchen. Das Gefühl z. E. schläft bei uns, und d[as] Auge vertritt[,] obgl[eich] manchmal nur sehr unrecht, seine Stelle. Es gibt eine Reihe von Modificationen des Gefühls, die kaum unter der Zahl der bisherigen 5. Sinne begriffen werden können, und in denen allen die schöne Jugend geübt werden muß. Ueberhaupt ist kein Satz merkwürdiger und fast vergeßner, als[:] ohne Körper ist unsre Seele im Gebrauch nichts: mit gelähmten Sinnen ist sie selbst gelähmt: mit einem muntern proportionirten Gebrauch aller Sinne ist sie selbst munter und lebendig. Es gibt in den alten Zeiten der schönen Sinnlichkeit, insonderheit in den Morgenländern Spuren, daß ihre Seele gleichsam mehr Umkreis zu würken gehabt habe, als wir. Alsdenn würden sich theils neue Phänomena theils die Alten auf neue Art [zeigen]. Das ist der Weg, Originale zu haben, nehmlich sie in ihrer Jugend viele Dinge und alle für sie empfindbare Dinge ohne Zwang und Präoccupation auf die ihnen eigne Art empfinden zu lassen. Jede Empfindung in der Jugendseele ist nicht blos was sie ist, Materie, sondern auch aufs ganze Leben Materie: sie wird nachher immer verarbeitet, und also gute Organi-

2 Der] *verbessert aus* Die
10 Zweitens.] *Vgl. S. 139,14 m. Fußn.*
15 Sinne] *danach* verstand[en] *gestr.*
26 [zeigen].] *In »Lebensbild« sinngemäß ergänzt*

sation, viele, starke, lebhafte, getreue, eigne Sensationen, auf die dem Menschen eigenste Art[,] sind die Basis zu einer Reihe von vielen starken, lebhaften, getreuen, eignen Gedanken, und d[as] ist das OriginalGenie: Dies ist in allen Zeiten würksam gewesen, wo die Seele mit einer grossen Anzahl starker und eigenthümlicher Sensationen hat beschwängert werden können: in den Zeiten der Erziehung fürs Vaterland, in grossen Republiken, in Revolutionen, in Zeiten der Freiheit, und der Zerrüttungen wars würksam. Diese sind für uns weg: wir sind im Jahrhundert der Erfahrungen, der Polizei, der Politik, der Bequemlichkeit, wo wir wie andre denken müssen, weil wir, was sie sehen, wie sie sehen lernen, und man es uns durch Religion, Politik, Gesellschaftston, u. s. w. selbst zu denken verbeut, wie wir wollen. Wir sehen in unsrer Jugend wenige Phänomena, wenn es noch Zeit ist, sie zu sehen, damit sie in uns leben. Diese Phänomena sind meistens schwach, gemein, unwichtig, aus einer bequemen, üppigen Welt, wo die Regierung der Staaten, und alle grosse Handlungen des Menschlichen Geschlechts geheim, oder verborgen, oder gar verschwunden sind: und also ihr Anblick kein Zunder zu grossen Thaten geben kann. Wir werden durch Worte und das Lernen fremder allgemeiner Begriffe so erstickt, daß wir nicht auf sie merken, wenigstens nicht mit dem ganzen Feuer auf sie merken können. Die rührendsten Auftritte der Natur sind bei uns weg. Wir bekommen also nur schwache, monotone Stöße: unsre Jugendlichen Sensationen sagen wenig unsrer Seele: diese erstirbt.

O gebet mir eine unverdorbne, mit Abstraktionen und Worten unerstickte Jugendseele her so lebendig, als sie ist; und setzet mich denn in eine Welt, wo ich ihr alle

13 was] *verbessert aus* wie
22 geheim, oder] *danach* gestorben *gestr.*

Eindrücke geben kann, die ich will, wie soll sie leben! Ein Buch über die Erziehung sollte bestimmen, **welche und in welcher Ordnung und Macht diese Eindrücke sollten gegeben werden!** daß ein Mann von Genie daraus würde, und dieses sich weckte! Durch Repräsentation der Sachen fürs Gesicht, noch mehr aber Gefühl: durch Körperliche Uebungen und Erfahrungen allerlei Art, durch Bedürfniße und Ersättigungen, wie sie nur seyn können. Alles versteht sich *pro positu*, in welcher Art von Welt man lebt, und sehen kann. Jeder Mensch wird finden, daß seine später verarbeiteten Gedanken immer von solchen Eindrücken, Visionen, Gefühlen, Sensationen, Phänomenen herrühren, die aber oft schwer zu suchen sind. Die Kindheit in ihrem langen tiefen Traum der Morgenröthe verarbeitet solche Eindrücke und modificirt sie nach allen Arten, dazu sie Methoden bekommt. Dies führt auf ein drittes:
Man gebrauche seine Sinne, um von allem Begriffe der Wahrheit zu bekommen, und nicht gleich mit dem ersten Eindruck dem Häßlichen und Falschen eigen zu werden. Ich weiß nicht, wie viel vortrefliche Folgen nicht entstehen müßten, wenn alle erste Eindrücke, die man uns liefert, die besten wären. Unsre Gothische Fratzen und Altweibermärchen sind sehr schlechte erste Formen: die ersten Eindrücke von Tempeln, und Religion sind Gothisch, dunkel und oft ins Abentheuerliche und Leere: die ersten Bilder und Gemälde sind Nürnbergsche Kupfer-

---

1 will,] *danach* was *gestr.*
5 w e r d e n !] *danach* fü[rs?] *gestr.*
5 Genie] *danach* in *gestr.*
10 in] *über gestrichenem* nach *Davor unleserliches Wort gestr.*
17 dazu sie] *danach* schon *gestr.*
20 W a h r h e i t] *danach* u[nd] der Schö[nheit] *gestr.*
25 wenn] *danach* vor *oder* von *gestr.*

stiche: die ersten Romane Magellonen und Olympien[;] wer denkt wohl dran, in der Musik, die ersten Töne schön, sanft, Harmonisch, Melodisch seyn zu laßen? Daher kommts auch, daß unsre Seelen in dieser Gothischen Form veralten, statt daß sie in den Begriffen der Schönheit erzogen, ihre erste Jugend wie im Paradiese der Schönheit geniessen würden. Hier sind aus meinem Beispiel die Folgen klar. Nach den ersten Eindrücken meiner Erziehung hat sich viel von meiner Denkart, von der Bestimmung zu einem Stande, vielleicht auch von meinem Studieren, meinem Ausdruck u. s. w. gerichtet. Was kann aus einer in Geschichte, Kunst, Wißenschaft und Religion Gothisch verdorbnen Jugendseele werden? Und was würde aus einer werden können, die mit den schönsten Begriffen des Schönen genährt würde? Hier starke Menschliche Anreden! Proben z. E. von einem richtig gewöhnten Auge, Ohr, von einem Sinn des Schönen! Und denn Vorschläge und Vorbilder!
Wenn ich hier von Vorbildern der Schönheit u. s. w. rede: so sage ich nicht, daß unsre Seele in der Kindheit alle die feine Verbindungen von Begriffen schon habe, die in uns dies Sentiment bilden: die hats noch nicht. Allein eben [dadurch,] daß man der Verwirrung von Begriffen zuvorkommt, bildet man ihn. Wir lernen die feinsten Abstraktionen, die das Resultat langer Betrachtungen sind, die nicht anders als aus einer Menge feiner und seltner Verbindungen und Aßociationen mit andern haben entstehen können, in einem Augenblick durch den Hasard der Sprache, oder durch schlechte Gelegenheiten. Ein schöner Jüngling müste nichts als richtige Sensationen haben, und aller Ideen beraubt werden, die noch nicht für ihn sind. Weil er aber in der Gesellschaft lebt, und leben sollen, so geht diese Beraubung nicht lange an, aber in der Mittheilung auch deßen,

25 Resultat] *danach* der *gestr.*
34 aber] *über gestrichenem* u[nd]

was andre für ihn ausgedacht haben, und worinn derselbe eingeweihet wird, muß wenigstens so viel Philosophie wohnen, daß er nichts wider seinen gesunden Verstand annehme, wenn auch schon manches durch die
5 Gesellschaft accelerirt wäre: daß er nichts ohne richtige Sensation annehme, was er ausspricht u. s. w. So muß er zum Begrif feiner Worte, feiner Tugenden und feiner Sentiments der Schönheit kommen.
Die Schönheit z. E. von wie vielen Ideen ist sie das
10 Compositum? von wie vielen Ideen aus ganz verschiednen Sachen gezogen? wie fein verflochten sind alle diese Ideen von denen sie das Resultat ist? was setzen sie vor feine Begriffe schon wieder voraus von Ordn[ung,] Maas, Proportion? Und diese Begriffe was für eine
15 Reihe Bemerkungen, Sitten, Convenanzen wieder? wie ändern sie sich also nach diesen Convenenzen nach Ort, Zeit, Völkern, Nationen, Jahrhunderten, Geschmacksarten? wie viel Weisheit gehört also dazu einer Jugendseele die ersten Eindrücke des Schönen in Formen, Ge-
20 stalten, Körpern, Tönen richtig zu machen! ihn noch nichts von Schönheit überhaupt reden, sondern nur das Einzelne, jedes beste Schöne in seiner Art begreifen lassen! ihn allmälich von einem simpeln Gegenstande zu einem mehr verflochtnen führen! von Bildhauerkunst
25 zur Malerei, von einfach schöner Musik zu einfach schönen Tänzen! lebendige Gestalt wird er sich selbst suchen, nur laßt uns seine Seele so zur Richtigkeit der Begriffe und sein Herz zur Richtigkeit der Tugend gewöhnen daß er auch in dieser so complicirten Wahl noch
30 richtig geht.
Was für einen Unterschied in der ganzen Doktrin gäbe dies! Die ganze Moral ist ein Register feiner Abstrak-

---

5 daß] *verbessert aus* denn das ist
8 kommen.] *danach* Einige ob [?] *gestr.*
12 setzen] *verbessert aus* setzt
23 f. zu einem] *danach* nur *gestr.*

ter Begriffe: alle Tugenden und Laster das Resultat vieler feiner Bemerkungen[,] feiner Situationen, feiner Fälle! Jahrhunderte, Gesellschaften, Convenanzen, Religionen haben dazu beigetragen! Welche kindische Seele kann sie alle indem sie das Wort hört und lernt, entziefern! Welcher Philosoph hat sie entziefert! Welcher lebendige Philosoph wenn jener sie auch entziefert hätte, hätte sie so lebendig, um sie anwenden zu können! um dem Strom von Sprache, Gesellschaft, feinen Unterricht wiederstehen zu können, der auf eine Seele losstürmt! Hier ein grosses Geschäfte: der Verf. des *Gouverneurs ou Essai sur l'education (Lond. Nourse)* hat einige angefangen, Schönheit, Herrschaft! simpler, und Philosophischer als er, will ich ihm nachfolgen! Das Alter der Einbildungskraft ist leicht. Sie nimmt keine neue Bilder mehr an: sie wiederholt nur die vorigen. Noch ein andres höheres Alter: sie wiederholt sie auf einerl[ei] Art. Das höchste endl[ich:] sie wiederholt sie, ohne sie einmal völlig und ganz auszudrücken. Sie spricht wie mit schwacher Zunge, wie im Traum. Alle Bilder, die wir sehen, malen sich in unser Auge, in unser Gehirn: da bleiben welche vielleicht materielle Spuren, das macht das Gedächtniß. Diese Spuren können aufgefrischt und zur idealen Gegenwart gebracht werden: das ist Imagination. Wie sie sich ins Gehirn malen? Physisch ist dies Problem noch nicht gnug aufgelöset: die Bemerkungen, die Maupertuis vorschlägt mit dem Gehirn der Maleficanten würden dazu helfen, und denn würde gleichsam die Welt Materieller Ideen lebendig. Wie sie sich im Gehirn erhalten, und nicht von andern ausgelöscht werden? Huart hat darüber Spitzfündigkeiten gegeben, die bei seinem Scharfsinn es wenigstens zeigen, daß eine beßere Auflösung unmöglich sei, wenn man zuviel grübeln will. Wie sie sich im Gehirn wieder aufwecken laßen? Das ist eine von den 3en Unbegreiflichkeiten, die Scaliger nicht auflösen konnte — laßet uns die Metaphysik laßen und Praktisch reden.

So lange das Gehirn, oder die Tafel der Seele weich und zart ist, alle neue Bilder, mit aller Stärke, in allen Farben und Nuancen, mit aller Wahrheit, Neuigkeit und Biegsamkeit einzunehmen: da ist die weiche und wächserne Jugend der Seele! da fühlt ein Klopstock in seiner Kindheit alle die Bilder, die er nachher singt, modelliert und so mannichfalt verarbeitet! da steht die Einbildungskraft offen, und o wenn nur die guten, die besten Bilder jedesmal hineingebracht würden! – – Allmälich schließt sich die Seele d. i. sie verarbeitet die vorigen Ideen: sie wendet sie an, so oft sie Gelegenheit hat: dadurch werden jene zurückgerufen und gleichsam stärker eingeprägt: immer zurückgeruffen und immer stärker: das Gehirn also härter und vester: endlich werden sie eben durch die starke Erneurung die einzigen und ewig. Sie kommen immer wieder, und die Seele kann nichts denken, ohne daß sie wiederkommen. So kommen dem Klopstock seine eiserne Wunden, und seine letzten Stunden immer zurück, daß er fast nichts ohne sie *etc.* Natürlich daß sie endlich andern Ideen den Eingang wehren, und an unrechtem Ort zurückkommen: die Seele, die gleichsam in einer neuen Gesellschaft mehr Neuigkeit, aber auch mehr Zwang hätte, stützt sich auf die alte, schon bekandte: die besucht sie: da gefällt sie sich: diese Furchtsamkeit neue Ideen zu besuchen, diese Anhänglichkeit an die Alten Freunde ist ein Zeichen des Alters.

Endlich komt man gar so weit, so lange zu erzälen, bis man im Erzälen sich vergißt, und nur schwache und träge Abdrücke in Worten gibt von dem, was man denkt und sich einbildet. So wie ein langer Lügner endlich selbst seine Lügen vorträgt, ohne daß ers inne

---

30 so lange] *fehlt bei Suphan (SWS)*

wird: so auch ein langer Erzäler, ohne daß er erzälet. Er verliert die Aufmerksamkeit auf das, was er sagt: ob es auch für einen, der so etwas nicht gesehen, nicht gehört, oder nicht so oft erzälen gehört hat, als dieser es selbst erzält hat, so g a n z , so eindrücklich, so vollständig sei, daß es ganzen Eindruck geben könne. Daher z. E. bei Klopstock in s[einen] Liedern die schwachen Wiederholungen aus seinem Meßias: ihm sind diese und jene einzelne Züge im Ganzen eindrücklich gewesen: er glaubt, daß s[ie] andern, so einzeln, als sie ihm einkleiben, auch so mächtig seyn müssen: er vergißt also das Eindrückl[iche] Ganze zu geben, und wird schwach, matt, todt. O Jugend der Seele, die so stark spricht, als sie siehet und fühlet! Mit jeder Wiederholung schwindet ein Zug der Aufmerksamkeit: mit jeder Wiederholung schwächt sich Bild, es wird nur Nachbild, Nachabdruck, und endlich ists die geschwächste Gestalt der Seele!

O ihr grossen Meister aller Zeit, ihr Moses und Homere! ihr sangt durch Eingebung! pflanztet was ihr sanget, in ein ewiges Sylbenmaas, wo es sich nicht regen konnte: und so konnte es so lange wiedergesungen werden, als man wollte. Wir in unsrer matten, unbestimmten, uns selbst und jedem Augenblick überlaßnen Prose wiederholen und prosaisiren so lange, bis wir endlich nichts mehr sagen. So gehts einem alten Professor, der gar zu oft einerlei gelesen: einem alten Prediger, der gar zu oft einerlei gelehrt, gesagt, verrichtet hat, einem alten Witzlinge; er wird endlich schwach, was Stachel seyn sollte, ists nicht mehr, was Delikatesse seyn sollte, wird Finesse: kurz Fontenelle, in seinem Alter, wie ihn auch Clement charakterisiret: einem alten Anakreontisten, wie es Gleim zeigt: einem alten Spötter, wie es Voltaire beweiset u. s. w.

6 daß es] *danach* vollst[ändigen] *gestr.*
10 er] *danach* vergi[ßt] *gestr.*

Journal meiner Reise im Jahr 1769

Welche grosse Regel, mache deine Bilder der Einbildungskraft so ewig, daß du sie nicht verlierest, wiederhole sie aber auch nicht zur Unzeit! eine Regel zur ewigen Jugend der Seele. Wem seine ersten Bilder so schwach sind, daß er sie nicht stark und in eben der Stärke von sich geben kann, da er sie empfangen, der ist schwach und alt. So gehts allen Vielbelesnen und Zuviellesenden, die nicht Gelegenheit haben, das was sie gelesen, Einmal stark und lebendig zu wiederholen: oder die nicht Lebhaftigkeit gnug haben, zu lesen, als ob man sähe, fühlte, selbst empfände, oder anwendete: oder endlich, die durch zu Ueberhäuftes, schwächliches, Zerstreutes Lesen sich selbst aufopfern! So gehts mir. Indem ich mich zu sehr aus meiner Sphäre wage: indem ich nie mit ganzer zusammengenommner, natürlich vollkommnen Seele lese, so wird kein Eindruck ganz! Nie so ganz, als ihn der Autor empfand, oft nicht einmal so ganz, daß ich ihn sagen, oder mir nur stark und vollendet denken kann. O Greise, schwache Beschaffenheit der Seele! Der Magen ist verdorben: die Natur geschwächt: die Seele [hat] keinen wahren Hunger, also auch keinen wahren Appetit zur Speise: also auch keine starke völlige Verdauung: also auch keine gesunde Nahrung.
Wie ist ihm zu helfen? Wenig eßen, viel Bewegung und Arbeit: d. i. ohne Allegorie wenig Lesen, viel Ueberdenken mit einer gewißen Stärke und Bündigkeit, und denn Ueben, Anwenden. Wie wenn dazu meine Reisen dienten! Da komme ich in die Nothwendigkeit, nicht immer lesen oder vielmehr lesend schlendern zu können:

6 nicht stark] *Herder schrieb:* nicht stärk *Vielleicht dachte er erst an:* nicht stärker *von sich geben kann Er änderte dann den Satz und vergaß, das Umlautzeichen zu tilgen*

8 alt.] *Herder schrieb:* ält (= ält[ernd]? *Vgl. S. 140,6:* älternder Seelen

30 ich] *danach* an *gestr.*

da muß ich Tagelang ohne Buch bleiben. Da will ichs
mir also zum Gesetz machen, nie zu lesen, wenn ich
nicht mit ganzer Seele, mit vollem Eifer, mit unzer-
theilter Aufmerksamkeit lesen kann. Hingegen will ich
alsdenn an das, was vor mir liegt, denken, mich von
der gräulichen Unordnung meiner Natur heilen, entweder zu sehr voraus, oder zu spät zu denken; sondern immer die Gegenwart zu geniessen. Alsdenn wenn
ich das Buch ergreife – nicht anders, als mit voller
Lust und Begierde, und so daß ich endlich so weit
komme, ein Buch auf einmal so lesen zu können,
daß ichs ganz und auf ewig weiß; für mich
und wo ich gefragt werde, wo ichs anwenden soll, und
auf welche Art auch die Anwendung seyn möge. Ein
solches Lesen muß Gespräch, halbe Begeisterung werden,
oder es wird nichts!

16 nichts!] *Der Schluß des »Reisejournals« fehlt*

Anmerkungen

4,1 *Anno 1769 ...:* Die Notizen sind am 17. Juli 1769 in Nantes geschrieben, ausgenommen die beiden letzten Angaben, die mit etwas spitzerer Feder in Paris aufgezeichnet wurden. Die Zahl links vom Schrägstrich gibt das Datum an nach dem im russischen Riga geltenden Julianischen, die Zahl rechts vom Schrägstrich das Datum nach dem Gregorianischen Kalender.

4,14 *Divesande:* wohl phonetisch für Ile d'Ouessant, die am Kanalausgang liegende Insel.

4,15 *Pamboeuf:* Paimbœuf; s. Anm. zu S. 117,18.

7,15 *ein Gerücht:* bezieht sich auf Herders öffentliche Ableugnung der Autorschaft seiner in Riga anonym erschienenen Werke; vgl. Nachwort S. 194.

7,23 f. *Examen:* Osterexamen an der Rigaer Domschule, wo Herder als Hilfslehrer (Kollaborator) tätig war.

7,24 *renoncirt:* Herder erklärte an diesem Tage dem Rigaer Magistrat, daß er alle seine Ämter in Schule und Kirche niederlegen wolle. Sein Gesuch um Entlassung begründete er mit der Absicht, eine längere Reise zu machen.

7,24 *Erlaßung erhalten:* Nach wiederholten Versuchen, Herder zur Zurücknahme seines Entlassungsgesuchs zu veranlassen, wurde ihm an diesem Tage die Bewilligung seines Wunsches in sehr ehrenvoller Weise zum Ausdruck gebracht.

7,25 *letzte Amtsverrichtung:* eine kirchliche Bestattungsfeier; vgl. Notizblatt zum *Journal,* S. 4: »Die letzte Leiche«. An diesem Tage bot der russische Regierungsrat Johann Christoph von Campenhausen Herder das Rektorat des livländischen Lyzeums an sowie das Pastorat an St. Jakob.

7,25 f. *Einladung von der Krone:* Vorladung vor den russischen Gouverneur, Feldmarschall George Browne (1698–1792). Tags darauf fand die Besprechung statt.

7,26 *Abschiedspredigt:* gedruckt SWS XXXI, 122–143. Vgl. Nachwort S. 197.

8,5 *Kaufmann zu London:* Anspielung auf den letzten Akt von *The London Merchant;* s. Register unter Lillo.

8,9 *Bibliothek:* seit Januar 1765 war Herder als Hilfskraft (Adjunkt) bei der Rigaer Stadtbibliothek tätig.

8,23 *St. Marcs:* Saint-Marc; s. Register.

8,23 *La Combe:* Lacombe; s. Register.
8,24 *St. Reals:* Saint-Réal; s. Register.
8,27 *Keile:* Keill; s. Register.
8,27 f. *Mariette:* Mariotte; s. Register.
8,28 *Toricelli:* Toricelli; s. Register.
8,30 *die Ninons:* s. Register unter Lenclos, Ninon de.
9,6 *Hazards:* Hasard, Glücksspiel; gemeint ist: sich zu sehr von Zufällen bestimmen lassen.
9,27 *übeln Falte:* »Falte« von Herder damals gern gebrauchtes Wort zur Bezeichnung von Depressionszuständen und ihrer Auswirkung.
9,34 *Repositorium:* Büchergestell.
10,12 *affektiren:* künstlich erzwingen.
11,30 *Lehnstul:* vgl. S. 11,16 *Studierstul.*
12,28 *Glückseligkeit:* Der Gedanke an Glück und Glückseligkeit der Menschen war auch Herders Hauptanliegen als Prediger gewesen; vgl. seine Rigaer Abschiedspredigt SWS XXXI, 122 bis 143 passim. Siehe auch Nachwort S. 228.
12,32 *Privation:* Beraubung, Wegnahme, Entziehung.
13,1 f. *Gespielin meiner Liebe:* Mme. Busch; s. Register. Herder nennt sie zu dieser Zeit in einem Brief an Begrow »la plus digne de son sexe que j'aime et que j'adore de toute mon âme« (*Lebensbild*, S. 25). Am 8. Oktober 1770 schrieb Herder über sie an Caroline Flachsland: »Wissen Sie, wer diese unglückliche Freundin war und ist? eine vortreffliche, aber äußerst übel verheiratete Dame zwischen dreißig und vierzig Jahren, deren Freund und täglicher Umgang ich nebst einem andern ehrlichen Kerl [Begrow] war, vor dem wir nichts Geheimes im Herzen hatten. Zwei runde Jahre bin ich in ihrem Hause, vor Mittage, Mittag wo ich täglich speisete, nach Mittage, und Abend bis in die Nacht gewesen: Einerlei Übel unsrer Augen machte uns bekannt, und da ich von Tage zu Tage ihren lebhaften Geist, ihr gutes Herz, und ihren sehr festausgebildeten Charakter immer mehr kennen lernte; so haben wir täglich, als Freunde, gelebt, deren es nicht viele in der Welt und in R[iga] wohl außer uns gar nicht gab. Da waren wir täglich zusammen, um zu plaudern, und zu lesen und uns zu zanken, und uns zu trösten, und zu tändeln, uns zu liebkosen und – nichts mehr! Ein Gedanke weiter hätte unsre Freundschaft beleidigt! [...] Die ganze Stadt wußte unsre Freundschaft, weil

Anmerkungen 155

ich ihr alle Gesellschaften, die mich so häufig suchten, aufopferte: und selten bin ich zu meiner Predigt gefahren, wo sie mich nicht im Wagen begleitete.« (Schriften der Goethe-Gesellschaft Bd. 39, 1926, S. 87 ff.) – Vgl. auch SWS XXIX, 319.

13,8 *Zeros:* Nullen.

13,16 *tracassier:* Quälgeist, Unruhestifter, Ränkeschmied.

13,17 *Garçon:* Junggeselle.

14,14 *schwerere Luft:* Nach Gillies (S. 127) steht das Folgende unterm Einfluß Buffons. Gillies zitiert Buffon (ohne Stellenangabe): »L'air, encore plus léger, plus fluide que l'eau.«

14,17 f. *urinatorische neue Schiffart:* Schiffahrt unter Wasser. Versuche wurden schon lange vor Herders Zeit unternommen. Gillies (S. 127) weist hin auf den Holländer Cornelius van Drebbel, der im Auftrag König James' I. von England 1620 das erste Unterwasserfahrzeug baute. In einem 1648 erschienenen Werk von John Wilkins, *Mathematical Magick*, wird auf die verschiedenen Vorteile der Unterwasserschiffahrt aufmerksam gemacht. Wilkins benutzt das lateinische Wort *urinator* (Taucher). Es ist möglich, daß Herders Gedankengänge durch Wilkins' Werk direkt oder indirekt angeregt wurden.

15,5 *Naturregister:* Gemeint ist etwa: ein normales Wesen. »Naturregister« wohl im Hinblick auf das »Normalregister« der Orgel, bei dem Tonhöhe und Tonbezeichnung sich entsprechen, nicht höhere Oktaven klingen.

15,19 f. *Vagina hominum:* Mutterschoß des Menschengeschlechts.

16,21 f. *Deguignischen Hypothese:* s. Register unter Guignes.

16,25 *abolirt:* abgetan, erledigt.

17,7 *Origines:* Anfänge, Herkunft.

17,8 *Hetruriens:* Etrurien, Land der Etrusker, zwischen Tiber und Apennin.

17,10 f. *aborigines:* Urvolk, Ureinwohner.

17,18 *Policei:* aus mlat. (griech.) *politia*, bezeichnete ursprünglich, und so auch noch im 18. Jahrhundert, die Staatsverwaltung überhaupt. (Nach Hermann Paul.)

18,3 *Tritonen:* Meergötter, dem Poseidon beigeordnet.

18,5 f. *Maupertuis Leiter:* Maupertuis vertrat im *Système de la nature* (1751) die Hypothese stufenweiser Ordnung aller Lebewesen von der niedrigsten bis zur höchsten Organisation in aufsteigender Kontinuität.

18,24 f. *Luftundulationen:* Schwingungen der Luft, Schall- und

Lichtwellen; die Wellentheorie begann sich Ende des 17. Jahrhunderts anzubahnen.

19,2 *Elektrische Funke:* das St.-Elms-Feuer? Vgl. S. 14,6.

19,26 *Leben Peters:* Herder kannte Voltaires *Histoire de l'empire de Russie sous Pierre le Grand* (1759 und 1763, deutsch von A. F. Büsching bei Hartknoch in Riga) und Alexander Gordons *Geschichte Peters des Großen* (Aberdeen 1755, ins Deutsche übersetzt von Wichmann, Leipzig 1765).

19,29 *unrecht commandirte:* im Jahre 1697.

20,8 f. *sagt mein Freund:* Gustav Berens? Herder gibt hier die typisch baltischen Urteile und Vorurteile wieder. Einen richtigen Russen hat er kaum jemals kennengelernt. Vgl. Stavenhagen, S. 21, 25 Anm. 5; Bittner, S. 39.

20,10 *arripiren:* eifrig, hastig sich aneignen.

21,18 *Jonas im Wallfisch:* Altes Testament, Buch Jona, Kap. 2.

21,24 f. *Mythologische Zeit zu erklären:* Die Mythologie der Alten hatte Herder als ihre größte poetische Leistung in der Dritten Sammlung seiner *Fragmente über die neuere Deutsche Literatur* gerühmt.

21,29 *Expansum:* das Ausgedehnte, Ausgespannte.

21,33 *Gewäßer zu schlagen:* Gedacht ist an Horaz, *Carmina* I, 12,58 ff.:

»tu gravi curru quaties Olympum,
tu parum castis inimica mittes
    fulmina lucis.«

22,2 *Kastor und Pollux, Venus:* Die im Altertum als Retter in Seenot angerufenen Dioskuren Kastor und Pollux wurden schon früh als Sterne gedeutet. Auch die Zyprische Venus galt als Schutzpatronin der Seefahrer. Vgl. Horaz, *Carmina* I, 3,1 ff.:

»sic te diva potens Cypri,
    sic fratres Helenae, lucida sidera,
ventorumque regat pater
    obstrictis aliis praeter Iapygia,

navis, quae tibi creditum
    debes Vergilium [...]«

22,12 *Adler:* Bote des Zeus.

22,21 *Orpheus:* Name eines mythischen griechischen Sängers. Ihm wurden fälschlich zugeschrieben die sog. *Orphischen Hymnen* (etwa 2. Jh. n. Chr.) und ein spätantikes Epos *Argonautika*. Letzteres mag Herder hier vorschweben. 1796 verglich er es mit Homer (SWS XVIII, 433). Über die *Orphischen Hymnen* und *Argonautika* spricht Herder auch 1774 in der *Ältesten Urkunde des Menschengeschlechts* (T. 2, Kap. 6: »Ägyptischorpheische Politik«). Eine Edition der Orphika rezensierte er 1765 (SWS I, 77 f.).

23,5 f. *Delphin hat ihn entführt:* Gemeint ist Arion, der griechische Sänger und Dichter aus Lesbos (um 600 v. Chr.). Die Sage wurde schon von Herodot erzählt, von griechischen und römischen Dichtern ausgeschmückt.

23,6 f. *Aurora hat ihn weggeraubt:* Aurora (griech. Eos), Göttin der Morgenröte, entführte sterbliche Jünglinge, um sich ihrer Liebe zu erfreuen; so den Tithonos, dem Zeus ewiges Leben, nicht ewige Jugend gewährte.

23,8 f. *Virgils verwandelter Mast:* Nach Vergil, Aeneis IX, 116 bis 122, tauchten die Schiffe der Trojaner wie Delphine unter und erschienen wieder als Nymphen: »delphinumque modo demersis aequora rostris ima petunt«.

23,24 f. *Gigantische Erzählungen:* Seefahrermärchen von Riesen, wie sie bei Homer und Vergil verarbeitet wurden (Kyklopen), doch auch z. B. in Rabelais' *Gargantua et Pantagruel*; nicht antike »Gigantomachien«.

23,25 *Argonautika:* griechisches Seefahrer-Epos von Apollonios Rhodios (3. Jh. v. Chr.). Bezüglich der »orphischen« *Argonautika*, an die Herder hier vor allem denkt, vgl. S. 22,21: »Orpheus« m. Anm.

23,25 f. *Lucianische Reisebeschreibungen:* »Wahre Geschichten« (Ἀληθεῖς ἱστορίαι) des Lukian (2. Jh. n. Chr.), eine Folge parodierend erzählter Reiseabenteuer.

24,3 f. *Piloten:* Lotsen.

24,29 *Ritter mit dem Schwan:* Erzählungen aus dem Umkreis der Lohengrinsage. *Der Schwanenritter*, ein Volksbuch.

24,29 f. *Joh. Mandevill:* Verfasser einer phantastischen Reisebeschreibung, deutsche Übersetzungen früh als Volksbuch verbreitet; s. Register unter Mandeville.

25,12 *Hölle Mandevils:* Mandeville berichtet von Teufeln, die den Reisenden Feuer auf den Kopf speien.

26,33 *Concurrenzen:* Zusammentreffen. »Konkurrenz« in der Kirchensprache: das Zusammenfallen von Festen.

27,7 *v. der Hardt:* bezüglich seiner »Hypothese« s. Register.
27,8 *Harduin:* Hardouin; bezüglich seiner »Hypothese« s. Register.
27,8 *Leibniz:* seine »Hypothese«: Monadenlehre, prästabilierte Harmonie.
27,8 *Plato:* seine »Hypothese«: Ideenlehre, Seelenlehre.
27,9 *Deskartes:* Zu Descartes »Hypothesen« gehörte die seinerzeit aufsehenerregende Korpuskulartheorie.
27,16 *Moses:* Moses Mendelssohn; s. Register.
27,17 *Bernouille:* Bernoulli; s. Register.
28,1 *Le Caille:* La Caille; s. Register.
28,2 *Pilotage:* Steuermanns-, Lotsenkunst.
28,7 *Georgika:* Gemeint: Vergils *Georgica*, Lehrgedicht über den Landbau und thematisch Ähnliches.
28,28 f. *Okularverzeichniße:* Verzeichnis von Häfen, wie sie dem Auge im Fernrohr erscheinen. Okular: dem Auge zugewandte Linse.
28,32 *Sklaverei:* Es gab in Livland noch immer Leibeigenschaft.
29,3 *Unnütze Critiken:* 1769 hatte Herder vier Teile seiner *Kritischen Wälder* geschrieben, davon drei (bei Hartknoch in Riga) veröffentlicht. Das *Zweite* und *Dritte Wäldchen* war polemisch gegen Klotz gerichtet. Vgl. Nachwort S. 194 ff. m. Anm.
29,16 *Policei:* vgl. S. 17,18 m. Anm.
29,34 *lache Seele:* von franz. *lâche*, schlaff, kraftlos, feig.
30,3 f. *Evmenide:* Eumeniden, griechische Rachegöttinnen.
30,4 *meinen Wäldern:* vgl. S. 29,3 f. m. Anm. zu »Unnütze Critiken«.
31,1 *Roußeau:* Herders Haltung gegenüber Rousseau war Veränderungen unterworfen: uneingeschränkter Enthusiasmus wurde durch eine kritischere Einstellung abgelöst. Vgl. Haym I, 366 ff.
31,24 f. *Iselins Geschichte:* Der Schweizer Popularphilosoph Isaak Iselin (s. Register) hatte die Geschichte der Menschheit als eine fortgesetzte Durchgangsstufe zu einem von der Vorsehung entworfenen Erziehungsresultat erklärt und die einzelnen Völker und Zeitalter als in sich unselbständige Mittel und Werkzeuge hingestellt. 1774 trat Herder Iselin in *Auch eine Philosophie der Geschichte zur Bildung der Menschheit* entgegen.
31,27 *Agathon:* Wielands Bildungsroman *Geschichte des Agathon*

war 1766/67 in 1. Fassung erschienen. Er behandelte die Wandlung eines jungen Mannes von weltabgewandter Schwärmerei zu freiem und leichtem Lebensgenuß in altgriechischer Einkleidung.
31,30 *Hiob aus Arabien:* Im Verfasser des Buchs Hiob sah Herder einen idumäischen Emir, dem »die Denkart eines Arabers« eignete. (*Vom Geist der Ebräischen Poesie*, SWS XI, 306 ff.)
32,6 *Bruckers:* Brucker; s. Register.
32,6 *Postillenprediger:* Verfasser von Schriften nach Art von Luthers *Kirchen- und Hauspostille* (1527). Postille: Auslegung von Schrifttexten zur Erbauung und Verwendung bei Kanzelpredigten.
34,1 *policirten Welt:* poliziert: wohl eingerichtet, geordnet, verwaltet. Vgl. S. 17,18 m. Anm.
34,19 *Moses:* Moses Mendelssohn; s. Register.
34,26 *Homileten:* Kanzelredner.
34,28 f. *Jahrbuch der Schriften für die Menschheit:* Unter Herders Rigaer Papieren befand sich der Plan zu einem *Jahrbuch der deutschen Literatur zum Behuf des Studiums der Menschheit*; gedruckt: SWS XXXII, 234. In den *Briefen zu Beförderung der Humanität* tritt die Entwicklung dieses Projekts dann vollends zutage, das im *Reisejournal*, S. 125, auch unter dem Stichwort »Archive des Menschlichen Geschlechts« auftaucht.
34,31 f. *Ascetik:* Lehre von der Ausübung der christlichen Pflichten.
36,3 f. *Christ in der Einsamkeit: Der Christ in der Einsamkeit* von Martin C. Crugot. Zwölf ursprünglich nicht zur Veröffentlichung bestimmte, für die Fürstin von Schönaich-Carolath geschriebene Betrachtungen. 1758 erstmals erschienen; es folgte eine Reihe von Neuauflagen, u. a. 1769.
37,25 *Theopnevstie:* Theopneustie, Lehre von der auf unmittelbarer göttlicher »Einhauchung« beruhenden Entstehung der Heiligen Schrift. Schon in Herders *Archäologie des Morgenlandes* (1769) finden sich Skizzen zu dem Problem. In der *Ältesten Urkunde des Menschengeschlechts* (1774) kam Herder erneut darauf zu sprechen. Vgl. ferner *Von der Gabe der Sprachen* (1794) und *Vom Geist des Christentums* (1798).
38,22 *meine Schule:* Das Lyzeum, Schule für die livländische Aristokratie, für die Söhne des Adels und der Offiziere, sog. Ritterakademie. Herder war von der Regierung zum Rektor

des Lyzeums designiert; er bezeichnet es daher in der Folge wiederholt als »meine Schule«.

38,30 *Provinzcollegien:* Riga war die Hauptstadt der russischen Provinz Livland.

38,34 f. *unsrer Kaiserin:* Katharina II.

39,2 *Gesetze:* Vgl. S. 80,4 f. m. Anm.

39,10 *Emil des Roußeau:* Rousseaus Bildungsroman *Emile* war 1762 erschienen.

40,17 *das Papistisch Gothische:* Bindung an die Traditionen von Kloster, Mittelalter. Das Wort »gotisch« wurde bis in die Goethezeit in pejorativer Bedeutung gebraucht. Vgl. Goethe, *Von deutscher Baukunst* (1773): »Unter die Rubrik Gotisch, gleich dem Artikel eines Wörterbuchs, häufte ich alle synonymische Mißverständnisse, die mir von Unbestimmtem, Ungeordnetem, Unnatürlichem, Zusammengestoppeltem, Aufgeflicktem, Überladenem, jemals durch den Kopf gezogen waren.«

41,27 *Hoffmanns Kinderphysik:* Mitteilungen über das bisher nicht nachgewiesene Buch verdanke ich Dr. Johann Dill, Berlin. Im Alten Katalog der Berliner Staatsbibliothek fand sich eine Aufzeichnung über den Titel: *Johann George Hoffmanns kurtze Fragen von natürlichen Dingen.* 8°. [Halle] 1720. Das einzige in der genannten Bibliothek noch vorhandene Exemplar einer späten Auflage steht in der Kinderbuchabteilung. Titel: *Johann George Hoffmanns, weiland Inspectors der deutschen Schulen des Waisenhauses, Unterricht von natürlichen Dingen oder Geschöpfen und Werken Gottes zum Lobe des großen Schöpfers und zum Dienste der Unstudirten, sonderlich aber der kleineren Schuljugend aufgesetzt.* Ganz verbessert und umgearbeitet von Johann Christian Wilhelm Nicolai. 23. aufs Neue durchgesehene Auflage. Halle 1838. Aus einer älteren, 1790 geschriebenen Vorrede des Bearbeiters Nicolai läßt sich schließen, daß wahrscheinlich 1785 eine 8. Auflage, 1790 dann eine 9., jetzt von Nicolai umgearbeitete Auflage erschienen war. (Von Nicolai bezeichnet als »Hoffmann's *Kurze Fragen* von den natürlichen Dingen«, also entsprechend der Titelform der Erstauflage.) Der Alte Katalog der Staatsbibliothek verzeichnet ferner eine 14. Auflage, Halle 1803, und eine 15. Auflage, Halle 1805 (beide Verlust). – Eine »Kinderphysik« wollte übrigens auch Kant schreiben. Darauf beziehen sich Hamanns an Kant adressierte *Zween Liebesbriefe an einen Lehrer der*

Anmerkungen 161

Weltweisheit, der eine *Physik für Kinder* schreiben wollte (geschrieben 1759, erschienen 1763 als »Zugabe« zu *Fünf Hirtenbriefe das Schuldrama betreffend*). In einem Brief an Kant von 1759 schlägt Hamann vor, die »Kinderphysik« gemeinsam zu schreiben.

42,1 *Domschule:* Seit Ende 1764 war Herder an der Rigaer Domschule tätig gewesen.

44,29 *Cathechismus der Menschheit:* Vgl. S. 36: »Buch zur Menschlichen und Christlichen Bildung [...] zweiter Theil«: »Catechismus für die Pflichten der Kinder [...]« usw.

46,9 *Röseler:* August Johann Rösel von Rosenhof; s. Register.

46,13 f. *Büschings Vorbereitung zur Geographie:* dessen *Erdbeschreibung;* s. Register unter Büsching.

47,29 *Pikard:* Picart; s. Register.

48,1 *Gnomonik:* Lehre von astronomischen Uhren. Gnomon: Sonnenuhrzeiger.

48,2 *Aerometrie:* (franz.) Luftmeßkunde.

48,3 f. *Perspektiv:* Theorie und Praxis perspektivischen Zeichnens.

49,12 *Duhalde:* s. Register unter Halde, Jean Baptiste du.

49,14 *Indianer:* Inder.

49,15 *Marigni:* Marigny; s. Register.

49,22 f. *Abbt ... führte sie nicht aus:* Johann Peter Miller, Abbts Lehrer, veröffentlichte dessen *Fragment der ältesten Begebenheiten des menschlichen Geschlechts,* Halle 1766.

49,23 *Boßvet:* Bossuet. Dessen *Discours sur l'histoire universelle* wurde von J. A. Cramer übersetzt und fortgeführt, Leipzig 1757–86.

49,25 *Boisens:* Boysen; s. Register.

50,13 *Daktyliothek:* Sammlung von Gemmen.

50,31 *Michaelis Einleitung ins A. T.:* Michaelis' *Einleitung in die göttlichen Schriften des Neuen Bundes* war 1750 erschienen. Eine *Teutsche Übersetzung des Alten Testaments mit Anmerkungen für Ungelehrte* erschien 1769–86. Die *Einleitung in die gesammelten Schriften des Alten Bundes* erschien erst 1787.

51,5 *Karpzow:* Carpzow; s. Register.

51,10 *Oekonomik der Kirche:* der verwaltungsmäßige Aufbau der Kirche.

51,12 *Theopnevstie:* vgl. S. 37,25 m. Anm.

51,19 f. *Catechism der Menschheit:* Vgl. S. 36: »Catechismus für die Pflichten der Kinder [...]«
51,26 *Scholastisches System:* Bei Erörterungen von Heilsordnung und Dogmatik fordert Herder später ähnlich Abkehr von Scholastik zugunsten historisch-philologischer Behandlung: in *An Prediger. Fünfzehn Provinzialblätter* (1774), in *Briefe, das Studium der Theologie betreffend* (1780/81) sowie in *Von Religion, Lehrmeinungen und Gebräuchen* (1798).
52,9 f. *die Kette der Wesen ..., die in der Natur herrscht:* Zum Verständnis der hier vorgetragenen Gedanken vgl. Kant, *Allgemeine Naturgeschichte und Theorie des Himmels* (1755): »So hänget denn alles in dem ganzen Umfange der Natur in einer ununterbrochnen Gradfolge zusammen.« Und: »Alle Wesen hängen aus einer Ursache zusammen, welche der Verstand Gottes ist.« Kant zitiert Pope: »Seht jene große Wunderkette, die alle Teile dieser Welt / Vereinet und zusammenzieht und die das große Ganz' erhält« (Motto). Und: »Welch eine Kette, die von Gott den Anfang nimmt [...]«
52,17 f. *Sulzerschen Geistes der Encyklopädie:* Dem Charakter einer »Enzyklopädie« entspricht nur Sulzers Hauptwerk, die *Allgemeine Theorie der Schönen Künste* (s. Register unter Sulzer). Obwohl diese erst 1771 zu erscheinen begann, hat Herder offenbar das seit langem angekündigte Werk im Sinn. Er hatte von dem bevorstehenden Erscheinen »gelesen« (*Viertes Wäldchen*, geschrieben März 1769), drückt wiederholt in Briefen des Jahres 1769 seine gespannte Erwartung aus (so an Nicolai, November 1769). Vgl. Haym I, 269.
52,24 *Republik:* Gelehrtenrepublik.
53,20 f. *Bemerkungsgeist eines Mabli:* Die Formulierung »Bemerkungsgeist« steht in bezug zu mehreren Werken Mablys, deren Titel mit dem Wort »Observations« beginnen (s. Register).
53,21 *Politik eines Hume:* Herder bezieht sich auf Humes *Essays moral and political* (1741) oder auf dessen historische Werke; s. Register.
54,31 *Bako:* Bacon; s. Register.
55,14 *Bonsens:* franz. *bon sens,* gesunder Menschenverstand.
56,5 *Pythagoräisch Collegium:* Die Schüler des Pythagoras mußten zum Abschluß jeden Tages überdenken, was sie getan und worin sie gefehlt hätten.
56,6 *Geßners Encyklopädie:* s. Register unter Gesner.

Anmerkungen 163

56,8 *Sulzer:* vgl. Anm. zu S. 52,17 f.

57,25 *excoliren:* ausbilden, veredeln, verfeinern.

58,28 f. *nichts, als Latein lernet:* Von der Vernachlässigung der Muttersprache gegenüber dem Lateinischen und den verhängnisvollen Folgen handelt die Dritte Sammlung der *Fragmente*.

60,21 *Donat:* Donatus; s. Register.

62,2 *Chrien:* von griech. *chreia*, Gebrauch, Anwendung: Behandlung eines philosophischen oder schriftstellerischen Ausspruchs oder einer Tatsache nach gegebenen Gesichtspunkten.

62,2 *Turbatverse:* verwirrte Verse; versifizierter Wortschwall (von lat. *turbatus*, verwirrt, unruhig).

63,6 f. *Tsirnhausens:* s. Register unter Tschirnhausen.

63,7 *Wolfen:* s. Register unter Wolff.

63,10 *Thuane:* s. Register unter Thou.

63,15 *Bourdeloue:* s. Register unter Bourdaloue.

64,3 *Mai:* May; s. Register.

64,6 f. *Projektmacher:* Erfinder, die für ihre Projekte Geldgeber suchen.

64,7 *Mühlenschreiber:* Nach Adelung: »In einigen Gegenden eine vereidigte Person bey der Mühlenwage, welche das Gewicht des in die Mühle gelieferten Getreides verzeichnet.«

64,10 *Kaufmann, wie H.:* vermutlich Herders Freund und Verleger Hartknoch.

64,11 f. *wie in Regensburg schreibt:* Gemeint ist der offizielle Kanzleistil des sog. Regensburger Reichstags (1663–1806).

65,3 *Ex[p]loratorien:* Prüfungen.

65,11 *Paränetische:* Ermahnungs-, Erbauungsstunde.

65,29 *Memoirs der Akademie:* die jährlich erscheinenden *Mémoires de l'Académie royale des sciences et belles lettres à Berlin*.

66,16 f. *Praegustus:* Vorgeschmack.

67,20 *Babillards:* Schwätzer.

67,24 *Tours:* Wendungen, Kunstgriffe.

67,26 *Duklos:* Duclos; s. Register.

68,13 *d'Arnauds:* s. Register unter Arnauld, Antoine.

69,26 *Wortsichten:* Worte zu sichten.

70,4 *Aut[or] über die Ital. Liter.:* 1769 las Herder im *Journal étranger* (vgl. S. 92,22 m. Anm.) eine Abhandlung über die italienische Literatur.

70,6 *Anagrammatisten:* Anagramme sind Worte oder Sätze, gebildet aus Buchstaben eines anderen Wortes oder Satzes.
70,15 *Büschings Buch: Liber Latinus in usum puerorum Latinam linguam discentium editus,* Berlin 1769 ff.
70,16 f. *histor. select.:* ein Schulbuch, verfaßt von Johannes Friedrich Fischer: *Selectae e profanis scriptoribus historiae, rec. et praef. adiecit Joannes Frid. Fischer,* Leipzig 1765.
72,4 *Hällischen Grammatik: Verbesserte und erleichterte griechische Grammatik in deutlichen Regeln abgefaßt.* Von Johann H. Juncker, Halle 1705. (Das Werk erlebte unter dem Namen »H. Gr.« 32 Auflagen in einem Jahrhundert.)
72,7 *Cirkus:* Umkreis, »Schaukreis« (Goethe).
72,32 f. *Orientalische, Botanische, Poetische, Sprache:* In den *Fragmenten* rühmte Herder den Reichtum der hebräischen und arabischen Sprachen an Tier- und Pflanzennamen: »Ihre [Sprache] ist reich an Vieh: Naturnamen sind in ihr häufig: im kleinen Buch der Hebräer [Bibel], das wir allein noch übrig haben, sind schon 250 Botanische Wörter: Namen, die unsre Sprache zwar kann ausdrücken, aber nicht auszudrücken weiß [...] Unsre Schäferdichter und Sänger der Natur können also die Blumen dieser Kräuter nicht brechen: hätte man auch Deutsche Namen: so wären diese nicht bekannt gnug [...] unsre Sprache ist zur Büchersprache eingeschränkt.« (SWS I, 167.) Ebenda: »daß unsere Poesie nicht Botanisch seyn kann, wie Michaelis die Morgenländische nennet [...]« (SWS I, 272 ff.) Ähnliche Gedankengänge bei Hamann.
73,2 *Moses ... seine Lieder:* 2. Mose 15; 5. Mose 31–33.
73,4 *Jacobs Lobgesang und Mirjam:* Herder schrieb »Mirjam« nach durchstrichenem »Debo[rah]« (s. Lesarten). Die Stelle ist charakteristisch für die merkliche Zerstreutheit, mit der manche Partien des *Reisejournals* geschrieben wurden. »Jacobs Lobgesang und Deborah« ergäbe einen klaren Sinn. Es bezöge sich auf 1. Mose 49 (Jakobs Segenssprüche) und Richter 5 (Siegesgesang der Deborah); beide behandelt Herder in *Briefe, das Studium der Theologie betreffend,* Briefe 5–7 (1780; SWS X, 84–89). Nochmals in *Vom Geist der Ebräischen Poesie,* T. 2, Kap. 6 und 7 (1783; SWS XII, 126–182). Nachdem »Deborah« in »Mirjam« geändert ward, hätte sinngemäß auch statt »Jacobs« geschrieben werden sollen: »*Moses* Lobgesang«; denn Herder dachte jetzt an 2. Mose 15, den »Lobgesang« Moses',

an dessen Ende das »Seelied« der Mirjam erscheint (V. 20 f.). Darüber ausführlich *Vom Geist der Ebräischen Poesie*, T. 2, Kap. 3. Vgl. ebd. Kap. 1 (SWS XII, 22) den Satz: »Der Gesang Moses und der Mirjam, Chorgesang eines erretteten Heers [...] wo ist ein emporfliegender Gesang wie dieser? und er ward Vorbild der Gesänge Israels in späteren Zeiten.« Ähnlich am Anfang des Siebenten Briefs in *Briefe, das Studium der Theologie betreffend* (SWS X, 77).

75,5 *blos Akad.:* nur auf der Universität, nicht in der Schule zu lehren.

77,13 *Zwingels:* s. Register unter Zwingli.

77,18 *Etablißemens:* Einrichtungen, Anlagen, Anstalten. Vgl. Herder an Hartknoch, Oktober 1769: »Warum sollte es nicht ein mögliches Datum zu einem Etablissement geben, das für die Menschheit, für Welt und Nachwelt Pflanzschule, Bildung, Muster sein könnte?«

77,20 *Kampenh[ausen]:* Campenhausen; s. Register.

77,28 *Licenz:* Freiheit, Läßlichkeit, Ungebundenheit.

77,31 *Niederlage:* Aufbewahrungsort.

78,7 *Freim.*:* Freimaurerlogen; Herder war seit 1766 Mitglied (Bruder Redner und Sekretär) der Loge »Zum Schwerdt« in Riga.

78,17 *Ukraine:* Nach Stavenhagen, S. 26 f., stammt Herders hohe Einschätzung der Ukraine aus J. Stählin: *Nachrichten von der Musik in Rußland*, 1770, S. 72 ff. Doch müßte man dann annehmen, daß Herder das Werk schon 1769 kennenlernte.

78,23 *schwarzen Meer:* Zukunftshoffnungen mit dem Schwarzen Meer verbindet Herder auch in der Preisschrift von 1779, *Von dem Einfluß der Regierung auf die Wissenschaften und der Wissenschaften auf die Regierung*: »Griechenland und Nationen die ihm gleichen, sind traurigschöne Wüsten; vielleicht wird sich das Rad des Schicksals kehren, die Länder am schwarzen Meer und weit umher und tief hinunter, werden aufleben und in neuen griechischen Wissenschaften und Tänzen vergnügt seyn.« (SWS IX, 363.) Im Abschnitt »Peter der Große« der *Adrastea* von 1802 rechnet Herder wieder damit, daß Rußland »nach einigen Jahrhunderten seinen Mittelpunkt am schwarzen Meer« finden würde. Herder bedauert, daß Peter der Große die Hauptstadt Rußlands nicht am Asowschen Meer »im schönsten Klima« gebaut hatte (SWS XXIV, 436 ff.).

79,23 *Bako:* Bacon; s. Register.
79,24 *Newton:* Anspielung auf Newtons *Observations upon the Prophecies of Daniel and the Apocalypse* (1733); eine deutsche Übersetzung war 1765 in Leipzig erschienen.
79,31 *Kön. von Preußen:* Die Vorbereitung des *Corpus juris Fridericianus* und des *Codex Fridericianus* ist u. a. auf den Einfluß Voltaires zurückzuführen.
79,32 *der gegenwärtige Krieg:* Krieg zwischen Rußland und der Türkei (1768–74).
79,33 *Schlötzers:* Schlözer; s. Register.
80,1 *Millers:* Müller; s. Register.
80,4 f. *Gesetzbuch der Kaiserin:* Am 4. November 1769 richtete Herder von Nantes aus eine Anfrage an Begrow: »Können Sie mir nicht beantworten, wie es mit der Gesetzgebung stehe.« Noch 1770 pries Herder die gesetzgeberische Tätigkeit der Kaiserin, obwohl das Werk schon im stillen gescheitert war.
80,5 f. *über die wahre Kultur eines Volks:* Materialien zu einem »politischen Werk« erbittet sich Herder von Begrow (4. November 1769), wobei er die einschlägigen Bücher von Schlözer, Müller und Büsching nennt. Viele der im folgenden entwickelten Ideen verwertete Herder in der genannten Preisschrift von 1779. Vgl. S. 78,23 m. Anm. zu »schwarzen Meer«.
80,11 *Ehre das erste:* Vgl. dazu S. 99: »Die Monarchin Rußlands setzt eine Triebfeder zum Grunde, die ihre Sprache, Nation und Reich nicht hat, Ehre.«
80,14 *Schlaf zum Aufwachen:* dem Erwachen vorausgehender Schlaf.
80,21 *Anordnung:* Verwaltung?
82,7 f. *in der Verbrüderung zertheilt:* Herder wendet sich gegen einen preußischen Führungsanspruch. Er denkt wohl an föderalistische Aufgliederung des preußischen Staates. Oder ist Aufteilung an die angrenzenden Nationalitäten gemeint? Später änderte Herder seine Ansicht. Der Aufsatz *Preußische Krone* von 1802 läßt eine positivere Einstellung, auch zu Friedrich II., erkennen. Herder befürwortet jetzt ein Bündnis mit dem bisherigen Rivalen Österreich.
82,12 f. *Epigramm . . . auf Richelieu:* Richelieu hatte seine politischen Grundsätze in einem *Testament politique* niedergelegt. Friedrich II. hatte darauf das berühmt gewordene Epigramm gedichtet:

Anmerkungen

»Quelques vertus, plus de faiblesses,
Des grandeurs et des petitesses,
Sont le bizarre composé
Du Héros le plus avisé.
Il jette des traits de lumière;
Mais cet astre dans sa carrière
Ne brille pas d'un feu constant.
L'esprit le plus profond s'éclipse;
Richelieu fit son Testament
Et Newton son Apocalypse.«

82,14 *Schlesien:* war nach dem Siebenjährigen Krieg im Frieden von Hubertusburg (1763) Preußen zugesprochen worden.

82,27 *Formeis:* Formey; s. Register.

82,29 *Wolf:* Wolff; s. Register.

82,29 f. *Hazard eines Premontv[al]:* die im Register unter Prémontval verzeichnete Preisschrift.

83,3 *jetzige Aufgabe:* 1769 wurde von der Akademie der Wissenschaften zu Berlin die Aufgabe gestellt: »En supposant les hommes abandonnés à leurs facultés naturelles, sont-ils en état d'inventer le language? et par quels moyens parviendront-ils d'eux-mêmes à cette invention?« Herders *Abhandlung über den Ursprung der Sprache* (1770) wurde 1771 preisgekrönt. (Herder an Hartknoch, Oktober 1769: »Ich denke folgendes Jahr, wills Gott! und gute Bibliotheken auf meinen Reisen über eine Preisfrage zu wetteifern, über die der Berl. Akad.: Comment est-il à expliquer, que des hommes abandonnés à leurs facultés, se forment une langue? eine vortreffliche, große und wahrhaftig philosophische Frage, die recht für mich gegeben zu sein scheint.«)

83,6 *le Grange:* Lagrange; s. Register.

83,19 f. *Machiavell ... widerlegt:* Gemeint ist Friedrichs II. Schrift *Antimachiavel ou essay de critique sur »Le Prince« de Machiavel* (erschien anonym in Den Haag 1740, bearbeitet von Voltaire).

83,22 *Klippe des Olaus:* Olaf Tryggvason stürzte sich nach seiner vernichtenden Niederlage in der Seeschlacht gegen Svend Gabelbart von Dänemark und Olof Skottkonung von Schweden (um 1000) von einer Klippe ins Meer.

83,32 *Lodbroge und Skille:* Der dänische König Regnar Lodbrog (8. Jh.), berühmter Wikinger, wurde im Gefängnis durch

Schlangenbiß getötet. Sein *Todesgesang* (13. Jh.) wurde 1763 von Percy herausgegeben. (Im *Ersten Wäldchen* verweist Herder bezüglich des Sterbegesangs auf P. H. Mallets »Geschichte der Dänen«.) – »Skill« ist nicht sicher gedeutet; vielleicht der dänische König Schiold (Skiold), ein Sohn Lothers.

83,34 *ihre Gesänge lesen:* Vgl. *Über Ossian und die Lieder alter Völker* (1773; SWS V, 169): »Sie wißen das Abentheuer meiner Schiffahrt; aber nie können Sie sich die Würkung einer solchen, etwas langen Schiffahrt so denken, wie man sie fühlt. [...] über Einem Brette, auf ofnem allweiten Meere [...] mitten im Schauspiel einer ganz andern, lebenden und webenden Natur, zwischen Abgrund und Himmel schwebend [...] nun die Lieder und Thaten der alten Skalden in der Hand, ganz die Seele damit erfüllet, an den Orten, da sie geschahen – hier die Klippen Olaus vorbei, von denen so viele Wundergeschichten lauten – dort dem Eilande gegenüber, das jene Zauberase, mit ihren vier mächtigen Sternebestirnten Stieren abpflügte [...] wo vormals Skalden und Vikinge mit Schwert und Liede auf ihren Roßen des Erdegürtels (Schiffen) das Meer durchwandelten, jetzt von fern die Küsten vorbei, da Fingals Thaten geschahen, und Oßians Lieder Wehmuth sangen, unter eben dem Weben der Luft, in der Welt, der Stille – glauben Sie, da laßen sich Skalden und Barden anders lesen, als neben dem Katheder der Professors.« (Text nach [Herder, Goethe, Frisi, Möser:] *Von deutscher Art und Kunst.* Hrsg. von Hans Dietrich Irmscher. Stuttgart 1968. Reclams UB Nr. 7497 [3], S. 17 f.)

84,2 *Nero seine Heroide:* Beim Brand Roms (64 n. Chr.) sang Nero angeblich seine *Einnahme Trojas* (Tacitus, *Annalen* 15,39; Sueton, *Nero* 38).

84,4 *Wisby:* Visby; mächtige, reiche Handelsstadt, Hauptstadt von Gotland.

84,4 f. *Alte Herrlichkeit von Lübeck:* Anspielung auf die Vormachtstellung Lübecks in der Hanse.

84,5 *Tanz mit der Königin:* Bornholm war von 1525 bis 1576 Lübecker Pfandbesitz. Zur Erinnerung der Rückgabe an die dänische Krone ward zu Lübeck ein Becher des Rathaussilbergeschirrs aufbewahrt, der die sprichwörtlich gewordene Inschrift trug: »Dar dantzt Bornholm hen.« (H. Handelmann: *Die letzten Zeiten Hansischer Übermacht im skandinavischen Norden.* Kiel 1853, Anm. 99.)

84,6 f. *Gustav Wasa:* hielt sich 1519/20 als Flüchtling in Lübeck auf. Bei der Einnahme Stockholms wurde er von einer Lübecker Flotte unterstützt.
84,8 *Altermann:* Aldermann, ältester Ratsherr.
84,9 *Stadt zu vertheidigen:* Riga wurde 1621 von Gustav Adolf angegriffen und erobert.
84,18 f. *Geschichte von Hanseestädten:* Eine *Geschichte des hanseatischen Bundes* schrieb später Goethes Freund Georg Sartorius (3 Bde., Göttingen 1802–08).
86,14 f. *R[es]p[ub]l[ica] in republ.:* Staat im Staat.
86,23 *Vorurtheil:* erworbener guter Ruf.
86,23 *Kampenhausen:* Campenhausen; s. Register.
87,3 *dritte Periode:* nach der Periode der Wikinger (erste P.) und der Hanse (zweite P.).
87,5 *Handelsgeist:* »Handelsgeist« nach Montesquieu gebildet; »De l'esprit du commerce«: Titel von *De l'esprit des lois,* Buch 20, Kap. 2. Vgl. Buch 20 und 21 über Handel und Handelsgesetze. Dort auch historische Überblicke mit häufiger Erwähnung Hollands.
87,17 *Akte:* Die Navigationsakte von 1651, welche die Einfuhr überseeischer Güter im wesentlichen nur noch auf englischen Schiffen gestattete, war hauptsächlich gegen Holland gerichtet.
87,19 f. *Commerce de la H[ollande]:* Jacques Accarias de Sérionne (1709–92): *Le Commerce de la Hollande ou Tableau du commerce des Hollandois dans les quatre parties du monde par l'auteur des Intérêts des nations de l'Europe* (1765). – Herder hatte die Schrift während seiner Reise exzerpiert. Er fragte bei Hartknoch nach dem Verfasser und schlug sie zur Übersetzung vor.
87,23 *nichts einmal:* es nicht einmal.
88,1 *Compagnie:* die Holländisch-Westindische Handelsgesellschaft (seit 1521). Nach dem Verlust vieler brasilianischer Niederlassungen ging ihre Bedeutung zurück.
88,11 f. *Geldwechsel:* Von Hollands führender Stellung im Geldwechsel handelt das Kapitel »Du change« in Montesquieus *De l'esprit des lois* (Buch 20, Kap. 10).
88,14 *Fallißement:* Zahlungsunfähigkeit, Konkurs.
89,5 *Friso:* mlat. *frisones,* die Friesen; franz. *frison,* der Friese.
89,5 *diese Provinz:* Die »Provinz« Friesland umfaßte zu Herders Zeit einen verhältnismäßig kleinen Bezirk nordöstlich der

Zuidersee. Im frühen Mittelalter reichte »Friesland« von der Weser- bis zur Scheldemündung, schloß aber bereits zur Stauferzeit die später berühmten Universitätsstädte nicht mehr ein. Hatte Herder die letzteren im Sinn, so war »Provinz« Friesland eine irrige Angabe.

89,15 *Honnetete:* franz. *honnêteté,* Ehrlichkeit, Rechtlichkeit, Höflichkeit.

89,30 *Jesuiten in Amerika:* 1768 waren die Jesuiten aus allen portugiesisch-spanisch-amerikanischen Staaten verwiesen. Zentrum ihres großen theokratischen Staates, den sie seit 1609 aufgebaut hatten, war Paraguay gewesen; er hatte aber auch weite Gebiete Argentiniens, Brasiliens und Uruguays umfaßt.

89,31 *ich habe mich betrogen:* in der Annahme, daß die Jesuiten mit den Indianern der Macht Portugals und Spaniens Widerstand leisten könnten.

90,10 *Griechisches Feuer:* Kallinikos von Byzanz erfand um 670 das »griechische Feuer«. Die Mischung aus Schwefel, Steinsalz, Harz, Erdöl, Asphalt und gebranntem Kalk wurde mit Katapulten bei Seeschlachten eingesetzt, wo sie infolge der Neuheit ebenso erschreckend wie verheerend wirkte. Diese Art Flammenwerfer fanden bis ins 13. Jahrhundert Verwendung.

90,12 *Typographien:* Druckereien.

90,13 *Landplage, eine Barbarische Ueberschwemmung:* s. Nachwort S. 224.

90,29 f. *Natur der Dinge:* ebenso wie kurz vorher »Natur der Sachen«: Anklang an den Titel von Lukrez: *De rerum natura.*

90,34 f. *Diderotschen und schweizerischen Politiker:* Mitarbeiter an der großen, von Diderot und d'Alembert herausgegebenen *Encyclopédie* (1751–72). Vor allem trugen Helvétius, Holbach, Condillac und Raynal stark rationalistische Anschauungen vor. Unter die »Schweizerischen Politiker« zählen Iselin und Bonnet.

91,9 *Griechischen Papa's:* griech. *pappas,* in der dortigen Kirche jeder höhere Geistliche.

91,11 *Kortona:* Cortona; 1727 gegründetes Zentrum der Erforschung etruskischer Städte. Die Ergebnisse wurden veröffentlicht: *Saggi di dissert. accad. lette nella Accad. di Cortona,* Rom 1755–91.

91,14 *4t-:* Quartanten.

91,23 f. *Abregés ... Esprits:* Auszüge, Sammlungen von Haupt-

Anmerkungen 171

gedanken; vgl. S. 92,18 ff.: »Geschmack an [...] Auszügen, an Geist der Schriften«.

91,27 f. *zeigt ... Montesquieu:* Gemeint ist wohl Kap. 22 der *Considérations sur les causes de la grandeur des Romains et de leur décadence* (1734 u. ö.). Dort wird in ähnlichem Zusammenhang beispielsweise gesagt: »Les Grecs, grands parleurs, grands disputeurs, naturellement sophistes, ne cessèrent d'embrouiller la religion [chrétienne] par des controverses.« (Die Griechen, große Redner, große Dialektiker, von Natur aus Sophisten, brachten die christliche Religion unaufhörlich durch Glaubensstreite in Verwirrung.) Für Dogmenstreite der frühen Kirche in Griechenland wiederholt die Bezeichnung: »hydre de disputes«. Das Gleichnis im selben Sinnzusammenhang bei Herder: Lernäische Schlange. Siehe Nachwort S. 226.

91,29 f. *Spekulation ... über die Religion:* das spekulative Treiben der Griechen im 4. Jahrhundert, besonders die Dogmenstreite der Arianer und Athanasier in Alexandria. Gegen Ende des Jahrhunderts vernichteten die Christen alle Reste griechischer Religion. Siehe Nachwort S. 225 f. sowie Register unter Theodosius und Theophilus.

92,17 *Heroidensänger:* Ovids *Heroiden* (Liebesepisteln berühmter mythischer Frauen) wurden seit der Renaissance nachgeahmt, auch in Frankreich (Fontenelle, La Harpe u. a.).

92,22 *Journal etranger:* Schon in Riga war Herder ein eifriger Leser des von Suard und Arnaud begründeten *Journal étranger* (1754–62); es vermittelte Kenntnisse über außerfranzösische Literaturen, Mitarbeiter waren u. a. Prévost und F. M. v. Grimm.

93,2 *Arnaud:* Jean François Arnould; s. Register.

93,2 *Harpe:* La Harpe; s. Register.

93,8 *Klubbe:* Herder denkt an die sog. »Cinque Auteurs« (Boisrobert, Pierre Corneille, Colletet, de l'Estoile, Rotrou), die unter Richelieus Namen aufgeführte Theaterstücke verfaßten. Das Wort ist hier vermutlich abgeleitet von engl. *club* und im abwertenden Sinne von *Clique* verwendet. – In der Ausgabe von Loewenthal wird auf Adelung hingewiesen, wonach »Klubbe« *Enge, Klemme, gespaltenes Werkzeug* bedeutet; man nennt so »eine Gruppe Vögel, eine Zahl von vier oder fünf kleinen eßbaren und gerupften Vögeln, weil man sie gemeiniglich mit den Hälsen zwischen zwei dünne Hölzer klemmet, und auf solche Art zum Verkauf bringet«. Folgt man diesem Hinweis, so wäre der Ausdruck als witzige Formulierung Herders zu verstehen.

93,9 *Corneilles Cid ist Spanisch:* Corneille hatte den Stoff seiner berühmten Tragödie *Le Cid* (1636) einem Schauspiel *Las mocedades del Cid* des spanischen Dichters Guillén y Bellvis de Castro entlehnt. – Die Erwähnung des *Cid* im *Journal* ist interessant im Hinblick auf Herders eigene spätere Bearbeitung des Stoffs.

93,11 f. *Voltaire in seinem Comment[ar]: Théâtre de Pierre Corneille avec des commentaires*, Paris 1764.

93,13 f. *Vorrede Volta[i]rs:* Voltaire vertrat in der *Préface sur le Cid* die Ansicht, Corneille habe ein Stück des Spaniers Diamante benützt. In Wirklichkeit ist das Abhängigkeitsverhältnis umgekehrt.

93,14 *Romancen:* Herder übersetzte aus dem Spanischen *Cancionero de romances* (Ausg. von 1568) für seine Volksliedersammlung.

93,15 f. *Bibl[iothek] der Ana:* »Ana« von der lateinischen Adjektivendung *-ana*, die zur Benennung von zusammenfassenden Sammlungen wie *Ciceroni-ana, Horati-ana, Dideroti-ana, Voltaire-ana* usw. diente. Herder bezieht sich hier (wie S. 102,28) auf die in der Bibliothek zu Nantes befindliche Sammlung der sog. *Ana: Nouvelle Bibliothèque de littérature, d'histoire ou choix des meilleurs morceaux tirés des Ana par M. [Guillaume] G[rivel]*, 2 Bde., Lille u. Paris 1765. – Die *Molièreana* beginnen dort Bd. 2, S. 201 ff.

93,22 *Telemach:* Fénelons Erziehungsroman *Les aventures de Télémaque* (1717).

93,33 *Katachresen:* griech. *katachresis*, Mißbrauch, Vermengung von nicht zusammengehörigen Bildern.

93,33 *Concetti:* (ital.) witzige Wort- und Gedankenspiele.

94,8 *Franchise:* (franz.) Freimütigkeit.

94,9 *Politesse:* (franz.) Höflichkeit.

94,24 f. *Komödie ist in Ital[ien] zu gemein:* Herder denkt an die Commedia dell'arte (ital. Typenkomödie), die, vielfach aus dem Stegreif gespielt, mit stereotypen, bühnenwirksamen Szenen arbeitete.

94,29 *Lügner des Gressets:* Gressets – einziges – Lustspiel *Le Méchant* (1747).

Anmerkungen

94,29 *Clements Nouvell.:* Die von Pierre Clément 1748 bis 1752 herausgegebene kritische Zeitschrift *Nouvelles Littéraires de France.*

95,15 f. *was Montesq[uieu] Politische Ehre ist:* Montesquieu unterscheidet die republikanische »politische Tugend« (uneigennütziger Dienst am Staat) von der monarchistischen »politischen Ehre« (Streben nach Auszeichnung); *De l'esprit des lois,* Buch 3; Buch 4, Kap. 1–5; Buch 5, Kap. 17 ff.; *Lettres persanes,* S. 90 ff.

95,19 *Litt.-Tugend:* »Tugend« hier im Sinne von Tauglichkeit, Tüchtigkeit. Weil beim gesamten griechischen Volk Begabung für Dichtung in einzigartiger Weise entwickelt war, wirkte Literatur auch auf das staatliche Leben ein.

95,23 *Wiederauflebung:* Das Wort bezeichnet bei Herder auch sonst, was seit dem 19. Jahrhundert Renaissance genannt wird.

95,33 ff. *Shakesp[eare] ... wird verspottet:* Durch Einfluß der kunstfeindlichen Puritaner (Schließung der englischen Theater 1642) wurde das klassische englische Drama im 17. Jahrhundert verständnislos kritisiert. Rühmliche Ausnahme: Dryden in *An essay of dramatick poesy* (1668).

96,2 *Schaarwerksarbeit:* Frondienst.

96,2 f. *Akademische Aristokratie:* Was in dem nicht beendigten Satz fehlt, entsprach vielleicht gedanklich den Abschnitten über Universitäten und Akademien in der Preisschrift von 1779 (vgl. S. 78,23 m. Anm. zu »schwarzen Meer«). Dort über die Universitäten u. a.: »die meisten Lehrer veralten in Abstraktionen« usw. (SWS IX, 345). Über Akademien und die darin herrschende »Parteilichkeit«: »Kein Gott auf der Erde hat noch jemals Köpfe unison stellen können; der Gott der Wissenschaften will's und soll's nicht. Er spielt auf einer Leier von vielen Saiten, von vielen Tönen« (SWS IX, 352 f.).

96,4 *Wie kann sie ...:* die Ehre (Honneur).

97,15 ff. *Geist ... des Marschalls:* bezieht sich auf Thomas' *Eloge du Maréchal de Saxe* (1759).

97,16 *Sulli:* Sully; s. Register.

97,16 *Trouins:* Duguay-Trouin; s. Register.

97,22 *loci communes:* (lat.) Gemeinplätze.

97,23 *Trüblet:* Trublet; s. Register.

97,32 *Wolf:* Wolff; s. Register.

97,34 *Rochefoucault:* La Rochefoucauld; s. Register.

98,1 *seine Hauptmaxime:* Als solche gilt der Satz: »Unsere Tugenden sind meist nur verkappte Laster.« Eigennutz, Selbstsucht bestimmen das menschliche Handeln. (*Réflexions ou sentences et maximes morales*, 1665.)

98,8 *Deßus:* Überlegenheit.

98,9 f. *Tristram: Tristram Shandy* von Laurence Sterne.

98,11 *faux-brillant:* (franz.) falscher Glanz.

98,21 *Continuat[ionen]:* Fortsetzungen.

99,29 *Crainte:* (franz.) Furcht; ist nach Montesquieu die Grundlage des Despotismus.

100,2 *für Bürger kein Wort:* Herder wurde offenbar von seinen Gewährsmännern dahin belehrt, denn er selbst konnte kein Russisch.

100,7 *Pfiffe:* Listen, Kniffe.

100,30 *der dicke B.:* Ratsobersekretär Anton Bulmerincq in Riga, der Herders Entlassungsgesuch am 8./19. Mai ausgefertigt hatte.

100,33 *Diese Triebfeder:* Ehre.

101,15 *Die Monarchin:* Katharina II.

102,2 *Parthen:* Anteile, Teilhaberschaften.

102,6 *Zerstreuung:* Zerfall.

102,7 f. *Ein zweiter Montesquieu:* Herder denkt offenkundig an sich selber.

102,25 *Sarrazin:* Sarrasin; s. Register.

102,26 *die Corne[i]llen:* Pierre Corneille und sein Bruder Thomas; s. Register.

102,28 *Ana:* Vgl. S. 93,15 f. m. Anm.

102,32 f. *Piloten:* Lotsen.

102,34 f. *Buffonnerie:* (franz.) Possenreißerei.

103,25 f. *gesungnen Griechischen Sprache:* Vgl. *Fragmente*, Erste Sammlung III, 2: »Von der Sprache eines Volks in ihrer Kindheit« (SWS II, 69 ff.).

103,27 *Io:* in Platons Dialog *Ion*, der von der poetischen Inspiration handelt; vgl. ebd. insbesondere 533 d ff.

103,31 f. *2t. Th. meiner Crit. W[älder]:* Herder plante in Nantes eine überarbeitete Ausgabe des Werks; das *Zweite Wäldchen* war gegen die *Epistolae Homericae* von Klotz gerichtet.

104,23 f. *Roußeaus Wörterbuch: Dictionnaire de Musique* (1767).

105,5 *Jolie:* (franz.) hübsch, niedlich.

105,10 *Thersit:* Thersites, Gestalt aus Homers *Ilias*; häßlicher Spötter.

Anmerkungen

105,21 *Aristarche:* s. Register unter Aristarchus.
105,26 *Sannazar:* Sannazaro; s. Register.
105,28 *ana:* Vgl. S. 93,15 f. m. Anm.
105,30 *Ruhnke:* Ruhnken; s. Register.
105,31 *Heine:* Heyne; s. Register.
106,4 *B.:* Richard Bentley; s. Register.
106,5 *Tyrtäus:* Vgl. SWS II, 158 ff.; Register unter Tyrtaios.
106,5 *Weiße:* Vgl. SWS II, 183, 186, 375; Register unter Weiße.
106,7 *Schwäche im Gr[iechischen] und Lat[einischen]:* Von seiten der Klotzianer waren Herder in den *Fragmenten* und *Kritischen Wäldern* Übersetzungsfehler nachgewiesen worden. Holland als Zentrum der klassischen Studien sollte Herder helfen, sich in den alten Sprachen zu vervollkommnen.
106,13 *Hebräisch und Arabisch:* Vgl. S. 119,9 m. Anm.
106,18 f. *Geist der Monarchischen Sitten:* Vgl. Montesquieu, *De l'esprit des lois,* Buch 12, Kap. 27: »Des moeurs des monarques«.
106,29 *Politeße:* franz. *politesse,* Feinheit, Höflichkeit, Artigkeit.
106,32 *Hauptmine:* das, was man als Haltung, Pose herausstellt. *Mine* ist gleichbedeutend mit *Miene,* in früher oft üblicher Schreibweise (franz. *mine*).
107,32 *Prologen:* Schreiber von Prologen, d. h. Einführungen; Kommentatoren.
108,15 *hardi:* (franz.) kühn.
108,24 *Egards:* franz. *égards,* Rücksichten, Achtungsbezeigungen.
109,1 *barokste Geschmack:* Noch bis ins frühe 20. Jahrhundert war »barock« eine abwertende Bezeichnung.
109,4 *Honnethom[m]e:* franz. *honnête homme,* Ehrenmann; Ideal der galanten Rokokozeit.
109,22 *praeter propter:* (lat.) nur ungenau.
110,12 *Teinture:* (franz.) Färbung.
110,25 *Angola: Angola, histoire indienne* (1749). Der anonyme Verfasser des Romans ist Charles Jacques Louis Auguste Rochette de la Morlière (1701–85).
110,26 *Sopha: Le Sopha, conte moral.* (1742). Verfasser ist Crébillon der Jüngere; s. Register.
111,8 *Polie:* (franz.) der feine Schliff.
111,28 *seinen Perser:* in Montesquieus *Lettres persanes* (1721).
112,7 *Arsaces:* Montesquieus orientalisierende Erzählung *Arsaces et Ismie* (1754) erschien erst posthum (1783), angeblich weil

sich der Verfasser in Frankreich vom Rühmen der ehelichen Treue nicht viel versprach.

112,12 f. *das Morgenländ[ische] Wiederholen des Chors:* der Parallelismus membrorum in der hebräischen Poesie. Lowth (s. Register) wies ihn nach, leitete ihn aus dem antiphonischen Gesang von Chören im Tempel her. Später betrachtete Herder den Parallelismus membrorum als für die Anfänge der Poesie überhaupt charakteristisch. Parallelismus im Sinne von Symmetrie findet er auch im griechischen Hexameter usw. Vgl. *Vom Geist der Ebräischen Poesie,* Erstes Gespräch.

112,17 *Peruvianerin: Lettres d'une Péruvienne* (1747) von Françoise d'Issembourg d'Happoncourt de Grafigny; s. Register unter Grafigny.

112,19 *Ramsai in seinem Cyrus:* s. Register unter Ramsay.

112,20 *Xenophon den Perser gräcisiret:* in der *Kyrupädie.*

112,22 *Türkischen Spione: Espion turc* (1684), Titel des ersten Bandes von: Jean-Paul Marana: *L'espion dans les cours des princes chrétiens* (9 Bde.). – Joseph du Fresne de Francheville: *Espion turc à Francfort pendant la diète et le couronnement de l'Empereur [Charles VII.]* (1741).

112,22 f. *Sinesischen und Jüdischen ... Briefe: Lettres chinoises* und *Lettres juives* von d'Argens; s. Register.

112,23 *Iroquesischen: Lettres iroquoises* von Jean-Henri Maubert, Irocopolis 1752.

112,23 *Barbarischen:* Vielleicht bezüglich auf Shaw; s. Register.

112,23 f. *die Französischen Heroiden aus Orient her:* Romane der Scudéry; s. Register.

113,5 *Voltaire hat Recht:* in den *Remarques sur Medée* (1764). Vgl. S. 113,29 f. m. Anm.

113,12 *das sind nicht Olympische Schranken:* nicht Schranken von Olympia, deren Überwindung die ehrenvollsten Siegeskränze eintrug. Bei anderen Wettspielen waren die Bedingungen leichter, erworbene Ehren entsprechend geringer. Der Vergleich von olympischen Siegen mit anderen bei untergeordneten, provinziellen Wettkämpfen ähnlich bei Horaz (*Epistulae* I 1,49 ff.), woran Herder wohl denkt. Er hat gerade dies Horaz-Gedicht übersetzt. (SWS XXVI, 270 ff.)

113,20 *die Scuderi:* Madeleine und Georges de Scudéry; s. Register.

113,22 *Romangeist:* Vgl. Kant: »In so ferne die Erhabenheit

Anmerkungen

oder Schönheit das bekannte Mittelmaß überschreitet, so pflegt man sie romanhaft zu nennen.« (*Beobachtungen über das Gefühl des Schönen und Erhabenen*, Abschn. 2.)

113,24 f. *den Seneka und Persius und Lukans aus Spanien:* Herder urteilt hier sehr pauschal. Aus der Provinz Hispania kamen nur Seneca und Lucan. Persius stammte aus dem etruskischen Volaterra. Römer waren auch die Klassiker Vergil und Horaz nicht.

113,29 *Esprit de Fontenelle:* Prémontval: *Esprit de Fontenelle, ou Recueil de pensées tirées de ses ouvrages* (1744). Vgl. *Adrastea*, SWS XXIII, 235.

113,29 f. *Voltaire in einigen Remarquen:* innerhalb seiner »commentaires« zu Corneille. Remarques (franz.): Bemerkungen. Vgl. S. 93,11 f. m. Anm.

114,2 f. *vom Elogisten Fontenelle:* Fontenelle als Verfasser der *Éloges des Académiciens* (1708–19). Éloge (franz.): Lobrede.

114,3 *Commentat[or] Voltaire:* Vgl. S. 93,11 f. m. Anm.

114,5 *Belloi:* Belloy; s. Register.

114,6 *Dionys.:* Denys le Tyran; s. Register unter Marmontel.

114,7 *Aristomen:* Aristomène; s. Register unter Marmontel.

114,15 *Dider[ot]:* in der *Lettre sur les Sourds et Muets* (1751), die Herder schon zu seinem Kapitel über die Inversion in den *Fragmenten* benutzt hatte (SWS I, 191) und auf die er später wieder in *Ursprung der Sprache* (SWS V, 50) zurückkam.

114,17 *Tours des Wohlstandes:* Wendungen des galanten Anstandes.

114,20 *Dekorum:* in der antiken Rhetorik: das Schickliche, Angemessene.

114,24 *StFoix:* Saint-Foix; s. Register.

114,26 *Tänzer waren:* Vgl. SWS I, 236 m. Anm., 539.

114,32 *Teniers:* Gemeint ist der flämische Maler David Teniers der Jüngere (1610–90), dessen bäuerliche Darstellungen Ludwig XIV. entfernen ließ.

115,9 *Vive le Roi:* (franz.) Es lebe der König!

115,11 *Jugement:* (franz.) Urteil.

115,13 *pour le Roi:* (franz.) für den König.

115,15 *Erlaßung:* »erlassen« nach älterer Bedeutung: entlassen.

115,21 *Ludwichs des Vielgeliebten:* Ludwig XV. (1715–74) trug diesen Beinamen: »le Bien-Aimé«.

178 *Anmerkungen*

115,26 f. *Agrement:* franz. *agrément,* Annehmlichkeit, Anmut, Vergnügen.

115,28 *Yorik:* der Landpfarrer Yorick, Gestalt aus Sternes *Tristram Shandy* und *Sentimental Journey.* Der Name wurde von Sterne auch als Pseudonym gebraucht. Vgl. Herder an Hartknoch im November 1769 aus Paris: »Sie können nicht glauben, wie oft Yorick im Schandy, und in seinen Sentimental-Träumen der französischen Nation bis auf Herz und Busen gegriffen hat.«

115,29 *Gayete:* franz. *gaieté,* Fröhlichkeit, Heiterkeit.

115,30 *Wohlstand:* im 18. Jahrhundert auch: Anstand, Schicklichkeit.

115,33 *Clement:* Pierre Clément; s. Register. Er schrieb in Anlehnung an C. Coffeys *The Devil to Pay* das Stück *Double métamorphose.*

116,6 f. *Amanten:* Liebhaber.

116,10 *Coup de theatre:* Bühneneffekt.

116,16 *bout rimé:* literarisches Gesellschaftsspiel. Zu vorgegebenen Wörtern werden Reime gesucht.

116,26 ff. *Voltairische ... Anmerkungen über Corn[eille]:* Zum Folgenden vgl. Voltaires *Commentaires sur Corneille,* Kehler Ausgabe (Kehl 1785–89), Bd. 50, S. 28 ff.

117,14 *petits airs:* (franz.) Liedchen, Ariettten.

117,18 *Painböf:* Paimbœuf, Hafenstadt an der hier 4 Kilometer breiten Loire, 11 Kilometer von deren Mündung.

117,23 *debarquiren:* ausschiffen, an Land gehen.

118,2 f. *ein andrer habe mich dazu gezwungen:* Herders Reisegefährten, dem Kaufmann Gustav Berens, war daran gelegen, so schnell wie möglich nach Frankreich zu gelangen.

118,3 *Klopstocks:* Klopstock lebte damals in Kopenhagen.

118,11 *Bild des Meßias:* In der Zweiten Sammlung der *Fragmente* hatte Herder die ersten Gesänge des *Messias* besprochen.

118,15 f. *von seinen Sylbenmaassen rechten Begriff:* Von Klopstocks Silbenmaßen war in der Ersten Sammlung der *Fragmente* wiederholt die Rede. In Abschn. III,5 besprach Herder die Schwierigkeit, Klopstocks Hexameter richtig zu skandieren. (Der Durchschnittsleser »wird nicht damit fortkommen«.) Eine Vorlesung von Hexametern aus dem *Messias* durch Klopstock selber hätte – dies ist im *Journal* wohl gemeint – den »rechten Begriff« von dessen Silbenmaßen geben können. Noch bis weit

Anmerkungen 179

in die Goethezeit hinein blieb die Handhabung des Hexameters problematisch. Auch die ungebundenen freihebigen Klopstockschen Versmaße in dessen Odendichtung hatten Herder bereits in der Ersten Sammlung der *Fragmente* beschäftigt und zum Lob seiner sprachschöpferischen Genialität veranlaßt. Siehe Register unter Klopstock.

118,21 *Theopnevstie:* Vgl. S. 37,25 m. Anm.

118,24 *Vom Gebet:* Vgl. Herders Rigaer Predigt von 1768, *Über das Gebet* (SWS XXXI, 73 ff.).

119,5 *Störze:* s. Register unter Sturz.

119,9 *nach Kiel hin ins Arabische zu verschwinden:* Noch kurz zuvor hatte sich Herder gefragt, wo er Arabisch und Hebräisch treiben solle; vgl. S. 106,13. Er dachte jetzt vermutlich an Johann Ernst Faber (s. Register), der im Dezember 1769 Professor der Orientalischen Sprachen in Kiel wurde und im Hebräischen, Talmudischen, Arabischen tätig war. (Freundlicher Hinweis von Prof. Dr. Kurt Hübner, Kiel, und Dr. Peter Rohs, Kiel.)

119,9 f. *Das war meine erste Periode:* Gemeint ist vermutlich die erste Periode der Sprachentwicklung, wie Herder sie in den *Fragmenten* dargestellt hatte, wo Skalden und Araber als in die »Kindheit« der Sprache, ihre »güldene Zeit«, das »singende Zeitalter« gehörig betrachtet wurden. Auch in den *Kritischen Wäldern* wurden Skalden und Araber zusammengestellt.

119,22 f. *Diderot ... ausgelebt:* Herders Vermutung erwies sich als irrig: Nach 1769 erschienen noch viele bedeutende Werke Diderots.

119,23 f. *Buffon ... Marmontel:* An Hartknoch schrieb Herder im Dezember 1769 aus Paris: »Von Gelehrten kenne ich Diderot, d'Alembert, Thomas, d'Arnould, Duclos, Barthelemy, de Guignes, d'Aubenton, Garnier und wie sie weiter heißen. Buffon und Marmontel sind auf dem Lande.« Daß Herder Diderot persönlich kennenlernte, trifft nicht zu, da Diderot zu dieser Zeit nicht in Paris war. (Vgl. H. Tronchon: *Goethe, Herder à Strasbourg et Diderot.* In: Études sur Goethe. Publications de l'Université de Strasbourg. Straßburg 1932.)

120,5 f. *unaufgeräumten Stunden:* Unaufgeräumt: nicht in der rechten, heiteren Stimmung.

120,8 f. *Luxemburg:* Im Palais Luxembourg befand sich eine Sammlung zeitgenössischer Kunstwerke.

120,9 *Thuilleries und Gärten:* Der Besuch der Pariser Galerien und Gärten sollte für Herder insofern bedeutsam werden, als er an deren Bildwerken seine Idee weiterentwickelte, Plastik beruhe auf dem Tastsinn.

120,15 f. *eine Nacht vor Helsingör hats entschieden:* Vgl. S. 118,2 f.

121,14 *de la Place:* s. Register unter La Place.

121,21 *domestiquen:* einheimischen, nationalen.

122,6 *Mann von Adreße:* von Lebensgewandtheit.

122,22 *Tristrams:* Tristram Shandy; s. Register unter Sterne.

122,23 *Pilot:* Lotse.

123,2 *vast:* franz. *vaste,* weit, ungeheuer ausgedehnt.

123,4 *vue à la Josse:* bei absichtsvollem Beschauen. Josse ist eine Gestalt aus Molières Komödie *L'amour médecin* (1665), sprichwörtlich geworden wegen eigennütziger Ratschläge.

123,16 f. *Schauder der Wohllust:* Anklang an Lukrez, *De rerum natura,* Buch 3, V. 28 f.: »his ibi me rebus quaedam divina voluptas percipit atque horror.« Am Ende der berühmten Lobpreisung Epikurs, zu Herders Zeit dem Gebildeten vertraut. Vgl. zum Folgenden Nachwort S. 244–257.

123,30 *Gothische:* Vgl. S. 40,17 m. Anm. sowie Nachwort S. 245 f.

124,10 *Angolas:* Vgl. S. 110,25 m. Anm.

124,16 *Sombre:* (franz.) dunkel, düster.

124,27 f. *Träume meiner Jugend von einer Waßerwelt:* Vgl. das Widmungsgedicht der *Bilder und Träume* in *Zerstreute Blätter* III, 3.4 (1787): *Träume der Jugend* (SWS XXIX, 73): »Ach, in deinen Schooß versunken, / Sind die Welten, die ich trunken / In dir sahe, Silbersee.« (Gemeint ist der kleine, heute nicht mehr vorhandene See bei Mohrungen.)

125,2 f. *Archiven des Menschl[ichen] Geschlechts:* Vgl. S. 34,28 f. m. Anm.

125,16 *Belisar:* Marmontels Roman *Bélisaire* (1767). Er verdankte vor allem Berühmtheit einem Kapitel über die Toleranz, das zu M.s Verurteilung durch die Sorbonne führte.

125,17 *Thomas auf Dagueßeau:* Thomas' Lobgedicht auf Henri François Daguesseau (1668–1751), den französischen Kanzler, der sich große Verdienste um eine Justizreform und um die Wahrung der Freiheiten der gallikanischen Kirche gegenüber dem Papst erwarb.

125,23 *Kleists Hymne und seinem Milon:* Die *Hymne* (»Groß ist

Anmerkungen 181

der Herr!«) wurde von Lessing im 40. Literaturbrief veröffentlicht (1759). *Des Herrn Christian Ewald von Kleist sämtliche Werke.* Hrsg. von Karl Wilhelm Ramler. T. 1. Berlin 1760, S. 7–11. Kleists Idylle *Milon und Iris* erschien in: *Neue Gedichte vom Verfasser des Frühlings*, Berlin 1758. Beide Texte auch in: Ewald Christian von Kleist: *Sämtliche Werke.* Hrsg. von Jürgen Stenzel. Stuttgart 1971 (Reclams UB Nr. 211 [4], S. 174–176; 106–109).

125,30 *Leben Jesu:* Ein Entwurf zum Leben Jesu findet sich auf einem vermutlich in Nantes geschriebenen Blatt im Format des *Journals.* Es beginnt: »O Freund, ich will dich von J[esu] unterrichten [...] Hier entfernt, einsam, lese ich Leben – – fühle Züge der Seele – – immer verfolgt mich e[in] Bild – – wir haben kein Leben von J[esu] [...]« Vgl. SWS IV, Einl. XVIII Anm. 1; ferner SWS VII, 198–200, 307–312, 323–334; X, 375–392; XIV, 292–300, 500, 502; XXXI, 238–332.

125,33 f. *Der erste, der mich in N[antes] besuchte:* Monsieur Babut in Nantes, bei dem Herder vom Juli bis November Aufenthalt genommen hatte.

127,1 *Seine Freundin:* Mme. Babut.

128,18 *ins grosse Werk:* Der hier entwickelte Plan wurde ausgeführt in *Briefe, das Studium der Theologie betreffend* (SWS X und XI); die ersten beiden Teile kamen Michaelis 1780 in der Hoffmannschen Buchhandlung in Weimar anonym heraus, die letzten beiden Teile Ostern 1781. (Das Thema geistliche Beredsamkeit ist im vierten Teil behandelt.)

128,28 *Schröck:* Schröckh; s. Register.

129,1 *Deutsche Bibel:* Der Plan einer Bibelübersetzung hat Herder lange beschäftigt. Vgl. *Briefe an Theophron* (1782), Zweiter Brief (SWS XI, 171 ff.); Haym II, 193 f.

129,2 *Poli Commentar:* der Kommentar von Poole (Polus); s. Register.

129,3 f. *Englischen Uebersetzer:* der verschiedenen Bibelausgaben, besonders der Authorized Version. Dazu vielleicht das von Herder sehr geschätzte Werk von Lowth: *De sacra poesia Hebraeorum praelectiones* (1753); s. Register unter Lowth.

129,4 *Jüdischen Paraphrasten:* die sog. Masoreten, Kommentatoren des hebräischen Alten Testaments, etwa 7. bis 10. Jahrhundert.

129,25 *Infinitesimalrechnung:* gemeinsame Bezeichnung für Differential- und Integralrechnung.

129,27 *Schwarze:* Berthold Schwarz; s. Register.

129,27 *Leibnitze:* Leibniz war Erfinder auf dem Gebiet der Differentialrechnung; Prioritätsstreit mit Newton.

129,30 *Polos:* Poole; s. Register.

129,30 *Bensone:* Benson; s. Register.

129,33 *Burhave:* Boerhave; s. Register.

129,34 *Wolf:* Wolff; s. Register.

130,3 *etwas über die Aesthetik gearbeitet:* im *Vierten Wäldchen,* verfaßt 1769 in Riga, umgearbeitet in Nantes. Vgl. Hans Dietrich Irmscher: *Aus Herders Nachlaß.* In: Euphorion 54 (1960) S. 282.

130,18 *laßet uns sehen:* auf Anregungen durch Statuen im Versailler Park bezüglich. Irmscher, a. a. O., S. 282.

130,19 *Von der Bildhauerkunst fürs Gefühl:* gedruckt in *Lebensbild,* S. 361 ff., und SWS VIII, 88 ff. Die folgenden Ausführungen sowie die darin erwähnten Handschriften sind Vorarbeiten zu Herders *Plastik.* Entwürfe 1768–70. Erste, handschriftliche Fassung des Werkes 1770; zweite, gedruckte Fassung 1778 (SWS VIII, 1 ff., 116 ff.). Bezüglich der Verweisung auf das *Collektaneenbuch* vgl. Irmscher, a. a. O., S. 283.

130,20 f. *unt[er] d[en] Alten Schwäb[ischen] Poes[ien.] Bl. 3:* bezieht sich auf Abschriften aus Bodmers *Minnesinger.*

130,27 *Augenbranen:* Augenbrauen (mhd. *bra, brawe*).

131,12 *Vom Schönen durchs Gefühl:* gedruckt *Lebensbild,* S. 379 ff., und SWS VIII, 94 ff. Irmscher, a. a. O., S. 284.

131,12 f. *Baumg[arten] Aesth.:* eine kritische Paraphrase zu Baumgartens *Aesthetica;* s. Register.

131,21 *Von der Philosophie des Gefühls:* vollständiger Druck bei Irmscher, a. a. O., S. 286 ff.

132,3 *Studium der Blinden:* angeregt vor allem durch eine Schrift des englischen Arztes William Cheselden (1688–1752), über die Herder ausführlich spricht im *Vierten Wäldchen,* in der *Abhandlung über den Ursprung der Sprache* und in *Plastik.* In allen drei Schriften bezieht Herder sich ferner auf Diderots *Lettre sur les Aveugles* . . . (1749); s. Register.

132,3 f. *Diderot kann Vorbild seyn:* Vgl. vorige Anmerkung. In der *Lettre sur les Sourds et Muets* (1751) behandelte Diderot u. a. ästhetische und metaphysische Probleme. Herder benutzte das Werk auch in seinen *Fragmenten* und im *Ursprung der Sprache.*

132,17 *Politiane:* Poliziano; s. Register.

132,18 *der Erfinder der Ferngläser:* Herder denkt an Galilei, der aber das 1608 in Holland erfundene Fernglas nur weiterentwickelte.

132,18 f. *Erfinder ... des Kompaßes:* Der Erfinder ist nicht bekannt. Herder folgt der zeitgenössischen Ansicht, die die Erfindung des Kompasses einem Flavio Gioja aus Amalfi (um 1300) zuschreibt.

132,28 *Voyage d'Italie:* vermutlich das umfangreiche, 1769 anonym erschienene Werk des Joseph Jérome Le Français de la Lande (1732—1807): *Voyage d'un Français en Italie, fait dans les années 1765 et 1766.* Herder machte umfängliche französische Exzerpte; vgl. SWS IV, 507.

133,3 f. *mit einem jungen Schweden, Koch:* Über ihn berichtet Herder in einem nicht abgesandten Brief aus Nantes an Hamann: »Einen Jüngling aus dem nordischen Gotlande habe ich hier gefunden, den ich erleuchte und mit dem ich oft in einem schönen Walde, desgleichen ich noch nie gesehen, den Musen opfere. Er kannte mich durch meinen Namen und hat mich hier verraten.« – An Hartknoch berichtet Herder im August 1769: »Das Schätzbarste aber ist die Bekanntschaft mit meinem Verräther, einem Menschen von allen Anlagen, das Schöne zu kosten, wo es sich findet, von einem sehr sichern Geschmack in der Kunst und einer großen Begierde zur Wissenschaft. Er holt mich täglich des Morgens frühe 5 Uhr vor seinen Kaufmannsarbeiten zu einer Promenade ab [...] und sieht mich trotz seiner schwedischen Kälte für einen Genius an, der ihm hier in Nantes begegnet sei, um ihn zu erleuchten. Wenn Sie also noch etwas von *meinem Enthusiasmus* wissen, *junge Geister zu finden, die bildbar sind:* so können Sie glauben, daß ein solcher Fund einer so seltnen Seele in einem so außerordentlichen Fall noch mehr bindet, und ich liebe meinen guten Koch recht sehr.« (Vgl. SWS XXIX, 528.)

133,4 *Klotzische Bibliothek: Deutsche Bibliothek der schönen Wissenschaften,* hrsg. von C. A. Klotz, Halle 1767—71. Herders *Fragmente* waren darin angegriffen worden. (Vgl. Nachwort S. 195.)

134,17 *wie Walter Shandy:* Anspielung auf Sternes *Tristram*

Shandy I, Kap. 19: Walter Shandy schreibt ein Buch über den ihm widerwärtigen Namen »Tristram« (von lat. *tristis*), um dann seinen Sohn dennoch so zu benennen.

134,18 ff. *Werk über die Jugend und Veraltung Menschlicher Seelen:* Gedanken dieses Projekts finden sich wieder in dem Aufsatz *Tithon und Aurora* von 1792.

135,1 *Hier fiel mir der ehrliche Swift ein:* Swift war Herders Lieblingsautor, er verglich sich selbst gern mit ihm. Vgl. Herder an Merck, Oktober 1772: »[...] und wenn ich denn einmal komme, so ist's der irländische Dechant mit der Peitsche.« Goethe berichtet in *Dichtung und Wahrheit,* Zwölftes Buch, daß der zum Necken und Schelten neigende Herder »unter allen Schriftstellern und Menschen Swiften am meisten zu ehren schien«, weswegen er damals unter den Freunden »gleichfalls der Dechant« genannt worden wäre. Herder gab eine Darstellung von Swift in der *Adrastea* (SWS XXIII, 180 ff.).

135,4 *Plato und Sokrates:* Das Folgende erinnert an den Anfang von Platons *Phaidros.*

135,31 *B.---schen:* Babutschen.

137,7 ff. *Fontenelle ... in seinem 103. Jahr:* Fontenelle starb 99jährig.

138,9 ff. *Aristoteles, Horaz, Hagedorn haben die Lebensalter geschildert:* Aristoteles in der *Rhetorik* II, 12–14; hiervon zum Teil beeinflußt Horaz in der *Ars poetica* 156–178; Hagedorn in den Gedichten *Das Kind, Die Alte, Der Jüngling, Der Alte.* (*Poetische Werke.* Bd. 3. Hamburg 1757, S. 91–96.)

139,15 *Sensationen:* Wahrnehmungen, Empfindungen, Sinneseindrücke.

139,27 f. *von Lernen ohne Sachen, von Worten ohne Gedanken:* Einfluß Bacons. Vgl. Nachwort S. 258, 265 f.

140,30 f. *Monta[i]gne, Shaftesburi lernten Griechisch lebendig:* Montaigne *sprach* Lateinisch und Griechisch. Shaftesbury lernte nach Lockes Anweisungen in der sog. direkten Methode.

141,5 *Hermes in der Wüste:* Gemeint ist »der ägyptische Hermes«, von dem Herder in der *Ältesten Urkunde des Menschengeschlechts* ausführlich spricht (Kap. »Ägyptisch-orpheische Politik«). Der griechische Gott Hermes (der römische Merkur) wurde schon im Altertum mit dem ägyptischen Theut (Thot) gleichgesetzt, was auch Herder tut (a. a. O.). Hermes-Theut galt u. a. als Erfinder der Schrift. Vgl. Hederich, *Mythologi-*

sches Lexicon, Ausg. 1770: »Thoth [...] Insgemein hält man ihn mit dem Mercur für einerley [...] Erfinder der vortrefflichsten Wissenschaften [...] So soll er die Zahlen [...] die Buchstaben [...] erfunden haben.« Wichtigste Belegstellen in der antiken Literatur: Cicero, *De natura deorum* III, 22; Platon, *Phaidros* 274 d e; *Philebos* 18 b; Plutarch, *Über Isis und Osiris*, Kap. 3. – Hermes(Merkur-)Theut ist nicht identisch mit Hermes Trismegistos, dem angeblichen Verfasser des *Corpus Hermeticum* (etwa 3. Jh. n. Chr.).

143,11 *Das Gefühl:* der Tastsinn.

143,17 f. *ohne Körper ist unsre Seele im Gebrauch nichts...:* Vgl. Spinoza, *Ethik*, T. 3, Prop. 2, Scholium: »Wenn der Körper schlaff ist, ist auch die Seele unfähig zum Denken.« Vgl. ferner T. 5, Prop. 39 mit Scholium; viele ähnliche Stellen.

144,12 *Polizei:* im 18. Jahrhundert: Staatsverwaltung.

144,12 *Politik:* nach Gillies hier: Kultur, Verfeinerung. Daß Herder an derartiges dachte, bestätigt ein Passus aus dem *Ossian*-Aufsatz von 1773, der ähnliche Gedanken abwandelt: »Sie lachen über meinen Enthusiasmus für die Wilden [...] Glauben Sie nicht, daß ich deswegen unsre sittlichen und gesitteten Vorzüge, worinn es auch sey, verachte. Das Menschliche Geschlecht ist zu einem Fortgange von Scenen, von Bildung, von Sitten bestimmt: wehe dem Menschen, dem die Scene mißfällt, in der er auftreten, handeln und sich verleben soll! Wehe aber auch dem Philosophen über Menschheit und Sitten, dem Seine Scene das Einzige ist, und der die Erste immer, auch als die Schlechteste, verkennet!« (SWS V, 168.)

144,26 *auf sie merken:* die Phänomena.

145,10 *pro positu:* (lat.) je nach der Lage.

145,26 *Gothische Fratzen:* vgl. S. 40,17 m. Anm.

146,1 *Magellonen:* Das Volksbuch *Die schöne Magelone* erschien 1536 in Augsburg nach französischen Quellen. Viele weitere Drucke. Goethe erwähnt die *Schöne Magelone* in *Dichtung und Wahrheit*, Erstes Buch, als Lektüre seiner Knabenzeit.

146,1 *Olympien:* nicht zu deuten. Wohl verschrieben statt »Octavien«. (Ähnliche Namenverschreibungen siehe auch S. 73,4, S. 140,32 m. Fußn.; Nachwort S. 191 m. Anm.) Gemeint ist sicherlich die berühmte *Römische Octavia* von Anton Ulrich Herzog zu Braunschweig-Wolfenbüttel, Nürnberg 1677; neue Auflagen bis 1712. Wurde noch 1751 von Gottsched, 1753 von

Lessing als einer der besten deutschen Romane bezeichnet. Auch Goethe kannte die *Octavia* aus seiner Jugend. Vgl. *Wilhelm Meisters Lehrjahre*, Anfang Sechstes Buch, Bericht der »schönen Seele« (Susanna Klettenberg) über ihre Jugendlektüre: »Die Römische Octavia behielt vor allen den Preis. Die Verfolgungen der ersten Christen, in einen Roman verkleidet, erregten bei mir das lebhafteste Interesse.«

146,24 *bildet man ihn:* den Sinn des Schönen.

146,29 *den Hasard:* Zufall, das Ungefähr.

147,15 *Convenanzen:* Übereinkunft über das Schickliche.

148,12 *Gouverneurs: Le gouverneur, ou essai sur l'éducation,* anonym erschienenes Werk von de la Fare, London 1768. Bei der Nennung des Verlegers Nourse scheint Namenverwechslung vorzuliegen, wie öfter im *Reisejournal*. Verleger war, zufolge Gillies, Desaint.

148,27 *Bemerkungen, die Maupertuis vorschlägt:* Maupertuis hatte vorgeschlagen, das Gehirn von Verbrechern zu sezieren, um physiologisch-psychologische Erkenntnisse zu sammeln.

148,31 *Huart:* Huarte; s. Register.

149,20 f. *Klopstock ... eiserne Wunden ... letzten Stunden:* In Klopstocks *Messias* wird von den Wunden Christi oft gesprochen. Die Wendung »eiserne Wunden« findet sich im Sechsten Gesang, V. 479: (Philo spricht:) »Er sterbe [...] den langsamen Tod der eisernen Wunden!« Und wieder im Zehnten Gesang, V. 499: »Nun sind sie durchgraben, / Seine Händ', und Füße, mit eisernen Wunden.« – Abschieds- und Todesstunde sind im *Messias* wie in den Oden häufig besungene Themen. Der *Messias* spricht von der Todesstunde als »letzter Stunde« im Zehnten Gesang, V. 43 und 67: »Ihre letzte Stunde«; »in ihrer letzten Stunde!« Im fünften Lied der *Wingolf-* Ode findet sich bei Behandlung des Abschiedsthemas das Wort (V. 41): »Die letzten Stunden, welche du Abschied nahmst [...]« Am Schluß von *Der Taufbund* (in *Geistliche Lieder*) heißt es, wieder auf das Todesthema bezüglich: »Der Sieger Lohn / Werd euch in euren letzten Stunden.«

150,11 *einkleiben:* mhd. *kleiben* für *kleben* erhielt sich bis in das 18. Jahrhundert.

Nachwort

> »Was in einem solchen Geiste für eine Bewegung, was in einer solchen Natur für eine Gärung müsse gewesen sein, läßt sich weder fassen noch darstellen.«
> Goethe über den jungen Herder.
> *Dichtung und Wahrheit*, Zehntes Buch

Zur Entstehung des Journals

Ein »sonderbares Ding« nannte der fünfundzwanzigjährige Herder selbst – während er noch mit der Abfassung beschäftigt war – sein *Reisejournal*. Sonderbar ist dieses *Journal* in der Tat. Zunächst ist es kein »Tagebuch« im eigentlichen Sinne des Worts: es folgt nicht dem Kalender in der Weise, daß es die Erlebnisse der jeweiligen letzten 24 Stunden bzw. des Gestern oder Vorgestern in fortlaufender Darstellung festhielte. Herders *Journal*, das insgesamt über einen Zeitraum von etwa einem halben Jahr berichtet, enthält nur elf Daten, zehn davon auf der ersten Seite – in Rückerinnerung an die letzten Tage in Riga und den Aufbruch zur Reise. Sonst findet sich nur noch eine einzige Datierung: »Den 4./15. Juli stiegen wir in Painböf an Land« (S. 117). Diese Datumsangaben sind ebenso wie der gesamte Text aus einer weiteren Retrospektive geschrieben, als es sonst bei Tagebüchern der Fall zu sein pflegt. Zwar hat Herder schon während der Seereise von Riga nach Nantes einige Notizen gemacht, doch erst nach der Landung in Frankreich und nicht vor dem 17. Juli 1769[1] unternahm er es, Ordnung in seine Gedanken und Eindrücke zu bringen. Wir haben es also mit einer Niederschrift aus einem gewissen zeitlichen Abstand zu tun.

---

1. Vgl. das von diesem Tage datierte Blatt mit chronologischen Notizen (S. 4 f.). Das Blatt stammte von einer »Reiseschreibtafel«, die Herder während der Fahrt führte.

Ist der Terminus »Tagebuch« wegen Fehlens sowohl des chronologischen Gerüsts als auch der unmittelbaren Tagesbezogenheit nicht ganz zutreffend, so ist das *Journal* doch in anderer Hinsicht ein echtes Tagebuch, insofern es nicht zur Veröffentlichung, sondern nur für den Verfasser selbst und – partienweise – für einzelne seiner Freunde bestimmt war. Hinzu kommen andere Eigenschaften – die Fülle der Konfessionen –, durch die das *Journal* sich dem annähert, was man unter einem »Bekenntnistagebuch« versteht: d. h. ein Journal des inneren Lebens unter Betonung des Gedachten und Empfundenen. Herders Bekenntnisse sind allerdings nicht rein privaten Charakters; im großen und ganzen haben wir in dem *Journal* den Rechenschaftsbericht eines Genies über sein Schaffen, in dieser Hinsicht eine umfassende Selbstdarstellung. Vergleiche mit Hofmannsthals *Ad me ipsum* liegen nahe. Nur gibt Herder eine Charakteristik seines Schaffens im voraus, Hofmannsthal im Rückblick. An Aufschlüssen über das Werk sind beide Selbstdarstellungen ähnlich reich.

Von der eigentlichen Reise als solcher ist am wenigsten die Rede. Insofern hebt sich Herders *Journal* von richtigen Reisetagebüchern eigentümlich ab: es enthält so gut wie keine konkreten Reiseeindrücke, Landschaftsschilderungen, ethnographische Beobachtungen, kaum etwas von dem in dieser Zeit täglich neu Gesehenen und Erlebten. Die einzelnen Momente der Reise – Abschied, Seefahrt, Landung, Nantes, Paris! – tauchen vor dem Leser nur schattenhaft auf. Mit Grund bezichtigt sich Herder im *Journal* selbst der Unfähigkeit, schauen und schildern zu können: »Mein Geist ist nicht in der Lage zu bemerken, sondern eher zu betrachten, zu grübeln!« Diesen Mangel kompensiert er jedoch auf die von ihm selbst angedeutete Weise durch das, was er »betrachten«, »grübeln« bzw. seine »Tristramschen Meinungen« nennt. In ungeheurer Fülle quellen Gedanken, Pläne, Wünsche aus ihm hervor; hier liegt das Zentrum und der eigentliche Wert des *Journals*: in den Reflexionen,

Selbstbetrachtungen, Träumen, Visionen, Ideenassoziationen und weitausgreifenden Projekten, die während der Reise seinen Geist beschäftigen.
Am 3. Juni 1769 war Herder aus Riga abgereist, am 5. Juni hatte die Schiffsreise begonnen. Während der Seefahrt wurden vermutlich Aufzeichnungen gemacht über Gespräche mit dem Freund und Reisegenossen Gustav Berens, mit Kapitän und Matrosen sowie über einzelne Eindrücke der Seefahrt, denn hiervon wird im *Reisejournal* mit einer Frische und Unmittelbarkeit berichtet, wie sie nach längerem Abstand, rein aus dem Gedächtnis, wohl kaum erreichbar gewesen wären. Erhalten haben sich derartige Notizen jedoch nicht.
Auf dem Schiff schrieb Herder »mit allem Feuer und Freiheit« den Plan zu einer »Verbesserung der Domschule«, den er von Helsingör aus an Hartknoch und durch ihn an seine Gönner in Riga, den Ratsherrn und Sekretär Berens, sandte. Ausführliche Skizzen zu diesem Promemoria stehen in dem auf der Seereise benutzten Oktavheft. (Vgl. SWS IV, Einl. XVII.)
Ebenso wie das Promemoria zur Verbesserung der Domschule könnte auch das Programm für bessere Einrichtung des Lyzeums (S. 39–77), das ursprünglich für die russische Regierung oder den Livländischen Landtag der Ritterschaft – vielleicht für beide Instanzen – bestimmt sein mochte, schon auf dem Schiff entworfen sein.
Mit Sicherheit stammt aus der Zeit der Seereise ein vom 21. Juni datierter, neun Blätter umfassender, im Kattegat geschriebener Auszug aus dem im *Journal* (S. 87) erwähnten Werk: *Le Commerce de la Hollande.* Ähnliche Lektüreauszüge fertigte Herder dann in Menge während seines vom 16. Juli bis 4. November dauernden Aufenthalts in Nantes an, wo er aus Bibliotheken unzählige Bücher entlieh, mit denen er sich gern in die Einsamkeit der Wälder zurückzog. Charakteristisch für diese Lektürenotizen ist es, daß sie durchsetzt sind mit eigenen Ideen, Plänen, Bekenntnis-

sen Herders.[2] Aus der ungeheuren Fülle gelesener Werke zog Herder mannigfaltige Anregungen, die das *Reisejournal* widerspiegelt.

Während seines Aufenthalts in Nantes schrieb Herder in einem Brief an Hartknoch (SWS IV, Einl. XVI): »Von Voltaire bis zu Fréron, und von Fontenelle bis zu Montesquieu, und von D'Alembert bis zu Rousseau, unter Encyclopädisten und Journalisten, unter denen ich das *Journal étranger* sehr genutzt [...] unter Theaterstücken und Kunstwerken, und politischen Schriften, und alles, was Geist der Zeit ist, habe ich mich herumgeworfen und umhergewälzt. Darum wird mein *Tagebuch* auch so groß und es wird dies einmal ein sonderbares Ding sein, für mich und Artikelweise für meine Freunde zu lesen.«

Auch sonst wird gelegentlich das *Reisejournal* erwähnt. In einem nicht abgesandten Brief an Hamann, der etwa vom 30. August 1769 stammt, heißt es: »Mein Journal der Reise ist noch zu jung, und meine Tristramsche Meinungen, die den Mangel der Denkwürdigkeiten ausfüllen müssen, zu unreif und also notwendig noch zu jastreich[3], als sie schreiben zu können.«

Es scheint so, daß Herder eine Zeitlang über die Anfänge des *Journals* nicht hinauskam und daß die eigentliche Redaktion erst im Oktober erfolgte, während der Zeitpunkt der Abreise nach Paris schon näherrückte. Die ersten 42 Seiten des Manuskripts (hier 7–84) zeigen einen ebenmäßigen Charakter, nicht unähnlich dem der zum Druck bestimmten Werke der Rigaer Zeit. Sie spiegeln die relative Muße, die Herder in Nantes genoß. Doch von Seite 43 an (hier 85) herrscht eine größere Unruhe sowohl im Schriftbild als auch im Stil. Diese Unruhe angesichts des vorm Aufbruch nach Paris noch zu Leistenden ist auch in einem Brief Herders an

---

2. Bernhard Suphan hat einige dieser Aufzeichnungen als Anhang zum *Reisejournal* zusammengestellt: SWS IV, 462–486.
3. »Jast« (alemann.): Gärung. Zu »Tristramsche Meinungen« vgl. Personenregister unter Sterne, Laurence.

Hartknoch vom Oktober spürbar: »Ich bin jetzt auf dem Punkt, Nantes zu verlassen, und habe, weiß Gott, noch so viel zu tun, daß ich nicht fertig zu werden weiß: den vierten Teil der Wälder, den ich umgearbeitet, einem Teile nach zu verändern, um ihn fortschicken zu können, mein Tagebuch zu schreiben, mit welchem ich noch immer auf dem Schiffe und lange noch nicht einmal im Sunde bin, ob ich gleich schon zwei Hefte in Quart voll habe, eine letzte Disposition mit alledem zu machen, was mir hier, es mögen Bücher oder Gedanken sein, mein Eingespinnste gewesen [...] Ich arbeite fürs Lyzeum so wesentlich und für die Menschheit so würdig, daß, wenn meine Pläne und Absichten einmal eine würdige Stelle finden, wo es auch sei, sie nicht verkannt werden können. Warum sollte die Zeit der Lykurge und Sokraten[4], der Calvine und Zwinglius, dieser Schöpfer von kleinen glücklichen Republiken, vorbei sein, und warum sollte es nicht ein mögliches Datum zu einem Etablissement geben, das für die Menschheit, für Welt und Nachwelt Pflanzschule, Bildung, Muster sein könnte? Ich habe nichts auf der Welt, was ich sehe, das andre haben; keine Ader für die Bequemlichkeit, wenige für die Wollust, nichts für den Geiz. Was bleibt mir übrig als Würksamkeit und Verdienst? Dazu brenne ich und krieche durch die Welt, und mein Herz schlägt mir in den Gedanken der Einsamkeit und in würdigen Anschlägen.« Die Diktion des Briefs gleicht der des *Journals*, wie auch ein wichtiger Passus des Briefs in auffälliger Weise inhaltlich übereinstimmt mit der Stelle S. 77,11–14.

Herder ist beherrscht von ehrgeizigen Plänen für die Stadt Riga und darüber hinaus für die Menschheit. Er möchte wie Lykurg in Sparta, wie Solon in Athen geistiger und politischer Reformator Livlands werden. Ein letzter Brief aus Nantes vom 4. November (an Begrow) zeigt noch deutlicher die ins Politische ausgeweiteten pädagogischen

---

4. Wohl verschrieben statt: Solone. Vgl. S. 77,11 f. und 204.

Zielsetzungen Herders. Herder trägt sich mit zivilisatorischen Plänen für das weite russische Reich und hofft, mit seinen Reformvorschlägen bis zum Thron Katharinas II. zu gelangen: »Die Veränderung meiner gelehrten Denkart hat mich auf Studien geworfen [...] es sind die wichtigen Beschäftigungen, die sich auf nichts weniger als auf Bildung der Völker, der Zeiten, der Gesetze, der Regierungen, des Jahrhunderts erstrecken. Nicht bloß Geist der Zeit und der Mode ist's, dem ich mich hierin bequeme, sondern vielmehr meine Situation in der Welt und der Ort, in den das Schicksal meine Lebenszeit geworfen, die Regierung, unter welcher ich lebe, und die großen Ausrüstungen, zu denen man ganz Europa aufbietet. Sie müssen merken, daß ich von einem politischen Werke rede, von dem ich Ihnen mündlich schon Idee gegeben habe [...] In Holland oder England werde ich an meinem Werke arbeiten. Sollte es wohl angehn, daß ich als ein ungenannter Reisender ein Exemplar im Manuskript an die Kaiserin sendete? Wäre Orlow, der Favorit, nicht dazu der erste Mann, da er sich nicht mit Parteien abgibt und also keine Ursache hätte, das zu verweiten [verweigern?]. Glaubten Sie nicht, daß bei allen so weitläufigen Anstalten die Kaiserin auf ein Werk merken würde, das sie und ihr Geschäfte [das Gesetzbuch] in allem Licht zeigte, als es der verstorbene Montesquieu nicht zeigen konnte, weil damals dies große Geschäft noch nicht existierte? Ist ein Weg, es an die Kaiserin geradezu zu senden? Lieset sie gerne deutsch oder muß es französisch sein? [...]«

Am 8. November gelangte Herder nach Paris. Hier wurde das letzte Fünftel des *Journals* geschrieben. Leider sind Teile des Pariser Manuskripts verlorengegangen. Schon nach den ersten Blättern findet sich eine beträchtliche Lücke von entweder einer ganzen Lage (Herder sagt: Heft); d. h. etwa drei Bogen (sechs Blättern in Quartformat), oder es fehlen an der vierten Lage zwei Bogen, d. h. von vorn und hinten zwei Blätter. Jedenfalls notierte Caroline Herder – vermutlich beim Sichten des Nachlasses – auf einem vor Blatt 65/66 des Manuskripts eingeschlagenen Blättchen: »Hier fehlt offenbar zwischen dieser und der vorigen Lage [sic]. – Auch fehlt der Schluß hinter dieser Lage.« (Vgl. S. 127.) Zu einem kleinen Teil konnten frühere Herausgeber die Lücke durch ein nachträglich gefundenes Blatt, das sich unmittelbar vor Seite 65 einfügen ließ, ausfüllen. Suphan bemerkt zum Fehlen des Schlusses: »Man darf sich damit trösten, daß das Tagebuch überhaupt nicht viel weiter geführt sein kann.« (SWS IV, Einl. XVI.)

Die Pariser Notizen verraten schon durch die hastigeren Schriftzüge, den flüchtigen, immer stärker mit französischen Worten durchsetzten Stil, daß es Herder in der Metropole an Ruhe zum Schreiben mangelte. Er sagt in einem Schlußbericht an Hartknoch (Dezember 1769; *Lebensbild*, S. 123 f.): »Ich habe gesucht, Bücher und Menschen, Deklamation und Schauspiel, Tänze und Malereien, Musik und Publikum zu studieren. – – Meine Zeit habe ich in Bekanntschaften mit Gelehrten, in Besuch der Bibliotheken, Malerei-Galerien, Antiquitäten- und Kupferstichsammlungen, Schauspiele und Gebäude, die des Anschauens wert sind, *und dann* in Studieren und Verdauen geteilet.«

Bei der Fülle der auf Herder in Paris einstürmenden Eindrücke kann die Flüchtigkeit der Niederschrift nicht verwundern. Als dann zu Beginn des Jahres 1770 unerwartet seine Berufung nach Eutin und die eilige Abreise nach Deutschland erfolgte, brach die Arbeit am *Journal* endgültig ab, das Manuskript blieb unvollständig.

Situation vor der Abreise

Über Stimmung und Motive, die Herder nach viereinhalbjährigem Aufenthalt in Livland zu fluchtartigem Aufbruch aus Riga trieben, geben eine Reihe von Dokumenten aus jener Zeit Aufschluß. Herder selbst begründet den plötzlichen Ortswechsel mit »Kontrarietäten« zwischen ihm und seinen Ämtern, »zwischen den Ämtern an sich selbst und mit andern Sachen« (an Hamann). »Kontrarietäten« hatte es auch schon vorher gegeben, und Herder hatte wiederholt mit dem Gedanken gespielt, aus dem Joch seiner Rigaer Ämter auszubrechen. Doch gab im Mai 1769 ein akutes Problem den Ausschlag, das mit Herders Schriftstellertätigkeit zusammenhing. Damals geriet er in eine mit seinen Ämtern unvereinbare, fatale Lage, nachdem er wiederholt die Autorschaft seiner anonym erschienenen kritischen Schriften abgeleugnet hatte. Herders ursprüngliche Idee war gewesen, »völlig ohne Namen zu schreiben, bis er die Welt mit einem Buche überraschen könnte, das seines Namens nicht unwürdig wäre« (an Kant, 1768?). Schon hierbei mag Rücksicht auf sein geistliches Amt und seine Stellung als Lehrer eine Rolle gespielt haben. Strikte Wahrung des Inkognito hätte ihn in der Tat vor allen Ärgernissen bewahrt. Doch war seine Anonymität von vornherein nur eine halbgewollte. Durch eigene Inkonsequenz und Indiskretion mehrerer Freunde war niemand über den Verfasser der *Fragmente*[5], des *Torso*[6] und der *Kritischen Wälder*[7] im Zweifel. Doch erst durch die polemischen Auseinandersetzungen mit Klotz in Halle wurde dieser Umstand verhängnisvoll. Herder selbst hatte Klotz zunächst respektvoll behandelt, dann jedoch durch Kritik verletzt. Der mächtige Gegner reagierte darauf in einer Herder aufs empfindlich-

5. Ueber die neuere Deutsche Litteratur. Erste Sammlung von Fragmenten. Eine Beilage zu den Briefen, die neueste Litteratur betreffend. [o. O.] 1767. – Zwote Sammlung. [o. O.] 1767. – Ueber die neuere Deutsche Litteratur. Fragmente, als Beilagen zu den Briefen, die neueste Litteratur betreffend. Dritte Sammlung. Riga 1767.
6. Ueber Thomas Abbts Schriften. Der Torso von einem Denkmaal, an seinem Grabe errichtet. Erstes Stück. [o. O.] 1768.
7. Kritische Wälder. Oder Betrachtungen die Wissenschaft und Kunst des Schönen betreffend, nach Maassgabe neuerer Schriften. Erstes Wäldchen. Herrn Leßings Laokoon gewidmet. [o. O.] 1769. – Zweites Wäldchen über einige Klotzische Schriften. [o. O.] 1769. – Drittes Wäldchen noch über einige Klotzische Schriften. Riga, bei Hartknoch, 1769.

ste treffenden Weise: er wurde in Klotz' *Bibliothek der schönen Wissenschaften* unter voller Nennung seiner Personalien sehr von oben herab geschulmeistert. Herder beschloß daraufhin, mit Klotz in der zweiten Auflage der *Fragmente* abzurechnen. Doch als Klotz' Freund Riedel sich ein Exemplar der frisch gedruckten, nur noch nicht ausgelieferten Auflage verschaffte und innerhalb einer eigenen Publikation[8] scharfe Ausfälle gegen den Verfasser richtete, zog Herder die ganze Auflage zurück, gab die geplante Fortsetzung der *Fragmente* auf und leugnete öffentlich seine Autorschaft ab.[9] Diese Maßnahmen hinderten nicht, daß die Klotzische *Bibliothek der schönen Wissenschaften* im ersten Stück des Jahrgangs 1769 eine Schmähschrift gegen die im Buchhandel gar nicht erschienene zweite Auflage der ersten Fragmentensammlung brachte mit schmutzigen Ausfällen gegen Herders Person, besonders im Zusammenhang mit seinem Freundschaftsverhältnis zu Hamann. Herder hatte inzwischen im *Torso* seine anonyme Schriftstellerei fortgesetzt und dort, um sich zu tarnen, vom Verfasser der *Fragmente* als von einem Dritten gesprochen. Doch auch in diesem Fall blieb er nicht unerkannt. Klotz und seine Freunde fielen in der *Deutschen Bibliothek der schönen Wissenschaften,* den *Hallischen Gelehrten Zeitungen,* den *Jenaischen Gelehrten Zeitungen* und in der *Philosophischen Bibliothek* über den entlarvten Verfasser des *Torso* her, der sich wiederum ironische Bemerkungen gegen Klotz erlaubt hatte. Nun unterließ Herder auch die geplante Fortsetzung des *Torso,* in der er ursprünglich über Klotz hatte Gericht halten wollen. Statt dessen richtete er in den *Kritischen Wäldern* – wiederum anonym – heftige Angriffe gegen Klotz. Als er auch diesmal erkannt wurde, verfiel er auf den unglücklichen Gedanken, in zwei Zeitungen, die ihn als Verfasser genannt hatten, zu erklären, »daß er an die-

---

8. Briefe über das Publikum. [o. O.] 1768.
9. Berlinische privilegirte Zeitung, 154. Stück, 24. Dezember 1768 (SWS IV, 337–340).

sem Buch keinen Teil habe, und es in seiner Entfernung
selbst noch nicht gesehen«.[10] In zwei weiteren öffentlichen
Erklärungen vom Mai 1769 ging Herder so weit, zu sagen:
»Ich protestiere nochmals gegen die *kritischen Wälder*, mit
deren Ton ich eben so wenig zufrieden bin, als Herr
Klotz.«[11]

Reue über dies Fehlverhalten konnte nicht ausbleiben, zumal niemand den öffentlichen Erklärungen Glauben
schenkte und selbst die Freunde Herders sein unbegreifliches Tun mißbilligten. In Briefen an diese heißt es, er
beabsichtige »sich selbst zu relegieren«, um nach seinem
Exil »mit Ehren wieder erscheinen zu können«. »Meine
Situation kontrastierte so sehr mit meinem Stande [...]
daß ich nichts für besser fand, als mir mit Einem Male von
Allem Luft zu schaffen [...] und mich in eine andere
Situation zu werfen.« Tiefe Verstimmung über die leidigen
Fehden mit Klotz kommt schon am Schluß des *Dritten Wäldchens* zum Ausdruck, wo Herder klagt: »Wie
viel Zeit habe ich verloren!« Auch das *Reisejournal* kritisiert wiederholt die »unnützen, groben, elenden Wälder«.
Herder war sich bewußt geworden, daß er Besseres tun
müsse.

Im Unbehagen über die mißliche Situation hielt er sich
auch die anderen Gründe vor Augen, die einen Ortswechsel
wünschenswert erscheinen ließen. Seit Dezember 1764 hatte
Herder sich als junger Kollaborator an der Domschule in
jahrelanger Übung zum erfolgreichen und angesehenen
Pädagogen ausgebildet. Doch für seine reformatorischen
Ideen wie die, daß aller Unterricht lebendig sein und alles
Lernen dem Leben dienen müsse, war unter seinem Rektor
und überhaupt unter den obwaltenden Verhältnissen keine
Verwirklichung zu hoffen. – Was Herders geistliches Amt

---

10. Berlinische privilegirte Zeitung, 34. Stück, 21. März 1769; Erfurtische gelehrte Zeitung, 26. Stück, 31. März 1769 (SWS IV, 340).
11. Allgemeine Deutsche Bibliothek IX 2, 305.306; Hamburger Correspondent, 80. Stück, 20. Mai 1769 (SWS IV, 340 f.).

betraf, so widmete er sich seit Februar 1765 als Pastor adjunctus mit Hingabe dem Predigerberuf vor einer anhänglichen, dankbaren Gemeinde. Er hatte dabei so starke Resonanz, daß er den Neid mancher Kollegen erregte. Durch sein Bestreben, von der Kanzel aus Philosophie des gesunden Verstands zu lehren, zog er sich überdies das Mißtrauen der orthodox lutherischen Geistlichkeit zu, die in ihm einen Aufklärer und Ketzer witterte. Tatsächlich machte Herder kein Geheimnis daraus, daß es für ihn einen höheren Standpunkt als den theologischen gab. Sein geistliches Amt hatte er, wie er 1768 an Kant schrieb, aus keiner anderen Ursache angenommen, »als weil ich wußte und es täglich aus der Erfahrung mehr lerne, daß sich nach unsrer Lage der bürgerlichen Verfassung von hieraus am besten Kultur und Menschenverstand unter den ehrwürdigen Teil der Menschen bringen lasse, den wir Volk nennen«. Deshalb sei »diese menschliche Philosophie« auch seine »liebste Beschäftigung«. Rückblickend auf die Rigaer Zeit, gibt Herder sogar in einem Brief an Merck zu, er sei damals »ein Libertin, ein religiöser Freigeist« gewesen.

In seiner Abschiedspredigt begründete Herder seiner Gemeinde den Aufbruch folgendermaßen: »Ich gehe auf eine Reise, ohne daß ichs im Sinne hätte, aus Unzufriedenheit mit meinem Orte und meiner Stelle, wo ich mehr Liebe und Achtung genoß, als ich verdient, mich gleichsam wegzustehlen. Ich gehe auf eine Reise, ohne daß ich etwa ein auswärtiges Engagement verhöle, zu dem ich mich hinstehlen wolle [...] Meine einzige Absicht ist die, die Welt meines Gottes von mehr Seiten kennen zu lernen, und von mehr Seiten meinem Stande brauchbar zu werden, als ich bisher Gelegenheit gehabt, es zu werden. Dazu fühle ich in mir Anlagen, und das ist gleichsam ein innerer Ruf Gottes an uns, der zu unsrer Bestimmung gehört, und dem wir folgen müssen. In diesem Punkte stehe ich allein vor Gott und meinem Gewissen.« (SWS XXXI, 141 f.)

Das Bewußtsein, eigentlich zu jung zu sein für sein pädagogisches und geistliches Amt – Herder war noch nicht fünfundzwanzigjährig! –, bekundet sich in verschiedenen Verlautbarungen aus dieser Zeit immer wieder, auch im *Reisejournal*, wo Herder bedauert, genötigt gewesen zu sein, zu lehren statt seinem Drang zu lernen nachgehen zu können. An Scheffner schrieb er einige Tage vor der Abreise: »Ich gehe auf eine unbestimmte Zeit weg von hier [...] in die Welt, um sie zu sehen, von mehr Seiten kennenzulernen und nutzbarer zu werden.«

Nicht nur das Mißverhältnis zwischen seiner Jugend und seinen Ämtern wurde Herder in dieser Zeit deutlich, noch mehr quälte ihn die Erkenntnis, nicht seiner Jugend entsprechend gelebt und vieles unwiederbringlich versäumt zu haben. Diese Klage kommt im *Reisejournal* wiederholt zum Ausdruck. In Zusammenhang hiermit steht auch ein Unbehagen, über das das *Journal* gleichfalls Andeutungen enthält: seine starke Neigung zu einer verheirateten Frau, Madame Busch, die er seit zwei Jahren täglich sah, ohne daß sich ein anderes als auf Entsagung gestelltes Verhältnis aus dieser Freundschaft entwickeln konnte.

Aufschlußreich ist der schon erwähnte, in Nantes geschriebene Brief an Hamann, in dem Herder verschiedene Gründe für seinen »Rückzug aus Riga« anführt: »Nichts ist in der Welt peinlicher, als zu groß für seine Sphäre zu scheinen und zu klein für dieselbe zu sein, und das war der Fall mit mir [...] Ich fing mich an wie eine verstümmelte Büste zu fühlen, wenn ich in den ewigen Kreis meiner Beziehungen hätte eingeschlossen bleiben sollen. Ich sahe, daß gewisse Jahre zu nutzen wären, die nicht wieder kommen. Ich sahe, daß ich überraschen müßte, oder ich bliebe sitzen. Ich tat's. Ich überraschte – Stadt, Kirche, Magistrat, nahm Abschied und traf den Punkt, da mich die Tränen und Wünsche aller begleiteten und man aus einer Sympathie für die Jugend, in die ich mich stellete und in der man mich selber bisher nicht gesehen hatte, mich mit Regungen beschenkte, die wenigstens uneigennütziger sind als Geschenke. Ich

stürzte mich aufs Schiffe ohne Musen, Bücher und Gedanken, wie wenn ich in Bett und Schlaf sänke [...]«
Welch hohes Ansehen Herder in Riga genossen hatte, darüber berichtet er selbst ein Jahr nach seiner Abreise in einem Brief an Caroline Flachsland (22. September 1770): »In Livland besaß ich in kurzer Zeit die ganze Liebe der Stadt, die Freundschaft dreier der würdigsten Leute, die ich kenne, die Hochachtung der originalsten Köpfe, die mir mit in meinem Leben aufgestoßen sind, und von denen, und ihrem wunderbaren Zutrauen ich Bücher schreiben könnte; auf der andern Seite den Haß der ganzen Geistlichkeit, ohne daß sie gegen mich einen Finger regen wollte oder konnte [...] Geliebt von Stadt und Gemeine, Angebetet von meinen Freunden und einer Anzahl von Jünglingen die mich für ihren Christus hielten! der Günstling des Gouvernements und der Ritterschaft, die mich weiß Gott! zu welchen Ab- und Aussichten bestimmten – ging ich dem ohngeachtet vom Gipfel dieses Beifalls, und aus den Armen einer unglücklichen Freundin, taub zu allen Vorschlägen einer kurzsichtigen Gutherzigkeit; unter Tränen und Aufwallungen aller, die mich kannten, ging ich weg, da mir mein Genius unwiderstehlich zurief ›Nutze deine Jahre und blicke in die Welt!‹«
Wenn diese Darstellung auch stilisiert sein mag, um der geliebten Adressatin zu imponieren, so steht doch fest: wirklich war Herders Beliebtheit in Riga so groß gewesen, daß man ihn wiederholt um Zurücknahme seines Entlassungsgesuchs bat. Anerbietungen und Versprechungen wurden ihm gemacht. Und schließlich brachte man bei Bewilligung seines Wunsches in ehrenvollster Weise zum Ausdruck, wie sehr man auf seine Rückkehr hoffe. Er erhielt die schriftliche Designation zum Pastor an der St.-Jakobs-Kirche und zum Rektor des Lyzeums, d. h. der livländischen Ritterakademie. Das *Reisejournal* zeigt, wie ernstlich Herder an seine Zurückkunft dachte: alle seine Schulreformpläne gehen aus von der konkreten Vorstellung des Rigaer Ly-

zeums als von »seiner« Schule. Und nicht nur die pädagogischen Reformideen Herders, auch seine viel weiter ausgreifenden politischen Träume haben die Stadt Riga und die Provinz Livland zur Basis. Das erklärt auch, in wie starkem Maß Herder im *Reisejournal* als russischer Patriot spricht, als Untertan Katharinas II. mit internationalem, kosmopolitischem Einschlag.

Abreise

Die zum Verlassen Rigas führenden Lebensumstände bilden den Hintergrund für mehrere Selbstbetrachtungen im *Reisejournal*. Gleich zu Anfang findet sich eine sehr umfassende private Konfession. Allerlei Mißverhältnisse haben den Aufbruch notwendig gemacht. So beschäftigt sich Herder eingehend mit der Frage, wo sich Fehlverhalten in der bisherigen Lebensführung zeigt. Seine bitteren Selbstvorwürfe, soweit sie Versäumnis des Lebens, Beschränkung auf die Enge der Studierstube, übermäßigen Verzicht auf Genuß zum Gegenstand haben, sind berühmt geworden, da sie in die Literatur eingingen. Spiegelungen davon fand man in den Anfangsszenen von Goethes *Faust*, sie wirkten auch ein auf Hofmannsthals *Tor und Tod*. Aber diesen Selbstvorwürfen stehen – weniger beachtet – andersartige zur Seite. Herder beginnt mit ihnen und behandelt sie am ausführlichsten. Da lauten die Bezichtigungen: er habe zu wenig studiert, die Rigaer Bibliothek schlecht genutzt. Versäumt habe er, sich um die Fächer Mathematik, Naturgeschichte, Physik, Französisch, Zeichnen zu kümmern. Statt hierdurch »Talente des lebendigen Vortrages« zu erwerben, sei er Autor und Prediger geworden, statt sich »reellste Kenntnisse« anzueignen, habe ihn »falsche Liebe zur Wissenschaft« ergriffen. Die Folge: Er sei ein »Tintenfaß von gelehrter Schriftstellerei« geworden, ein »Wörterbuch« von nicht verstandenen Künsten und Wissenschaften. Hier spricht – allzu hypochondrisch – der Autor der *Kri-*

tischen Wälder, der es bedauert, sich durch Polemisieren einseitig auf wenige Gebiete wie Philologie, Altertumskunde, Ästhetik geworfen zu haben. Dies brachte ihm viel »Rang« und »falsche Ehre«, doch war er letztlich in Bereiche verlockt worden, wo er den Fachleuten nicht gewachsen war. Im Hinblick auf die Zukunft hatte diese Selbstkritik ihre Richtigkeit: Spezialistentum war Herders Sache nicht. Sein Universalismus machte ihn groß, als Polyhistor erlangte Herder Weltruhm.
Die faustischen Gefühle, daß das Leben über dem Studieren zu kurz kommt, bedrängen fast jeden großen Schaffenden. Ihnen zur Seite geht unausweichlich das Bewußtsein der schicksalbestimmten Aufgabe, und Herder war sich zutiefst bewußt, daß er der Wissenschaft angehöre, daß von ihr keine Trennung möglich sei. Gerade das *Reisejournal* in seiner Gesamtheit macht dies deutlich, wo die künftigen wissenschaftlichen Felder so weitumfassend abgesteckt sind. Dementsprechend haben die Klagen über Lebensversäumnisse nur relative Gültigkeit. Selbst wenn Herder einmal ins Auge faßt: »Ich will mich so stark als möglich vom Geist der Schriftstellerei abwenden und zum Geist zu handeln gewöhnen!« (S. 86 f.), so ist das nicht absolut zu nehmen. Er denkt dabei an eine künftige Reformatortätigkeit, und zu dieser gehören beinah alle die zahlreichen Buchprojekte, die er in gleichem Atem entwirft.

Seefahrt

Dem Rückblick auf die Rigaer Existenz folgen Bemerkungen über das Erlebnis der Schiffsreise. Auf verhältnismäßig kleinem Raum ist hier so ziemlich alles gesagt, was als eigentlicher Reisebericht angesprochen werden kann. Wirklich Gesehenes bringt der Abschnitt kaum – man vergleiche dagegen etwa Goethes Sizilienreise –, Meer und Schiff werden alsbald Gegenstand des Spekulierens. (Die ersten eingehenden Naturschilderungen Herders bringt später der

Bückeburger Aufenthalt.) Doch auch als »Philosoph auf dem Schiffe« kommt der Reisende in seinen Betrachtungen nicht weit. Ihm fehlen die Kenntnisse. Das Verabsäumen naturwissenschaftlicher Studien wirkt sich aus. Ohne Bücher und Instrumente rein »aus der Natur zu philosophieren«, erweist sich als kaum möglich. Wohl schwebt Herder eine Naturphilosophie in Grundzügen vor, und er möchte darin – bezeichnend für sein damaliges pädagogisches Denken – einen Jüngling unterrichten. Doch weiß er »sich selbst« zu wenig; so bleibt alles fragmentarisch, bloßer Versuch. Gegenüber den Naturerscheinungen – Meer, Seetiere, Seepflanzen, Luft usw. – fühlt Herder das Bedürfnis, Gesetzliches festzustellen, »analogisch zu entdecken«, wie die Gott-Natur in festbestimmten gleichartigen Formen Leben schafft, ohne Willkür und »Sprung«. »Die Gottheit wirkt all-ergossen, einförmig durch all ihre Werke« in der »Analogie der Natur« (*Auch eine Philosophie der Geschichte zur Bildung der Menschheit*, 1774). Der früh erfahrene Einfluß Spinozas wird bemerklich, des Philosophen, zu dem Herder sich später trotz seines Theologenberufs zu bekennen wagt (in seiner Schrift *Gott* von 1786). Da für solche Naturphilosophie die Wissensvoraussetzungen fehlen, stellen sich Assoziationen ein in Richtung auf schon mehr bekannte Gebiete. Vom Zug der Heringe kommt Herder – seltsam genug – auf Züge und Ursprünge der Völker. Ein »Werk über das menschliche Geschlecht« von Newtonschem Format hierüber dämmert vor seiner Phantasie. Es soll auf die Verkündung hinauslaufen, daß »der Genius der Erleuchtung« am Ende siegreich »die Erde durchzogen« haben wird. Bezeichnend für Herders historische Einstellung ist es, daß er ein solch philosophisches Thema in Form einer Geschichtsdarstellung auszuführen gedenkt: »Universalgeschichte der Bildung der Welt«, so lautet der Titel des Projekts. Die *Ideen zur Philosophie der Geschichte der Menschheit* werden hier entwickelte Gedanken später ausführen.

Vom Schiff und seiner Besatzung weiß Herder Konkretes kaum zu melden. Seine Feder notiert nur Assoziationen. Die Vorstellung: Schiff sei eine Monarchie im kleinen, führt ihn alsbald auf russische Politik, auf Ratschläge, wie die Russen bessere Seefahrer und zugleich geistig selbständiger werden könnten. Herder sieht hier die Aufgabe eines großen Politikers – und denkt abermals an sich selbst, wie das *Journal* späterhin zeigt. Ergiebiger sind andere Gedankenverknüpfungen. In der Einstellung des Seefahrers zu den Gefahren des Meers findet Herder die Bestätigung seiner eigenen damaligen Überzeugung: Religion habe ihren Ursprung in der Furcht. (Die von Hume stammende, für einen christlichen Theologen recht ketzerische Idee wurde später aufgegeben: schon in der *Ältesten Urkunde des Menschengeschlechts* von 1774.) Aus dem Aberglauben der Schiffer, ihrer Wundersucht, zieht Herder Schlüsse in bezug auf Ursprung und Eigenart der griechischen Mythologie. Diese erklärt sich ihm aus der Mentalität eines Seevolks. Ein weiterer Gedanke – viele abenteuerliche Geschichten antiker und neuerer Autoren müsse man »auf dem Meer lesen«, weil Fabulierlust der Seefahrer den erklärenden Hintergrund bilden – weist auf die später von Herder so wirkungsvoll vertretene Lehre: Dichtung bedarf zu ihrem Verständnis überhaupt des Wissens um die kulturhistorischen Besonderheiten von Land und Zeit. Jetzt auf der Reise schwebt Herder als »nützlich großes« Werk vor eine »Theorie der Fabel«, eine »genetische Erklärung des Wunderbaren«, und er skizziert damit vorahnend künftig zu Leistendes.

Politische und wissenschaftliche Projekte

Alles Weitere, die übrigen fünf Sechstel des *Journals*, hat mit Reiseberichterstattung kaum noch etwas zu tun. Wohl steht es aber zumeist in engem Zusammenhang mit dem

Aufbruch von Riga. Ausschlaggebend ist, daß Herder ganz in der Vorstellung lebt, er werde zurückkehren in die Stadt seines bisherigen erfolgreichen Wirkens. Zurückkehren jedoch als ein anderer, von ehrgeizigen Plänen Erfüllter. Er möchte für Livland, die »Provinz der Barbarei«, ein geistiger und politischer Reformator, der »Genius« des Landes werden. Mit den genannten Vorbildern Lykurg und Solon (S. 77) erscheint, nach Vorstellungen des 18. Jahrhunderts, das politische Wirken an höchstem Maßstab gemessen. Ausgangspunkte der Reformatortätigkeit sollen wie früher Kanzel und Katheder sein. Als Prediger, als Pädagoge gedenkt Herder revolutionierenden Einfluß auszuüben. Die Reise soll den Zweck haben, für diese Aufgabe vorzubereiten. Fast ausschließlich im Hinblick hierauf wird weiterhin von der Reise gesprochen. Künftig benötigt Herder das Zutrauen der Regierung, des russischen Hofes: »in diesem Betracht« will er andere Länder durchreisen und Kenntnisse aller Art sammeln. Er möchte die Menschen kennenlernen, um sie bilden zu können, innerhalb der livländischen Geistlichkeit »der erste Menschenkenner in seiner Provinz« werden: »Dazu reise ich jetzt; dazu will ich mein Tagebuch schreiben.« In Frankreich sollen Kunst, Wissenschaften, Menschen, die »rechten Quellen von Büchern« studiert werden: »hier muß mir meine Reise zu Hilfe kommen«. In England, Frankreich, Italien hofft Herder gründliche Sprachkenntnisse zu erwerben. Insbesondere das Französische in Frankreich beherrschen zu lernen, ist sein »Hauptzweck«. »Welche Schande«, wenn er im Umgang mit Rigaer Behörden kein Französisch sprechen könne (S. 120)!

»Ich gehe durch die Welt, was hab' ich in ihr, wenn ich mich nicht unsterblich mache!« In diesem Satz drückt sich der gespannte Ehrgeiz Herders aus. Zugrunde liegt das Vorgefühl einer politischen Sendung. Freilich war für Herder staatsmännisches Wirken — seiner ganzen Natur nach konnte er es nicht anders sehen — untrennbar verbunden mit wissenschaftlichem. Politische Aktivität sollte Hand in

Politische und wissenschaftliche Projekte

Hand gehen mit theoretischer Lehre. Eins sollte das andere befruchten, der Staatsmann seine eigenen neuen Ideen verwirklichen. Dementsprechend findet sich im Hauptteil des *Journals* ständig beides verbunden: das Sendungsbewußtsein des Politikers mit dem des Gelehrten. Bei weitem konkreter kommt das Vorgefühl künftiger wissenschaftlicher Aufgaben zum Ausdruck. Auf diesem Gebiet sollten Herders große künftige Aufgaben liegen. Sein politischer Ehrgeiz blieb unerfüllt.

Dem doppelten Sendungsgefühl entspricht im *Reisejournal* der Charakter der zahlreichen Buchprojekte mit ihrem phantasievollen Wechsel der Aspekte. Ein Rückblick auf Livland, der politische Mißstände ebenso wie das eigene Schulprogramm mit in Betracht zieht, leitet über zu großen Vorsätzen. Vor allem möchte Herder Menschenkenntnisse sammeln. Das bringt ihn alsbald auf einschlägige literarische Projekte wie zu dem eines »Buchs über die Menschliche Seele«. Darauf folgt der ausführlich skizzierte Plan eines »Buchs zur Menschlichen und Christlichen Bildung«, in dem Psychologie, pädagogische und theologische Ideen sich mit Reflexionen über politische Probleme verbinden (»denn für Sklaven gibts keinen Katechismus«). Die *Briefe zu Beförderung der Humanität* nahmen später mancherlei Gedanken dieses Projekts auf. Mit dem Satz: »Alles muß sich heutzutage an die Politik anschmiegen«, kommt Herder auf ein neues großes Thema, das Programm des Rigaer Lyzeums. Gedanken an zu Schreibendes und Projekte später wirklich ausgeführter Arbeiten mischen sich ferner in Herders »politische Seeträume« (die mit der See so gar nichts zu tun haben). Wir finden Studien zu der erst 1778 veröffentlichten Schrift *Plastik*, und das *Reisejournal* endet mit der ausführlichsten aller Buchskizzen: dem bereits früher in »traurigen Tagen« entworfenen Plan zu einer Schrift »Über die Jugend und Veraltung menschlicher Seelen« (später benutzt für *Tithon und Aurora*).

Blick für Werden und Vergehen

Im Titel des zuletzt genannten Projekts ist etwas für Herder sehr Bezeichnendes enthalten. Wenn jenes Sendungsgefühl sich im *Reisejournal* so stark bekundet durch immer erneutes Skizzieren von großen Zukunftsleistungen, so hatte dieses Gefühl seine Wurzel in einer spezifischen Begabung. Herder war sich zutiefst gewiß, einen Spürsinn, ein inneres Gesicht zu haben. In einzigartiger Weise vermochte er wahrzunehmen, wo Leben durch Erstarrung gefährdet war, wo Bestehendes welkte, Überaltertes abstarb. Ebenso stark war sein Ahnungsvermögen für das zeugerisch Lebendige. Wie neues Leben erwacht oder wieder erweckt wird, wie es zu pflegen, zu hüten sei, dafür hatte er Blick und Wissen aus angeborenem Instinkt. Es war dieser Spürsinn gegenüber allem Werden und Vergehen, Absterben und Aufleben, der es Herder ermöglichte, Gebrechen seiner Zeit, Bedürfnisse des Jahrhunderts hellsichtig zu erkennen. Hierauf beruht sein Sendungsgefühl, das politische sowohl wie das auf Wissenschaft gerichtete. Sein späteres Wirken als Historiker, Theologe, Pädagoge ward im wesentlichen inspiriert durch jenen Spürsinn. Mit ihm wurde er recht eigentlich zum Lehrer für sein Zeitalter. Wo dies von Erstarrung, Absterben bedroht war, zeigte er ihm Wege, Wege verschiedenster Art, viele fruchtbar, auch einige irrig. Im ganzen erwiesen sich Herders Anregungen als unbedingt förderlich. Um nur an Wesentlichstes zu erinnern: Seine Kritik der Aufklärung wirkte belebend, weil er, ohne ihre wichtigen Errungenschaften preiszugeben, sichtbar machte, wo Aufklärung zu geistiger Starre führen könnte. Indem er eine Zeitlang Gefühl und Ganzheit schätzen lehrte, wirkte er einem Vergreisen entgegen, dessen Gefahren er ahnte. Besonders fruchtbar waren Herders Erkenntnisse über das Wesen der Poesie, gewonnen aus dem Verständnis für Ursprüngliches, aus dem wissenden Vergleich lebendiger Frühzeiten mit alternden Spätepochen. Herders Hinweis, daß wahre Poesie »singende Natur« sei (schon in den *Fragmenten*), löste die deutsche Literatur aus einer Erstarrung, von der sie sich bislang vergeblich zu befreien gesucht hatte. Der seit Opitz herrschende Rationalismus beeinträchtigte sogar noch viele Verse Klopstocks, hier fand sich Abgestorbenes unmittelbar neben neuem Leben und behinderte dies. Dichtungen, die wirklich dem entsprachen, was Herder »Gesang der Natur« nannte, schuf erstmals der junge Goethe. Mit Goethe begann eine dichterische Bewegung, die innerhalb der deutschen Literatur das Aufblühen neuen Lebens in erstaunlichster Weise Phänomen werden ließ – besonders dies war eine Wirkung Herders.

Den Spürsinn für Werden und Vergehen als Ursprung Herderscher Ideen offenbart das *Reisejournal* in den konzentrierten Entwürfen zu zahlreichen Themen vielleicht eindrucksvoller als jede andere Schrift. Die Perspektive des geistig-politischen Reformators, die hier die herrschende ist, führt Herder darauf, jenes Wissen vielfältigst anzuwenden. Rein äußerlich zeigt sich das schon durch die Fülle von Wendungen, in denen immer wieder beides, Gewahrwerden des Absterbens und Gefühl für Belebung, ausgedrückt wird. Eine Auswahl solcher Stellen mag diesen charakteristischen Zug des *Journals* spürbar machen, der Leser wird sie sich leicht ergänzen. Für Wahrnehmungen von Verfallssymptomen findet Herder z. B. Formulierungen wie die folgenden: tote Untersuchungen, tote Kunst, toter Begriff, totes Gebäude, tote Gedächtnisausdrücke (der lateinischen Grammatik); Kennzeichnungen der herkömmlichen Bildung und ihrer Methoden sind: tot, pedantisch, mürrisch; tote Flammen (französischer Charakter); akademisch tote Erklärungen (im Unterricht); Abstraktionen ohne lebendige Welt; Latein »tot und verekelt lernen«; Wust von Nominalbegriffen; abstrakte Schattenbilder (der Sprache); »Leeres Reellose«; schwache, gemeine, unwichtige Phänomene (einer bequem und üppig gewordenen Welt); Welt alternder Seelen unter einem veralteten Lehrer; Einförmigkeit und verdrießliches Einerlei (im Unterricht); Bagatellenkram des Jahrhunderts; Gewohnheits- und Kanzelsprache; Zeitalter der Literatur »verlebt«; greise Beschaffenheit der Seele; Verdünnung (des Ritter- und Riesengeists); Einschläferung (der Sprache); Dahinsinken, Sichverlieren (von Kulturgütern); Verminderung, Verlust des Geistes (der Hansestädte); alles ist zurückgefallen (dgl.); Herabkunft des Landes (Frankreich); das »Papistisch-Gotische« (der lateinischen Sprache); gotische Fratzen (verderben die Jugend).

Solchen negativen Kennzeichnungen stehen entsprechend viel positive, auf Neubelebung bezügliche gegenüber. Die Worte Leben, lebendig, wie oft begegnen sie uns in dieser Herderschen Schrift: Talente des lebendigen Vortrags; lebendige Anwendung (des auf der Reise Gesehenen); Livland tot und lebendig kennenlernen; als Geistlicher Livlands Religion verbessern »lebendig, durch Bildung«; Aufweckung der Menschheit: Sammeln »lebendiger Vorstellungen der Bilder aller Zeiten und Sitten und Völker«; eigene Erfahrungen müssen »Geist und Leben« in Denken, Vortrag, Predigt, Umgang bringen; lebendige Logik, Ästhetik, historische Wissenschaft und Kunstlehre (Herdersches Programm); lebendige Kultur; Unterschied zwischen lebendiger und toter Sprache (vom Griechischen); lebendiger Klang, Wohlklang (dgl.); lebendige, tönende, im Leben abgezogne, lebendig gesungne griechische Sprache; lebendiger Ton des Sinnes; lebendig Griechisch können; Montaigne, Shaftesbury lernten Griechisch lebendig; Notwendigkeit, die Muttersprache lebendig zu lernen; »mein Kind soll jede tote Sprache lebendig, und jede lebendige so lernen, als wenn sie sich selbst erfände«; lebendige Eindrücke nicht versäumen; lebendiger Umgang, lebendige Philosophie; lebende Natur (Italiens); wie lebt die menschliche Seele auf (durch Sinnengebrauch); starke, lebhafte, getreue, eigne Sensationen und Gedanken; Jugendseele lebendig (ohne Abstraktionen); lebendige Gestalt (Schönheit); lebendige

Anwendung der Moralbegriffe, auch der Reiseerfahrungen.
In bezeichnender Häufung treten die Worte Leben, lebendig, beleben auf innerhalb des Lyzeumsprogramms für Riga. Hier wollte Herder ja speziell der Erstarrung des Säkulums entgegenwirken durch richtigere Bildung der Jugend. Das Ziel ist »Erweckung der Seelen«, »Anfeuern«, »Erweitern der Seelenkräfte«, »Entzünden auf Lebenszeit«. Von den Mitteln wird beispielsweise gesagt: lebendige Sachen und Kupfer kommen zur Hilfe; so wird alles lebendig; Eifer »lebendiger, lebendiger Kenntnisse, das erweckt die Seele«; nie ohne lebendige Anschauung; Erzählungen beleben alles; lebendige, vollständige Begriffe geben; Geschichte werde lebendig erzählt, so bildet sich Seele, Charakter; lebendiger Auszug aus Reisebeschreibungen muß alles beleben; tote Kunst durch lebendige Poesie beleben; lebendiger Abriß (aus Länderstatistiken); lebendiger Unterricht im Geist eines Kants; Latein wie eine lebendige Sprache lernen; vom Naturgeschichtsunterricht: lebendig philosophisches Wörterbuch der Begriffe um uns; Geschichtsunterricht: Übung in »lebendigster Syntaxis« des historischen Stils; Rhetorik: alles lebendigste Übung; das »Lebendigste, Beste« aufschreiben, »was am meisten der Ewigkeit des Gedächtnisses würdig ist«; im Schreiben: Lebhaftigkeit von Bildern; Sprachunterricht lebendig und mit Freiheit: so wird der Schüler ein »lebendig Gespräch«; lebendige Verständlichkeit der lateinischen Sprache; lebendiges Lesen (des Lateins); lebendige Lektion; lebendige Bemerkungen; alle Latein-Lektüre lebendig gefühlt, erklärt; Rom und seine verschiednen Zeitalter »gesehen«; antike Historie lebendig gekostet, nachgeeifert. Zu dem Schulplan soll Herder begeistern u. a. »lebendige Welt, Umgang mit Großen«; sodann »lebendiger Vortrag« an die Obrigkeit.
Welche Kriterien Herders Spürsinn leiten, wenn er Tot- oder Lebendigsein, Aufblühen oder Verfall konstatiert, läßt sich nicht vollständig, aber doch bis zu einem gewissen

Grade bestimmen und auf äußere Einflüsse zurückführen. Eine große Rolle spielt das Ablehnen von Abstraktionen, leeren Nominalbegriffen, von Realitäts- und Naturferne. Herders Widerwille gegen solche »Wortkrämerei« ward vor allem durch Bacon und Hamann erweckt.[12] Positives Kriterium ist dagegen intensiver, vom Verstand kontrollierter Gebrauch der Sinne, starkes Empfinden und Fühlen. Herder folgt damit Rousseau und wiederum Hamann. Die drei Hauptsinne, Sehen, Fühlen, Hören, waren zu jener Zeit Gegenstand seines Forschens, so im *Vierten Wäldchen*, den Vorarbeiten zur *Plastik* (zu denen im *Reisejournal* der Abschnitt »Bildhauerkunst fürs Gefühl« gehört). Mit der Aufklärung geht Herder konform, wenn er in politischer Freiheit die Voraussetzung für jedes echte Leben sieht. Als entscheidend gilt ihm insbesondere das Verhältnis zur Bildung in einem Land; »Geschmack«, musischer Geist gehören zum Lebendigsein. In Konventionen erstarrter, banausischer Umgang mit Bildungsgütern ist Verfallssymptom. Geist muß anfeuern, entzünden, die Seelenkräfte stärken. Dann ist Leben wirklich »lebendig«. Das von Gundolf geprägte Wort »Dem lebendigen Geist« (für die Heidelberger Universität) nimmt in der Neuzeit Herders Lebendigkeitsbegriff auf.

Programm für das Rigaer Lyzeum

Die Grundtendenz Herders, auf das Tote und Lebendige immerfort seine Aufmerksamkeit zu richten, erklärt viele Gedankenkomplexe des *Reisejournals*. Unter anderem löst sich hierdurch das Problem, daß das Programm vom Rigaer Lyzeum die Konzeption einer Realschule darstellt. Nicht grundlos hat man sich über diesen Realismus Herders gewundert, der so gar nicht übereinzustimmen scheint mit

---

12. Hamanns *Kreuzzüge des Philologen* von 1762 verweisen bei Polemik gegen die »Abstraktionen« auf Bacon. Vgl. S. 258, 261 f. und 266.

seinem am »Studium der Griechen und Römer und der Geschichte der Menschheit genährten Idealismus« (Haym). Doch es besteht kein Widerspruch. Was den Gedanken der Realschule angeht, so war er schon von August Hermann Francke gefaßt, dann realisiert worden durch Schulgründungen in Halle und Berlin (1708 Christoph Semler, 1747 Johann Julius Hecker), denen bald andere folgten. Bestimmte Tendenzen des Pietismus hatten zu dieser Entwicklung geführt: Abneigung gegen leere Spekulation, Anerkennung der Realien als »Dei opera«. Wenn Herder eine Realschule entwirft und dabei das Studium der Sprachen, namentlich der antiken, an zweite Stelle setzt, so ist es nicht pietistischer Geist, der ihn treibt. Eigenste Sinnesart, dazu persönliche Erfahrungen hatten ihn zu der Überzeugung gebracht, daß der herkömmliche Lateinunterricht überaltert wäre, daß den Menschen damit etwas Abgestorbenes, Erstarrtes aufgenötigt würde. In der »Schule der Grammatiker«, einer »Welt älternder Seelen, unter einem veralteten Lehrer« empfängt die Jugend »tote Gedächtniseindrücke« durch ein »totes Gebäude«, lernt »sachenlose ekle Briefe machen«. Das »verdirbt auf ewig Denk- und Schreibart«, macht »sachenlose Pedanten«, ist »Gift auf Lebenszeit«. Durch Vertrautwerden mit den Realien dagegen erhält der Schüler »lebendige Kenntnisse«, Anschauungen, Begriffe. Naturlehre, Physik, Mathematik, Geographie, Kulturgeschichte usw. feuern an, »erweitern die Seelenkräfte« und geben damit »Glückseligkeit des Menschen auf sein ganzes Leben!«

Realschule steht also für Herder im Dienste des Lebens. Sein intuitiver Spürsinn für Erstarren und Leben ließ ihn die Natur – und mit ihr alle »Realien« – als spezifisch lebendig empfinden. Natur war ihm luziferisch abgefallene ›Welt‹, die Realien nicht ›Dei opera‹ nach Weise des Pietismus, sondern in ihnen sah er das Prinzip des Lebens selbst, nämlich Gott. Schon durch Hamann war ihm die Vorstellung, daß die körperliche Natur Ausdruck,

Gleichnis Gottes sei, vertraut geworden. Inzwischen hatte sich Herder aber auch das ›Deus sive natura‹, die Formel des Pantheismus, des Spinoza, zu eigen gemacht. Das Universum ist der »Körper« Gottes; Gott »gehört zur Welt«, er hat sie »durch seine Gedanken gebaut«. Solcherlei mit Spinoza übereinstimmende Ideen waren von Herder im Jahr der Abreise von Riga, 1769, niedergeschrieben worden.[13] Wenn er also auf die Realien, die Dinge der Welt, hinweist, so sieht er in ihnen wirklich Lebendigstes, im geradezu religiösen Sinne. Im Ganzen wie im Einzelnen ist göttliches Leben. Dessen Erkenntnis kann daher wiederum nur beleben und Seelenkraft stärken. Insofern enthält das Realschulprogramm Herders einen durchaus idealistischen Kern. Mit der sich hier, bald auch in von Herder publizierten Schriften bekundenden Naturauffassung waren Wege in die Zukunft vorgezeichnet. Der Pantheismus der Klassik beruht auf gleichen Ideen. Was bedeutete für Goethe und Hölderlin Natur! Was für Novalis Physik!

Wirkt die Gottnatur – pantheistischer Anschauung zufolge – nach festen, ewigen Gesetzen, so findet Herder solche Gesetzlichkeit auch in der menschlichen Geschichte. Er sieht – aufgrund seines Urgefühls für Leben und Sterben – das in der Geschichte waltende Gesetz als die Notwendigkeit unaufhörlichen Wechsels. Kulturen, Völker leben auf und sterben ab. Anders als der geschichtspessimistische Rousseau sagt Herder: In »allen seinen Zeitaltern« hat das menschliche Geschlecht Glückseligkeit, nur »in jedem auf andre Art« (S. 30).[14] Aber nichts ist von Dauer. »Die brausende Stärke wird einschlafen, und von einem Winkel der Erde ein andres Volk erwachen« (S. 79). Durch diese Geschichtsauffassung wurde Herder weiter geführt zur Beachtung der national individualisierten Kulturen, in

---

13. Hans Dietrich Irmscher: *Aus Herders Nachlaß*. In: Euphorion Bd. 54 (1960) S. 288.
14. Der Gedanke ist ausgeführt in: *Auch eine Philosophie der Geschichte zur Bildung der Menschheit* (1774).

weiterer Folge aber auch zur Relativierung der antiken Kultur. Im »großen Fortfluß der Geschichte ist Griechenland ein kleiner Platz« – ein solcher für die damalige Zeit ungewöhnlicher Satz macht begreiflich, daß die antiken Sprachen, mit ihnen das altgewohnte Latein, viel von ihrer Bedeutung verlieren. Herder als der erste gab bekanntlich die Anschauung auf, daß die Antike nachzuahmendes Muster sei. Nur blasse Imitation kann solche Nachahmung zur Folge haben. Schon in den *Fragmenten* von 1767 sprach Herder in diesem Sinn von den »Märtyrern einer bloß lateinischen Erziehung« (SWS I, 381).

Nicht nachgeahmt werden soll die Antike, sie soll befeuern, beleben, die Seele stärken. So denkt Herder sich aber auch den Unterricht in »Realien« vor allem als *belebendes* Element. Die Schrift *Ursachen des gesunknen Geschmacks* von 1775 polemisiert bezeichnenderweise gegen beides: unlebendigen Lateinunterricht und eine *nur* auf das Nützliche gerichtete Realschule. Die Antike will er auf keinen Fall vernachlässigt wissen. »Wer«, so schreibt er hier, »unter welchen Vorwänden es sei, der Jugend die Werke der Alten aus den Händen bringt, was er ihnen dafür auch von seinen Sächelchen in die Hand gebe, Encyklopädie, Lehrbuch, Regel, Realie, kann den Schaden mit Nichts ersetzen« (SWS V, 652). In Herders Weimarer Schulreform glich die Einstellung zu Lateinunterricht und Realschule grundsätzlich den Plänen des *Reisejournals*. Kursorische Lektüre von Griechisch, Latein, Philosophie in den Oberklassen sollte vermitteln, was allein »den Menschen zum Menschen macht« (SWS XXX, 143). Entsprechend wollte der spätere Herder die Griechen zu dem Zweck auf den Schulen gelesen wissen, daß sie »den zarten Keim der Humanität in das Herz unserer Jünglinge pflanzen« (*Briefe zu Beförderung der Humanität*, 1793).

Um dieser Humanitätsidee willen trat er für Kunst und Mythologie der Antike mit größter Energie ein, behandelte sie mit nahezu religiöser Verehrung, wobei sogar das Christentum in Schatten gestellt erschien. (Der Theologe Herder war jederzeit aller möglichen Freigeisterei fähig.) Das hat auf das Gymnasialwesen in Deutschland nachhaltig eingewirkt. Eine echte Belebung blieb allerdings aus. Sollte die Antike jene erhoffte Kraft des Leitbilds ausüben, so hätte es anderer *Menschen* bedurft, anderer Schüler und insbesondere Lehrer. Wie aber die Verhältnisse lagen, kam es schließlich dazu, daß die Antike selbst als Leitbild angezweifelt wurde, nicht die Mentalität jener, die sich mit ihr lehrend oder lernend befaßten. Ein kühl realistisches Wort Goethes aus dem Jahre 1808 stellt fest, wie der wahre Sachverhalt war: »Schon fast seit einem Jahrhundert wirken Humaniora nicht mehr auf das Gemüt dessen der sie treibt und es ist ein rechtes Glück, daß die Natur dazwischen getreten ist, das Interesse an sich gezogen und uns von ihrer Seite den Weg zur Humanität geöffnet hat.« (An Knebel, 25. November 1808.) Hier gibt Goethe dem Gefühl Ausdruck, daß die »Humaniora« (antike Sprache, Kunst, Kultur) in bedenklicher Weise abgestorben sind, Naturwissenschaften lebendiger wirken. Man mag dadurch bestätigt finden, wie des jungen Herder Gefühl für Abgestorbensein und Leben, ausgedrückt im Schulprogramm des *Reisejournals*, in wahrhaft zutreffender Weise Richtiges, geistesgeschichtlich Bedeutsames aufgedeckt hatte.

Der Abschnitt über den Unterricht in antiken Sprachen zeugt von solcher Weitsicht. Steht der Sprachunterricht schon an zweiter Stelle, hinter den Realien, so wird doch allenthalben deutlich, welche Besorgnis Herder hegt hinsichtlich seiner Möglichkeiten. Was er fürchtet, ist das »tot und verekelt lernen«, was er predigt: Lebendigkeit im Verstehen, Sprechen, Lesen, Fühlen, Bemerken, Kosten usw. Auch hier schon wird beim späteren Herder gewarnt vor unfruchtbarer Nachahmung. Als Wesentliches dagegen gilt fördernder Einfluß aufs Gemüt: Dichtkunst, Geschichte, Kunst, Weisheit des Altertums sollen bewirken, daß der Jüngling »höher atmet und sich im Elysium dünkt«.

In diesem Sinne soll er die alte Sprache »durchschmecken« – was nach damaligem Wortgebrauch etwa bedeutet: den Kunstverstand schulen, betätigen. Aufschlußreich ist auch Herders Forderung an den Lehrer, daß er Lateinisch spreche, aber – und das ist wichtig – dabei »nur Sachen wählt, über die es lohnt, Latein zu sprechen«! Im Hintergrund von allem steht temperamentvolle Schul- und Zeitkritik. Das unermüdliche Hinweisen auf Lebendigkeit deutet auf echte Mängel. Es fehlten die Menschen, die so lebendig lehrten und lernten.[15] Herder hegte noch einige Hoffnung, sie herbeipredigen zu können. Goethe wußte, daß es solche Menschen nicht mehr gab. Beide sahen das nämliche Phänomen: den Untergang eines Zeitalters, in dem die Antike neben dem Christentum menschenbildendes Element war.

Politische Seeträume

Kurland, Schweden, Rußland

Auf das Lyzeumsprogramm folgt, an Umfang etwa gleich, der Abschnitt der Länderbetrachtungen. Herder spricht von »politischen Seeträumen« und kennzeichnet damit recht gut, um was es sich handelt: Es sind nicht realistische Schilderungen von Reiseeindrücken, sondern Reflexionen im Hinblick auf die erhoffte politische Wirksamkeit. So interessiert ihn vor allem, was für seine künftige reformatorische Aufgabe förderlich sein kann und was nicht. Hierbei lenkt ihn sein Trieb, Absterbendes und Lebenshaltiges zu beobachten, er bleibt das Dominierende. Ihm besonders verdanken die Ländercharakteristiken auch das übermäßige Hervortreten von negativen Zügen, das immer wieder Verwunderung hervorrief.

15. Vgl. Friedrich Paulsen: *Geschichte des gelehrten Unterrichts*. Bd. 2. 3. Aufl. Berlin u. Leipzig 1921, S. 80: Schon in der ersten Hälfte des 18. Jahrhunderts fehlte es den klassischen Studien an den Universitäten »an Eifer bei den Lehrern und an Glauben bei den Hörern«.

Ausführlich kommt Herder auf die Rigaische Heimat als erträumte Stätte seines Wirkens zu sprechen, in den Betrachtungen über Kurland und Schweden. Entscheidend ist der Gesichtspunkt: »Wie hat sich die Welt verändert!« Wo früher die »alte skandinavische Welt« blühte, wo die »alte Herrlichkeit« der Hansestädte sich entfaltet hatte, da ist jetzt »alles zurückgefallen«. Der »Geist« der Hansestädte hat »sich verloren«. Es herrschen »mit weichen Sitten Schwachheit, Falschheit, Untätigkeit, politische Biegsamkeit«. Kurland ist »eine moralische und literarische Wüste«, ähnlich Livland; Riga ist »arm und elend«. Rußland, auf das der Blick Herders weitergeht, liegt in einem »Schlaf«, aus dem es »aufgeweckt« werden sollte, wie übrigens auch das ganze Europa »im Schlafe liegt«.

Die Abschnitte über Rußland und Riga zeigen innerhalb des *Reisejournals* die politischen Ideen des jungen Herder am deutlichsten. Um die Eigenart und Kühnheit seiner Reformprojekte zu verstehen, mag ein kurzer Rückblick daran erinnern, welche Bande ihn mit Riga verknüpften und wie seine damalige Einstellung zu Rußland war. Ende November 1764 war Herder in die livländische Hauptstadt gekommen, in der er die freieste und glücklichste Epoche seines Lebens verbringen sollte. Von vornherein hatte er Sympathie erweckt und empfunden, so daß Heimatgefühle in ihm wachsen konnten. Als er Riga 1769 aus persönlichen Gründen verließ, in der festen Absicht, wiederzukommen, pries er Livland als sein »zweites holdres Vaterland« (*Als ich von Livland aus zu Schiffe ging;* SWS XXIX, 319). Sein erstes Vaterland war Preußen gewesen, Ostpreußen, das von 1758 bis 1762, also von Herders 14. bis zu seinem 18. Lebensjahr, unter russischer Verwaltung stand. Herder war frei von Ressentiments gegenüber Rußland. Das erste Gedicht, das der Siebzehnjährige von sich gedruckt erscheinen sah (*An den großen König Cyrus*), feierte die Thronbesteigung Kaiser Peters III. Er dankt diesem, daß er Ostpreußen an Friedrich II. zurückgeben wird, spricht aber zugleich aus der Perspektive eines russischen Untertanen, der seinen neuen Herrscher begrüßt. 1762 hatte ein Vertreter der russischen Besatzungsbehörde ihm aus der Enge Mohrungens herausgeholfen nach Königsberg, und Herder trug sich zeitweilig mit dem Gedanken, nach Petersburg zu gehen. Während seiner Königsberger Studienzeit war sein Interesse für Rußland äußerst rege. Preußen gegenüber empfand er damals kaum Sympathie. Er war froh, durch seine Übersiedlung von Königsberg nach Livland der militärischen Dienstpflicht enthoben zu sein. In Riga, das seit Peters des Großen Sieg über Schweden zu Rußland gehörte, entwickelte Herder wirklichen Patriotismus für das große russische Reich und Liebe für seine Herrscherin Katharina. Zum Neujahr 1765 feierte er die Kaiserin als »Göttin« in einer Ode *Lobgesang am Neujahrsfeste*. Bei seiner feierlichen Amtseinführung an der Rigaer Domschule hielt er eine Rede, in der Riga gerühmt wird, »das unter Rußlands Schatten beinahe Genf« sei. Die Rede klingt aus in einer Ode zum Lobe Katharinas, die als »unsere Mutter«, als »Grazie auf Europens höchstem Throne« und als »Heldin in der Palmenkrone« gepriesen wird (*Auf Katharinens Thronbesteigung;* SWS XXIX, 24–27). Noch eine weitere Schulrede Herders zur Einweihung des neuen Gerichtshauses im Oktober 1765 mündet aus in eine Ode zum Lob des Vaterlandes und zum Ruhme Katharinas. Dies lebendige Verhältnis zu Rußland bildet den Hintergrund für all die weit ausgreifenden Wünsche und Projekte Herders: für die Absicht, eine »livländische Vaterlandsschule« zu schaffen, das Konzept, von dieser Provinz aus nach Polen, Kurland und Rußland hinüberzuwirken, die Hoffnung, wie Voltaire »das Ohr der Großen« zu erreichen und Katharinas Anerkennung und Unterstützung für seine Reformpläne zu gewinnen.

Die damaligen Verhältnisse von Riga machen begreiflich, daß Herder träumen mochte, als Deutscher, der sich niemals um Kenntnis der russischen Sprache bemüht hatte, gerade von dieser Stadt aus Lehrer und Reformator aller Völker bis zur Ukraine und weit darüber hinaus zu werden. Riga war eine um die Mitte des 12. Jahrhunderts durch Bremer Handelsherren gegründete deutsche Stadt, die auch ihren weiteren Bevölkerungszuzug zumeist aus Niederdeutschland über Lübeck erhielt und schon 1282 der Hansa Alemanniae beitrat. Im 13. Jahrhundert war sie Bischofs-, dann Erzbischofssitz geworden, 1380 nahm der Deutschritterorden von ihr Besitz. 1522 wurde die Reformation eingeführt. 1582 kam die Stadt unter polnische Herrschaft, 1621 wurde sie, von Gustav Adolf erobert, schwedisch. Nach der Niederlage der Schweden bei Poltawa ergab sich Riga 1710 den Russen. Sehr eingreifend waren die wechselnden Herrschaftsverhältnisse jedoch nicht. Die Zusammensetzung des Magistrats blieb deutsch. Überkommene Privilegien wie Gebrauch der deutschen Sprache, unabhängige Gerichtsbarkeit und Stellung der evangelischen Kirche wurden bestätigt. Die kulturelle Vorherrschaft des deutschen Klein- und Großadels ward zugesichert, während das lettische Landvolk im Zustand der Leibeigenschaft verblieb. Dieser soziale Mißstand verschlimmerte sich sogar noch durch Angleichung an die grausameren Formen der russischen Leibeigenschaft.

Eine Wendung der sozialen Verhältnisse zum Besseren schien sich mit dem Regierungsantritt Katharinas II. anzubahnen. Die Kaiserin besuchte Riga im Sommer 1764 und forderte den Livländischen Landtag auf, Schritte zur Erleichterung des Loses der lettischen Bauern zu unternehmen. Es wurde viel über Reformen debattiert, die ersten Anläufe zur Schaffung eines neuen Gesetzbuches im Jahre 1767 erregten große Erwartungen, nicht zuletzt bei Herder. Daß allerdings die Kommission zur Ausarbeitung der neuen Gesetze schon 1768 wieder aufgelöst wurde und das Werk damit als gescheitert anzusehen war, scheint Herder nicht erfahren zu haben. Auch sonst täuschte man sich. Man begrüßte das Interesse der Kaiserin für die großen französischen

Aufklärer und knüpfte Hoffnungen daran, aber ihr Interesse etwa für Diderot hatte keineswegs die Konsequenz, daß sie seinen politischen Forderungen Beachtung schenkte. Wie naiv in Riga soziale Rückständigkeit und Bemühen um kulturelle Entwicklung nebeneinanderher liefen, zeigt sich symptomatisch an den *Rigischen Gelehrten Beiträgen*, einer Art moralischer Wochenzeitschrift. Ihr Programm war es, »gemeinnützig« zu sein und das »Hauptaugenmerk auf Livland, seine Einwohner, Produkte und dergl.« zu richten. Hier fand sich – neben Aufsätzen über Montesquieus *Geist der Gesetze* oder Artikeln von Herder – eine stehende Rubrik über flüchtig gewordene Leibeigene aus Livland und Kurland! Herder verschloß nicht die Augen vor den Mißständen. Er sah Reichtum und Luxus auf der einen Seite, äußerste Not und Unfreiheit auf der andern. Entsprechend bezeichnet das *Reisejournal* Livland als eine »Provinz der Barbarei und des Luxus, der Unwissenheit, und eines angemaßten Geschmacks, der Freiheit und der Sklaverei« (S. 28). Aber gerade, daß hier so viel zu tun war, »zu tun, um die Barbarei zu zerstören, die Unwissenheit auszurotten«, gerade das reizte Herder. Er glaubte, vor allem auch als Fremder eine Mission in Riga zu haben: »Livland ist eine Provinz, den Fremden gegeben! Viele Fremde haben es, aber bisher nur auf ihre kaufmännische Art, zum Reichwerden genossen; mir, auch einem Fremden, ists zu einem höhern Zwecke gegeben, es zu bilden!« (S. 30.)
Herders Reformgedanken erstrecken sich gleicherweise auf Geist und Politik. Ihre Grundlage ist das Prinzip der Freiheit. Den »Weg zur allmählichen Freiheit« zu weisen, darauf zielt sein Planen. Wie ihm schon bei dem Lyzeumsprogramm eine »Republik für die Jugend« vorschwebte, wobei »der Jüngling sein eigner Herr« sein sollte, so gedenkt er auch aus Riga eine Republik zu machen bzw. es aus dem Zustand einer »Scheinrepublik« zu erlösen. Republik bedeutet etwa soviel wie Freistaat im Rahmen des Möglichen. In Anbetracht der gegebenen Verhältnisse denkt Herder

nicht an eigentliche Demokratie, für die es damals noch keine Chance gab. Er wünscht nur, aus Riga ein relativ freiheitliches, selbständiges Staatswesen zu schaffen. Aufgeräumt werden soll mit unerträglicher Despotie und Korruption. Das wird durch ausführlich geschilderte Einzelheiten temperamentvoll dargestellt. Merklich nähert sich Herders Sprache der des Volkstribunen, so in den rhetorisch wirksamen Darlegungen, was alles »Übelstand« sei. Alle Besserungsvorschläge basieren auf der genauen Kenntnis der Rigaer Verwaltung. »Befreier und zugleich Bürger« Rigas zu werden ist das große Ziel. »Glücklich wer das könnte! der ist mehr als Zwinglius und Calvin!« Ergänzt wird das Reformprogramm durch den detaillierten Plan zu einem Buch »Über die wahre Kultur eines Volks und insonderheit Rußlands«. Neben politischer Befreiung werden soziale Maßnahmen ins Auge gefaßt: Bekämpfung des Luxus und Milderung der »Dependenz der Untertanen, der Abgaben, ihrer Lebensart«. (Letzteres deutet auf die Leibeigenschaft mit ihren schlimmen Verhältnissen, Grausamkeit der Strafen usw.) Daß Rußland zur wahren »Republik« noch vieles fehle, muß der Kaiserin verdeutlicht werden. Hierüber verbreitet sich Herder im Frankreich-Abschnitt der »Seeträume«, wo er sich in der Rolle eines »zweiten Montesquieu« sieht, übrigens auch weitsichtig das Kommen einer »großen Umwälzung« vorhersagt und es für fraglich hält, ob die Person eines Monarchen »immer regieren werde«.

Als »Gesetzgeber« für Rußland, »Gesetzgeber für Fürsten und Könige« ist Herder so weitgehend russischer Patriot, daß er beispielsweise kühl überlegt, »was die Deutschen geschadet haben« bei ihrer kolonisatorischen Tätigkeit in den Ostseeländern. Vor allem aber – bezeichnend für Herders damalige Denkweise – gilt ihm Rußland als Geburtsstätte einer großen Menschheitserneuerung. Er träumt von den Möglichkeiten einer ursprünglich »neuen Kultur«, die sich auch auf das »im Schlafe liegende« Europa ausbreiten könnte. Von der klimatisch begünstigten Ukraine geht dieses Neuerwachen aus: »die Ukraine wird ein neues Griechenland werden«. Vorschläge zur allmählichen geistigkulturellen Hebung Rußlands nehmen in Herders Betrachtungen breiten Raum ein. Im Geist der östlichen Völker liegen »Samenkörner«, die ihnen »Mythologie, Poesie, lebendige Kultur geben« könnten. Diese Samenkörner gilt es zu pflegen. Sein ausgeprägter Sinn für Volksindividualitäten bestimmt Herders Überlegungen, wie zu helfen sei: der Orient sollte für Rußland als Vorbild brauchbarer sein als Antike und »einschlafendes« Christentum. Mit solch geistigem »Weissagen« und Erneuern Bacon und Newton zu übertreffen, Montesquieu und Rousseau zu erreichen, dies Ziel strebt Herder an.

Preußen

Rußland, nicht Preußen ist für Herder ein Land, an das er Zukunftsträume zu knüpfen vermag. Über Preußen äußert er sich durchweg negativ. Auch Friedrich den Großen sieht er kritisch, anders als der den Preußenkönig bewundernde junge Goethe. Wiederum ist es die Frage nach wahrer Lebensfähigkeit, von der Herders Zweifel ausgehen. Dem Reich Friedrichs gibt er keine Chance zu dauerndem Bestand; Pyrrhussiege sind es, die es begründet haben. Erst in der Verbrüderung zerteilt« – als Bundesstaat? – wird Preußen glücklich sein. Die »großen Einrichtungen« des Königs – soziale, ökonomische, juristische usw. – mögen alsdann »ewig bleiben«. Sie konnten Herder Anregungen bieten für seine eigenen Reformpläne. Aber der geistige Zustand Preußens scheint ihm auf Verfall zu deuten. Während damals Goethe die »Masse französischer Kultur«, die Friedrich nach Preußen brachte, für die Deutschen »höchst förderlich« erschien (*Dichtung und Wahrheit*, Siebentes Buch), betrachtete Herder sie als durchweg schädlich. Von dem Wirken französischer Gelehrter in Berlin weiß er nur Abträgliches zu sagen. Es trug »zum Verfall der Philosophie«

bei – ein starkes Wort. Zwar wird Voltaire »Geschmack« zugestanden, aber seine Philosophie wie die des Königs eigneten sich nicht für die Preußen. Waren diese doch »zu sehr unwissende Deutsche, zu sehr Untertanen«, um damit wahrhaft gefördert zu werden. Wenn andererseits von Berlin aus Voltairischer Geist sich ausbreiten konnte, so geschah das »zum Schaden der Welt«. Als Staatsmann ein »schädliches Beispiel« gegeben zu haben, von Gesinnung Macchiavellist gewesen zu sein – so lautet summarisch anklagend die Kennzeichnung der Leistung Friedrichs. Herders Abneigung gegen Frankreich, die im *Reisejournal* so deutlich zum Ausdruck kommt, beeinflußte auch sein Urteil über Preußen; dazu mag der Widerwille gegen preußischen Militärdienst, dem er glücklich entronnen war, mitgewirkt haben. Noch in Schriften von 1774 findet sich der Vorwurf des Macchiavellismus gegenüber Friedrich dem Großen wiederholt. Später, in den *Humanitätsbriefen*, der *Adrastea* u. a., wandelt sich das Urteil ins Positive. Doch bleibt die Preußenkritik des *Reisejournals* bedeutsam. Aufs weite gesehen erwiesen sich Herders Bedenken, sein Raunen von einem »Reich des Pyrrhus«, als realistische Prophetie.

Holland. Probleme der Aufklärung

Holland wird Herder im *Reisejournal* besonders wenig gerecht. Sein Trieb, zu fragen, ob Verfall oder Werdemöglichkeiten sich zeigen, bringt ihn aber auf zwei wichtige Themen: Krise des Kolonialismus und Bedrohung der Menschheit durch neues Barbarentum. Den Politiker Herder interessiert Holland naturgemäß als »fleißige Republik, für die See geboren«, da sein Riga als Seestadt in vergleichbarer Lage ist. In Anlehnung an Montesquieu reflektiert er über den »Handelsgeist« (ésprit du commerce), den er als Haupttriebfeder Hollands ansieht – einseitig genug. Der großartigen Kulturleistungen Hollands wird bei dieser Darstellung auffallend wenig gedacht. Möglicherweise war

Herder durch seinen Lehrer Kant beeinflußt. In dessen Schrift *Beobachtungen über das Gefühl des Schönen und Erhabenen* (1764) findet sich eine ähnlich einseitige Darstellung des holländischen »Nationalcharakters«. Daß Herder sich der kulturellen Bedeutung Hollands bewußt war, zeigt im *Reisejournal* der wiederholt geäußerte Wunsch, in Holland Latein und Griechisch zu studieren. Was den holländischen Handelsgeist betrifft, so heißt es nun: Einst habe er »einen neuen Geist der Zeit« geschaffen; Holland sei durch »Handelsgeist« groß geworden, »zum Glück von Europa«. Jetzt aber scheint es »auf dem Punkte, zu sinken«. Die ökonomischen Verhältnisse haben sich gewandelt: der »Verfall ist kaum mehr vermeidlich«. Mancherlei Entwicklungen scheinen überhaupt auf das bevorstehende Ende des Kolonialismus hinzudeuten. Wie dann ohne Handelsgeist weiterzuleben sei, wird Holland als Beispiel »für ganz Europa« zeigen. Entscheidend für die fernere Bedeutung eines Landes ist, ob man die Frage: »Ist hier wahres Genie?« bejahen kann. Was Holland betrifft, so hegt Herder diesbezüglich Zweifel, gesteht aber zu, daß es »weiter komme« als Deutschland und Frankreich, England andererseits nicht erreiche. Montesquieus Hinweis, daß der Handelsgeist mit allem Geschäfte treibe, wird zur Kennzeichnung holländischer kultureller Zustände benutzt, freilich nur vorläufig: »Doch ich will erst Holland sehen!« Im übrigen ist Herder überzeugt: ein Europa, das ganz auf sich selbst angewiesen ist, kann sich nur innerlich zerfleischen. England wird ein anderes europäisches Land »aufwiegeln, das wild ist, und dabei selbst zu Grunde gehen«; vielleicht Rußland. Ein gewisses Antizipationsvermögen läßt sich solchen Geschichtsspekulationen nicht absprechen, mag auch im einzelnen das Schicksal Europas einen anderen Verlauf genommen haben.

Hieran knüpft sich, noch erregender, eine weitere Zukunftsvision. Dem Gesamt der Menschheit droht überhaupt ein Untergang, den Herder mit dem Ende Griechenlands und

Roms vergleicht. Der stellenweise recht dunkle Text des *Reisejournals* sagt hierüber etwa folgendes. Vernichtung kann erstens jederzeit eine neue Erfindung der Waffentechnik bringen – die Prognose reicht hinüber bis in unser Atomzeitalter. Zweitens sind andere apokalyptische Entwicklungen möglich. Irgendeine »Plage« (im biblischen Sinne) oder völkerwanderungsähnliche »Überschwemmungen«, möglicherweise auch der erstbeste weltanschauliche Wahn (Herrnhut wird als Beispiel genannt) könnten bewirken, daß das gesamte artifizielle Gebäude der europäischen Kultur zusammenstürzt. Durch einen pseudoreligiösen Propheten könnte Ignoranz »aus Frömmigkeit« zur höchsten Tugend gemacht werden. Der von ihm gepredigte »Geist« führte dann zur Verbrennung von Bibliotheken und Druckereien, zur Ausmerzung aller Bildung. Wer erinnert sich hierbei nicht moderner Massenbewegungen, deren Heilsbotschaft ernstlich Verteufelung von Kunst und Bildung einschließt, die Verbrennung von Bibliotheken und Museen fordert? Übrigens ereignete sich ähnliche Bilderstürmerei, wie Herder sie für möglich hielt, noch zu seinen Lebzeiten. 1793 führte die Französische Revolution zur massenhaften Vernichtung gotischer Statuen an den Kathedralen Frankreichs. Was damals die Gebildeten zu wenig beachteten, verurteilte die Nachwelt. Man lese den Bericht des empörten Fontane darüber, wie am Straßburger Münster »235 Statuen von Heiligen und Fürsten unter den zertrümmernden Händen dieser neuen Bilderstürmer fielen«, wie ein »wahnwitziger« Jakobinerführer sogar den Turm abtragen lassen wollte, »da er das Egalitäts-Prinzip verletze«. (*Aus den Tagen der Okkupation*, Bd. 2, Kapitel »Auf dem Münster«.)
Besonders eingehend spricht Herder über seine Befürchtung, daß auch gewisse Arten von Aufklärung letzten Endes kulturzerstörende Entwicklungen herbeiführen können. Aufklärung sollte immer nur Mittel, nie Zweck sein. Zum »Zweck« geworden, untergräbt sie Originalität und Leben-

digkeit des Geistes, die eigentlichen Kennzeichen echter Kultur. In seiner eigenen Zeit sieht Herder beide Symptome des Verfalls: mitten im Jahrhundert der Aufklärung gibt es absurdeste Bekundungen des Aberglaubens, anderseits aber auch jene »Zweck gewordene« Aufklärung, die ihm so gefährlich erscheint. Deren Wesen definiert Herder zunächst aus theologischer Sicht. Zweck gewordene Aufklärung bekundet sich in einer »zu feinen Kultivierung der Vernunft«. Mit »unserm Deism, mit unsrer Philosophie über die Religion« arbeiten wir »uns selbst ins Verderben hinein«.
Weshalb Herder gerade vor überfeinertem religionsphilosophischem Spekulieren so nachdrücklich warnt, verraten Andeutungen am Schluß des Holland-Abschnittes. Es ist eine bestimmte geschichtliche Parallele, die ihm abschreckend vor Augen steht, und so werden seine Gedankengänge doch wieder mehr von historischer als theologischer Sicht bestimmt. »Die späten Griechen«, heißt es da, hätte ihre »Feinheit des Geistes« zuletzt auf Ab- und Irrwege geführt, die Griechen, »die durch ihren feinen Kopf ebenso tief hinein in die Spekulation gerieten über die Religion, die ihr Gebäude umwarf«. Der Sinn des in lakonischer Kürze Gesagten ist: Herder erinnert an die dogmatischen Spekulationen der späten Griechen im 4. Jahrhundert, insbesondere an das haarspalterische Tüfteln der Arianer und Athanasier in Alexandria, von dem die nicht enden wollenden Sektenstreite im Christentum ihren Ausgang nahmen. Sehr bald, schon gegen Ende des 4. Jahrhunderts, wurde dann durch fanatisierte Christen ausgemerzt, was noch von Resten alter griechischer Kultur und Religion sich erhalten hatte. Es kam zum Sturm auf Tempel, Bibliotheken, Wissenschaftsanstalten, wovon Alexandrien besonders betroffen ward. Das Wort: »die ihr Gebäude umwarf«, deutet auf solche Vorgänge.
In den *Ideen zur Philosophie der Geschichte der Menschheit* bestätigt das dritte Kapitel des Siebzehnten Buchs (1791), daß die Stelle des *Reisejournals* so zu verstehen

ist. Ausgehend von einer detaillierten Schilderung der Zustände von Alexandrien im 4. Jahrhundert, behandelt Herder auch die dortigen Sektenstreite. Viele Gedanken und Wendungen erinnern an die Formulierungen des *Reisejournals*. Erwähnt werden die großartigen Wissenschaftsanstalten der alexandrinischen Griechen, das »berühmte Museum«, die »ungeheure Bibliothek« (wie das *Reisejournal* auf Entsprechendes im 18. Jahrhundert hinweist; S. 90,12). Mit alldem ist Alexandrien Hauptort der »sogenannten neuplatonischen Philosophie« wie überhaupt des »sonderbaren Synkretismus«, der die damalige »Modephilosophie« der Griechen bestimmt. Eben diese Modephilosophie, heißt es weiter, führte dann zu jenen Sektenstreiten der Arianer usw.; »mit griechischer Spitzfindigkeit subtilisierte« man an den »platonischen Ideen«, die dem Christentum eigentlich »fremd« waren. Jene »Zänkereien«, die »aus dem Wort Logos« entstanden, konnten großenteils »nur in der griechischen Sprache geführt werden«. Ähnliche Kritik wie die im *Reisejournal* geäußerte enthalten Sätze wie die folgenden: »Der ganze spekulative Kram dieser Sekten ist jener lernäischen Schlange, oder den Kettenringen eines Wurms ähnlich, der im kleinsten Gliede wieder wächst, und unzeitig abgerissen, den Tod gewährt.« Oder: »Durch die neue Philosophie war das Hirn der Menschen verrückt, daß sie statt auf der Erde zu leben, in Lüften des Himmels wandeln lernten.« Als eine »Schande der Vernunft« gelten Herder die »Streitigkeiten« der »Athanase, Cyrille, Theophile« usw. Endlich kommt er auch hier auf die Vernichtung der griechischen Religion durch das Christentum zu sprechen. »Gewaltsam« gingen »seit Theodosius Zeiten«, d. h. seit Ende des 4. Jahrhunderts, unter »die Denkmale des alten großen Geschmacks, die Tempel und Säulen der Götter in aller Welt«. Der Verbrennung von Bildern und Bibliotheken wird gedacht, und Herder charakterisiert die Situation des Untergangs: »Das scharfsinnigste Volk der Erde, die Griechen, sind das verächtlichste Volk geworden.«

Kehren wir zum *Reisejournal* zurück, so ergibt sich: Das warnende Beispiel der Spätantike weckte frühzeitig Herders Abneigung vor allzu subtiler Religionsphilosophie. Bezeichnet er diese als Zweck gewordne Aufklärung, so bedeutet das eigentlich ein Polemisieren nicht so sehr gegen die Aufklärung als gegen ihre Auswüchse in Richtung auf spekulative Spitzfindigkeit. Wo derartiges um sich greift, hat es Erstarrung zur Folge, geistiges Veralten, Gefährdung von Kulturen. Der Aufklärung wird im Holland-Abschnitt ihr Recht, indem Herder, sie im ganzen charakterisierend, an die unausweichliche »Natur der Dinge« erinnert (nach Weise von Lukrez, Spinoza, Montesquieu). Ein naturwissenschaftliches Gleichnis dient ihm zur Illustration: »Dieselbe Materie, die uns Stärke gibt, und unsre Knorpel zu Knochen macht, macht auch endlich die Knorpel zu Knochen, die immer Knorpel bleiben sollen; und dieselbe Verfeinerung, die unsern Pöbel gesittet macht, macht ihn auch endlich alt, schwach und nichts tauglich. Wer kann wider die Natur der Dinge?«

Existenz und Rechte der Aufklärung könnten kaum nachdrücklicher anerkannt werden als durch diese Kennzeichnung, die Aufklärung als naturnotwendig sieht. Doch droht Aufklärung mit der gleichen Naturgesetzlichkeit zu Kulturvergreisung zu führen. Das ist die trübe Einsicht, die Herder auch durch Rousseau und Hamann vermittelt wurde. Sein gesamtes Verhältnis zur Aufklärung auch in späterer Zeit ist damit vorgezeichnet. Es stand ein für allemal im Zeichen der Ambivalenz. Herder war nie eigentlicher Gegenaufklärer, wie man behauptet hat. Grundsätzlich blieb er stets – das ergab sich schon aus seinem Verhältnis zur Wissenschaft – auf dem Boden der Aufklärung. Gelegentlich meldet er jedoch seine Kritik an. Wo das geschieht, auch in den vielumstrittenen Schriften der Bückeburger Zeit, beruht seine Polemik letztlich auf den im *Reisejournal* bezeichneten Maßstäben: Aufklärung sollte nicht Zweck, sondern nur Mittel sein. (*Auch eine Philoso-*

phie der Geschichte zur Bildung der Menschheit, 1774;
Erläuterungen zum Neuen Testament, 1775. Die sich besonders orthodox gebende theologische Schrift weist immerhin preisend auf die *Ethik* Spinozas!)
Das *Reisejournal* zeigt aufklärerische Tendenzen in vielen Partien. Unter anderem sind dahin zu rechnen: das Streben nach Systematik, Versuche, die Umwelt und Geschichtsvorgänge rationalistisch zu erklären, ein überall zutage tretender pädagogischer Optimismus. Vielfach werden berühmte Aufklärer als Autoritäten angesehen. Aufklärerisch ist Herder besonders in seinen politischen und staatlichen Reformideen. Er bedauert die Länder, in denen noch Barbarei, Unwissenheit herrscht, er schwärmt für Kultur und Freiheit, möchte dem Fortschritt, der Bildung der Welt dienen, Livland durch Bildung heben. Der Menschheit wünscht Herder einen Zustand der Glückseligkeit. Schon in seinen Rigaer Predigten finden sich viele Stellen, wo er als »Aufklärer mit der Bibel in der Hand« (Haym) seine Gemeinde »zur Glückseligkeit leiten« möchte. Das *Reisejournal* zeugt von gleichen Tendenzen. Da lautet Herders Vorsatz für sein »geistliches Amt«: »Alles, was Menschen hier glücklich machen kann, sei meine erste Aussicht.« Als Pädagoge strebt er an: »Glückseligkeit des Menschen auf sein ganzes Leben« (Lyzeumsprogramm). Aufklärer ist auch der Politiker Herder, wenn er spricht: »Wie groß, wenn ich aus Riga eine glückliche Stadt mache.« Später bringen die *Ideen* den Glückseligkeitsbegriff in engstem Zusammenhang mit dem der Humanität (Achtes Buch, Schluß), wobei Spinozas Lehre einbezogen wird.
Recht im Sinne der Aufklärung wollen im *Reisejournal* auch Herders geplante »Fragmente über die Moral und Religion aller Völker, Sitten und Zeiten für unsre Zeit« darlegen: »daß man, um zu sein, was man sein soll, weder Jude, noch Araber, noch Grieche, noch Wilder, noch Märtrer, noch Wallfahrter sein müsse; sondern eben der aufgeklärte, unterrichtete, feine, vernünftige, gebildete, tugend-

hafte, genießende Mensch, den Gott auf der Stufe unsrer Kultur fordert« (S. 31). Nach Art Montesquieus, des einflußreichen Theoretikers der Aufklärung, macht Herder Vorschläge zur Hebung des Nationalwohlstands in Rußland, tadelt die Verschwendungssucht der Großen und wünscht, Gesetzgeber für Fürsten und Könige zu sein. Aufklärerischem Denken entspricht auch im Reformprogramm für Riga Herders Bedürfnis, Ordnung in der Staatsverwaltung zu schaffen. Es darf nicht der »Übelstand« bleiben, daß innerhalb der Instanzen »alles gegeneinander ist«. Sogar für die Kirchenhierarchie verlangt er entsprechende Regelungen: »Der Oberpastor stehe über dem Pastor der Jacobikirche, aber unter dem Superintendenten und das Stadtkonsistorium so unter dem Oberkonsistorium, wie Magistrat unter Hofgericht.« (S. 85.)

Mit vielen solchen Zügen erscheint Herder als Vertreter der Aufklärung. Doch zeigt das *Reisejournal* auch die für ihn typische Distanz und Kritik. Den aufklärerischen Partien steht gegenüber die Fülle jener Urteile, Empfindungen, Stimmungen, die sich aus dem andern, konträren Lebensgefühl und Kulturempfinden ergeben. Da wird polemisiert gegen kalte Vernunft und Schematisierung des Lebens, gegen unlebendige Theorien, Systeme, Normen, gegen das Gemachte, Gekünstelte, Zurechtgestutzte, Zugeschnittene, Zusammengestoppelte, Verknöcherte, Reliquienhaft-Etablierte, Erstarrte. Das Aufwerfen der Vitalitätsfrage führt auch beim Bewerten der Aufklärung Herders Entscheidungen herbei.

»Kultivierung der Vernunft«, »Geschmack für die Spekulation« fand Herder genugsam in sich. Deren Kritik im *Reisejournal* bedeutet also zugleich Selbstkritik. Herders Streben geht lediglich dahin, Aufklärung so weit in Grenzen zu halten, daß sie nicht das Leben beeinträchtige. In diesem Sinne spricht er von dem »Weg«, den der Weise »fortgeht, die menschliche Vernunft aufzuklären«, mit Achselzucken haltmachend nur vor dem närrischen Übertreiben solchen Aufklärens (S. 90). Es ist der Weg der Wissenschaft, den Herder ging, mit ihm Goethe, hinführend zur vitalistischen Lehre Spinozas, die beides, Wissenschaft und Gottschau, vereinigt. Daß die folgende romantische Generation diesen Weg, trotz anfänglicher Versuche, nicht fortzusetzen vermochte und sich der Gegenaufklärung anschloß, darf Herder nicht zur Last gelegt werden. Für den jungen Theologen Herder wäre offenes Bekenntnis zu dem als Atheist verschrienen Spinoza noch allzu gefährlich gewesen. Doch schrieb er schon im Jahr des Aufbruchs von Riga für sich, wie erwähnt, Kerngedanken Spinozas nieder, den er dann in der *Plastik* von 1770 ehrfürchtig nennt. Auf derartige Gesinnungen deutet wohl im *Reisejournal* die Wendung: Gegenüber der sich als Zweck setzenden, maßlosen Aufklärung müsse man »bei sich das Bessere denken«.

Schließlich wird Holland doch auf indirekte Weise dadurch geehrt, daß Herder seine Reflexionen über Aufklärung gerade im Holland-Abschnitt des *Reisejournals* niederschreibt. Holland war in Europa die Schirmstätte für politische und religiöse Freiheit, es gab dort keine Bücherverbote. Dadurch blühten nicht nur Kunst und Wissenschaft, auch die Aufklärung war hier in unvergleichlicher Weise begünstigt. Dies war es doch wohl, was den reisenden Herder bei Gelegenheit Hollands der Aufklärung gedenken ließ. Zu späterer Zeit, in der *Adrastea*, pries er Holland genau in diesem Sinne: es sei Zufluchtsort für die Aufklärer geworden. Das freiheitliche Holland habe »Spinoza eine Freistätte« geboten, hier hätten Descartes, Bayle, Locke, Shaftesbury und andere »ihre Ideen ausgebildet« (Kapitel »John Locke. Die Freidenker«).

England

Wenn der Abschnitt über England so karg ausfiel, so läßt sich die Ursache vermuten. Herders Interessen hätten ihn auf die gleichen Themen geführt, die schon gelegentlich Hollands behandelt worden waren: Kolonialismus, Menschheitskrise, Aufklärung. Dies wäre ihm auch an England als das aktuell Wichtigste erschienen. So stellt das *Reisejournal* nur kurze Fragen über Kolonien und Handel Englands, Fragen, die wiederum bezeichnend sind für Herders Denken: Wird England »sich ruinieren«? Wird es zum »Verfall des Ganzen« kommen? Wird das Land »von seinen Kolonien Schaden nehmen«? Geht der Handel »zu Bette«, oder steigt er »noch höher«? Es sind die Herder immer beschäftigenden Vitalitätsprobleme. Wie vorher Holland erscheint ihm auch England als gefährdet, doch sieht er bei diesem auch Möglichkeiten, sich »noch lange zu erhalten, zu bewahren«. Auffällig ist das Schweigen über englische Literatur, über die Lieblinge Shakespeare, Young, den neueren Roman. Schon in der Ersten Sammlung der *Fragmente* von 1767 hatte Herder ausgesprochen, daß das deutsche »Genie« sich »mehr auf die britische Seite neigt« als auf die französische (SWS I, 216). Geschah es, weil in der englischen Literatur zur Zeit keine Momente der Veränderung – Verfall oder Neubeginn – festzustellen waren, daß Herder hier nicht auf sie eingeht?

Frankreich

Verfall zu konstatieren geben ihm die Betrachtungen über Frankreich – der längste Abschnitt der Seeträume – reichlichst Gelegenheit. Hier allerdings ist es die französische Literatur, die ihm für seine Vitalitätsfrage Stoff in Fülle bietet. Frankreichs Literatur erscheint ihm in Bewegung, nämlich in der des Verfalls. Der Frankreich-Abschnitt handelt folglich vorwiegend von Literatur; und so ist es denn auch dieses Gebiet, das von Herders Ausstellungen vor allem getroffen wird. In der Substanz neu ist seine Kritik nicht. Klopstock war als Literaturpolitiker antifranzösisch, Lessing hatte soeben in der *Hamburgischen Dramaturgie* in ähnlichem Sinne polemisiert. Eigentümlich neu ist aber die Schärfe, das Pathos, auch das Ausmaß von Herders Kritik.

Es findet fast nichts Gnade, überall sieht Herder Dekadenz. Mit einem dreifachen »Vorbei« beginnt seine Übersicht. Vorbei ist die klassische Epoche Ludwigs XIV., vorbei ist es auch mit den Größen des 18. Jahrhunderts: Montesquieu, d'Alembert, Voltaire, Rousseau (von denen die drei letzteren noch lebten und schufen). Vorbei ist es überhaupt mit der Epoche der Literatur in Frankreich. »Man wohnt auf den Ruinen.« Es gibt keine »Originalwerke« mehr, die Enzyklopädisten bieten nur kümmerlichen Ersatz. Daß er in der Enzyklopädie das sicherste »Zeichen des Verfalls« der französischen Literatur sieht, sagte Herder schon im Holland-Abschnitt. Kennzeichen der »Armut«, der »demütigen Herabkunft des Landes« ist für Herder auch, daß jetzt die »verachteten Deutschen« von den Franzosen gelesen werden. Die Frage: »Ist hier wahres Genie?«, die im Holland-Abschnitt auftauchte, führt nun, an Frankreich gerichtet, zu maßlos negativen Behauptungen. »Wirklich Originelles« habe nicht einmal das Jahrhundert Ludwigs XIV. gebracht. Alles sei vom Ausland – Spanien, Griechenland, Italien – beeinflußt oder importiert: Literatur, bildende Kunst, Musik, Theater. Als ob nicht Anregung durch andere Länder und Zeiten bei jeder großen Kunstepoche ihre Rolle gespielt hätte! »Ausgeartet« ist Frankreichs Komödie (»Molière ist nicht mehr«). Die »wahre Kanzelberedsamkeit« sei »weg«.

Hauptleistung der Franzosen im literarischen Bereich ist nach Herder die Ausbildung des »Geschmacks«. Doch wird an diesem französischen Geschmack kaum Gutes gelassen, gerade an ihm findet Herder alle Zeichen der Erstarrung, Frigidität. Annäherung an die »kältere gesunde Vernunft« ist noch sein Bestes, zusammen damit geht jedoch Erkaltung der Phantasie und des Affekts. Das »Feurige«, »wahrhaftig Zärtliche« verschwindet, das »Herzbrechende« wird »weggeworfen«, statt dessen manifestiert sich »einförmige, frostige Galanterie«. So wird der Geschmack »im bösen Verstande« wesensgleich mit Montesquieus »Honneur«. Nach Montesquieu bestimmt Honneur, das Streben nach Ehre, gesellschaftlichem Glanz, das Leben der Monarchie, wie Tugend das der Republik, Furcht das der Despotie. Herder meint, im monarchistischen Frankreich habe durch das Vorherrschen von »Honneur« die Literatur an Originalität verloren. Alles sei auf rhetorischen Ausdruck gestellt. Nicht Wahrheit, Richtigkeit, Inhalt ist das Wesentliche, sondern Feinheit der Wendungen, »Politesse« in der Manier der Worte, »Wohlstand« (etwa gleich Wohlanständigkeit, Schicklichkeit).

Über den »Wohlstand« verbreitet sich Herder ausführlich, er projektiert ein Buch: »Vom Geist, vom Wohlstande, von der Ehre, von der Höflichkeit der französischen Sprache und ihrer Kultur«. Wenn er selbst hier »voll glücklicher, geistreicher Wendungen ist« mehr als irgendwo sonst im *Reisejournal* (Haym), so doch wohl deshalb, weil er bereits emsig gute Formulierungen für dieses Buch sammelt. Dadurch mögen sich auch die vielen Wiederholungen erklären: dasselbe wird auffällig oft in immer neuen virtuosen Sätzen gesagt. Als weiteres Projekt faßt Herder ins Auge ein »Wörterbuch und Grammatik über den Geschmack in der französischen Sprache«. All dies hätte dem Charakter nach, wie er andeutet, zu den *Kritischen Wäldern* gepaßt. Doch wurde auch an die *Fragmente* gedacht; Herder hatte Lust zu einem »Fragment über die Franzosen« (SWS I, Einl. XXXVI). Durch die Vorliebe für »Wendungen des bloßen Wohlstandes«, ihre »Tours des Wohlstands«, unterscheidet sich die französische von der griechischen Sprache. Die Griechen kannten solche Wendungen nicht. Die »galanten Verschiebungen«, durch die »immer die Hauptsache zur Nebensache, und die Relation Hauptsache wird«, sie waren ihnen fremd. Daher der »jämmerliche Unterschied« zwischen griechischer und französischer Tragödie. Der »Geist des Wohlstands« ist »Barriere für den Geist«, mit ihm schwindet Wahrheit, »inneres Gefühl«, auch das »süße beseligende Lachen«, das aus der französischen Komödie »ausgestorben« ist wie der »wahre Affekt« aus der Tragödie. Der »Feudalgeist der alten Franken« – Herder nennt ihn auch »Romangeist« – ist eine Hauptursache für das Entstehen vom »Geist des Wohlstands«. So habe auch der »normännische Romangeist« Corneilles und anderer aus der Normandie stammender Dichter die »Ritter- und Höflichkeitssprache« herrschend werden lassen. Diese Dichter trugen damit »zum Verfall des guten simpeln Geschmacks« bei, mehr als in Rom die Dichter der silbernen Latinität. Ein Blick auf die Normandie gibt Herder abermals Gelegenheit, vom Aussterben ehemaliger Größe zu sprechen. Der »Geist der Galanterie und des Heldentums« ist dahingeschwunden, der normannische »Ritter- und Riesengeschmack« ist »verflossen«, »verdünnet«, er »ist nicht mehr«, er ward »Geist des Wohlstands«.

Freilich, mit ihrer »Kunst zu brillieren, und in unsrer Welt zu gefallen« ist die französische Sprache Vorbild für die deutsche geworden. Das Feine, das Artige, das Poli, die soziablen »gedrehten Wendungen«, ihre »Lebensart«, all das macht die französische Sprache zur Originalsprache von ganz Europa. Aber verdient deswegen die französische Nation mit ihrer Kultur »ein Vorbild Europens zu sein«? Wird damit nicht »Wesentlicheres verloren«? Solche Fragen beschließen den Frankreich-Abschnitt (S. 121). Herder denkt wie überall besonders an sein mögliches staatsmännisches Wirken in Riga. Für Rußland, mit dem er dort zu rechnen hat, kann das Nachahmen Frankreichs nicht taugen. Montesquieus Honneur als »Triebfeder zum Grunde zu setzen«, wie es Katharina II. versucht, ist verfehlt. In einer Despotie ist nur »sklavische Furcht«, nicht Ehre angebracht. Doch auch Deutschland – und Deutsche bewohnen ja Riga – kann die Franzosen nicht zum Vorbild nehmen. Deren Honneur ist nicht nachzuahmen. Deutschlands Schriftstel-

ler wissen davon wenig, da sie auch mit den Verhältnissen der französischen Monarchie, des Pariser Hofs wenig vertraut sind. Unsere Philosophie, Wissenschaft, Geschichte profitieren nicht von Frankreich. Selbst die Größten, Voltaire, Rousseau, sind »unbrauchbar oder schädlich«. Ausschlaggebend ist, daß die Vorherrschaft des Konventionellen, Rhetorischen — wie Herder es sieht — dem Deutschen fremd ist.
Im ganzen ist Herders Kritik der französischen Literatur ungerecht, sie brachte aber einen in Deutschland sich anbahnenden Meinungsumschwung zum Ausdruck. Man begann, sich aufzulehnen gegen die Vorherrschaft französischer Literatur, auch französischer Sprache in gebildeten Kreisen Deutschlands. (Das Lyzeumsprogramm berücksichtigt die damalige Bedeutung der französischen Sprache, indem es Französisch als erste Fremdsprache vor Latein setzt.) Am auffälligsten ist Herders Ungerechtigkeit bei seinen Urteilen über einzelne Gestalten der französischen Literatur. Im Falle Rousseaus erscheint seine Verständnislosigkeit kaum noch begreiflich, sie entspricht auch nicht der Einstellung der Zeit. Wie konnte Herder die Großheit der Rousseauschen Sprache ableugnen, die noch von Hölderlin so enthusiastisch als »Sprache der Reinesten« gepriesen wurde! *(Der Rhein.)* Hier steigerte parteiische Einseitigkeit den in Herders Natur angelegten Hang zum Negieren ins Maßlose. Unversehens gerät er mit sich selbst in Widerspruch. Vorher, im Lyzeumsprogramm, zählte Herder Rousseau zu den klassischen Prosaschriftstellern, auf einer Stufe mit Demosthenes und Cicero. Hier auch bekannte er, daß sein geplanter »Katechismus der Menschheit« auf Rousseau gegründet sein sollte (S. 63, 68).
Nur indirekt läßt innerhalb des unermüdlichen Polemisierens die eine oder andere Wendung erkennen, daß der Autor des *Reisejournals* für die bestechendsten Qualitäten französischer Literatur doch nicht ganz unempfänglich war. Der Stil des ihm damals als Vorbild so wichtigen Montes-

quieu wird – trotz mancher Vorbehalte – mit dem Winckelmanns verglichen – ein höheres Lobesprädikat war nach Herders Maßstäben kaum denkbar. Eine andere Stelle mittelbarer, verklausulierter Anerkennung sei noch angeführt, da sie zugleich Ausblicke eröffnet auf das vieldiskutierte Problem von Herders »Deutschtum«. Es ist, kritisch wie üblich, die Rede von der Galanterie, der Koketterie des französischen Stils. Das bringt Herder auf die »Komplimente« der französischen Journalisten, und er gesteht diesen nun zu, sie seien in ihrem Schildern »besser, feiner, genauer, reicher« als jede andere Nation. Dem Lob folgt alsbald tadelnde Einschränkung. Herder fährt fort: »Nur immer wird diese Schilderung mehr zeigen, daß sie schildern können, daß sie Erziehung haben, daß sie nicht grob wie Deutsche sind, als die Sprache des Sturms der Wahrheit und Empfindung sein« (S. 108).

Eine bemerkenswerte Wendung. Läßt sie doch dem Tadel der Franzosen einen noch schärfern der Deutschen folgen. Generell gelten die Deutschen Herder als »grob«, es fehlt ihnen jene Erziehung, die die Franzosen in ausgeprägter Weise haben. Beachtenswert ist die Stelle deswegen, weil gerade mit dem Herder dieser Epoche die Vorstellung eines entschieden national deutsch Gesinnten verbunden wurde. Man hat es eine »deutsche Bewegung« genannt, die Herder sehr bald nach dem *Reisejournal* initiierte. Besonders der im Straßburger Winter 1770/71 auf Goethe ausgeübte Einfluß, der dessen Abkehr von Frankreich und Hinwendung zu Deutschtum und Gotik mitbewirkt, fällt ins Gewicht. 1773 veröffentlicht Herder mit Goethe zusammen *Von deutscher Art und Kunst*, Goethe schreibt seinen *Götz* und den Aufsatz über das Straßburger Münster. Wie steht es aber mit dieser »deutschen Bewegung«, wenn ihr Wegbereiter so wenig deutscher Patriot ist, daß er derart von der Grobheit der Deutschen sprechen kann? Herder selbst gestand zu, daß sein Patriotismus sich durch den Aufenthalt in Frankreich verstärkt habe. Gern zitiert man einen Brief an Nico-

Politische Seeträume

lai aus Paris, 30. November 1769, um den »Durchbruch zur Deutschheit« (Haym) zu charakterisieren: »Der Patriotismus für Deutschland verstärkt sich in mir nach dem Verhältnis der Örter und Zeiten, statt daß er sich [wie] bei andern Expatriierten schwächt. Ich lerne besser urteilen und die deutsche Literatur übersehen, da ich andre Völker kennenlerne, da ich mich auf einmal dem eingeschränkten Kreise unsrer deutschen Streitsucht entziehe, da ich unter andern Nationen wandle, um mich einst besser und ganzer meinem Vaterlande wiedergeben zu können.«
Bei erster Begegnung mit einem fremden Lande sich der Vorzüge des eignen zu erinnern, das ist keine ungewöhnliche Reaktion. Wer wie Herder von Natur aus zum Widerspruch geneigt ist, wird dergleichen um so stärker empfinden. Trotzdem blieb er auch jetzt Deutschland gegenüber so kritisch, wie jene *Journal*-Stelle es zeigt. Entscheidend ist, daß die im *Journal* geäußerte Kritik an der Grobheit der Deutschen nicht einer Augenblicksstimmung entstammt, sondern als grundsätzliche Meinung bei Herder dauernd wiederkehrt. Zum Erweis hierfür sei an eine aufklärende Bemerkung erinnert, die von Bernhard Suphan herrührt, einem der besten Herder- und Goethekenner des vorigen Jahrhunderts. Im ersten Band seiner großen Herder-Ausgabe kommentiert Suphan eine Stelle der Zweiten Sammlung der *Fragmente* von 1767, wo Herder sagt: Angesichts des pöbelhaften Benehmens eines Kritikers müsse man »an das Wort Deutsch denken«. Suphan führt dazu aus: »Mit dem übeln Nebensinne des Pöbelhaften, daher einerseits des Platten, Niedrigen, Plumpen, andrerseits des Rohen, Unverträglichen wird das Wort ›Deutsch‹ mit seiner Ableitung ›Deutschheit‹ von Herder, wie von den Zeitgenossen (über Goethe s. von Loeper in der Berliner [Hempel-]Ausgabe von Goethes Werken XXII, 258) noch über das Ende des [18.] Jahrhunderts gebraucht.« Suphan zitiert dann eine Anzahl Beispiele von Herder, darunter dessen erstaunlichen Satz aus der *Adrastea* VI von 1803:

»Welche Nation ists, die ihren eignen Namen als Schimpfwort nicht nur duldet, sondern selbst ausspricht. ›Ich will es Dir Deutsch sagen‹ heißt: ›Ich will es Dir platt und grob sagen, daß Du es fühlest.‹« (SWS I, 540.)

»Deutsch« und »grob« konnte für Herder wirklich das gleiche bedeuten. ›Deutsch‹ ist ursprünglich ein Schimpfwort: das war Herders Meinung in der Frühzeit wie im Alter. *Fragmente* und *Reisejournal* sagen hierüber das gleiche wie die kurz nach seinem Tode erschienene *Adrastea*. Tritt uns Herders Patriotismus entgegen, wie z. B. in den Gedichtversen des Reisejahrs 1770, die vom »Heldenblut der Deutschen«, von »deutschen Seelen« Klopstockisch schwärmen, so darf daraus nicht auf maßlosen Nationalismus geschlossen werden. Herders Patriotismus hatte stets seine Grenzen, so sehr, daß man ihm auch »Mangel an Vaterlandsgefühl« vorgeworfen hat, wogegen ihn noch Haym in Schutz nahm. Um Objektivität bemühte Literarhistoriker wie Suphan, Haym, von Loeper beurteilten diese Dinge richtiger als spätere, die Herders »Deutschtum« aus politischen Gründen allzusehr priesen oder verurteilten.

Was Herder erlebte, als er in Frankreich sich der deutschen Grobheit erinnerte, war ebenso natürliche Reaktion wie die Verstärkung des Patriotismus. Nur zu oft erlebt der im Ausland reisende Deutsche, um wie vieles höflicher, freundlicher, menschlicher der Umgangston andernorts ist, verglichen mit dem im eigenen Lande. Eine Parallele zu der Deutschlandkritik des *Reisejournals* findet sich in Goethes Schilderung seiner Straßburger Zeit. Das Elfte Buch von *Dichtung und Wahrheit* berichtet über die Abkehr von Frankreich, zu der Goethe mit seinem Freundeskreis damals gekommen war. Goethe führt ähnliche Beweggründe wie Herder an. Beim Gebrauch der französischen Sprache traf er auf Schwierigkeiten – das *Reisejournal* verbreitet sich ausführlich über entsprechende Schwierigkeiten, nur daß sie Herder ungleich mehr zu schaffen machten. Sodann berichtet Goethe über seine Einstellung zur französischen

Literatur. Für die Kritik, die er und seine Freunde an dieser übten, werden z. T. die nämlichen Argumente angeführt, die sich bei Herder finden, so daß dessen Einfluß erkennbar wird. Die französische Literatur ist vergreist (»bejahrt und vornehm«), im Übermaß konventionell (»ganz gesellschaftlich und vornehm«), es fehlen Wahrheit, Natur, Empfindung. Man wendet sich deshalb zu England, zu Shakespeare. Mitten in diese Darstellung stellt Goethe eine heitere Episode: Natur, Wahrheit und Aufrichtigkeit des Gefühls sei »Losung und Feldgeschrei« im Kreise der »kleinen akademischen Horde« gewesen, in der er sich bewegte. »Diese Maxime« – so heißt es weiter – »lag zum Grund allen unsern geselligen Gelagen, bei welchen uns denn freilich manchen Abend Vetter Michel in seiner wohlbekannten Deutschheit zu besuchen nicht verfehlte.« Das Wort »Deutschheit« hat hier jenen Sinn von Grobheit – die Übereinstimmung mit Herder ist offenkundig. Beiden, Herder und Goethe, wie ›deutsch‹ sie damals auch fühlen mochten, wurde doch der Hauptfehler ihrer Landsleute bewußt, als sie sich im Bereiche französischer Kultur befanden. Wie für Goethe das ›Deutsche‹ mit dem Begriff ›grob‹ stets verbunden blieb, zeigt sich noch im Zweiten Teil des *Faust*. Die Anfangsszene des Zweiten Akts, geschrieben gegen Lebensende des Dichters, bringt einen Dialog zwischen Mephistopheles und einem deutschen Studenten (dem Baccalaureus). Er enthält die sarkastischen Verse (6770 f.): »Du weißt wohl nicht, mein Freund, wie grob du bist.« – »Im Deutschen lügt man, wenn man höflich ist.«
In Wahrheit erscheinen in der »deutschen Bewegung« jener Straßburger Zeit Herders und Goethes die beiden Aspekte Deutschlands, die es immer behalten hat. Einmal ist es das Land des groben Michels, zum andern das des hoffenden Geistes. In der deutschen Literatur war man von Hoffnung erfüllt, nachdem die deutsche Sprache plötzlich durch viele Dichtungen Klopstocks bis dahin ungeahnte Ausdrucksmittel bekommen hatte. Es mutete an wie ein totaler Neu-

beginn. Leben erstand, wo vorher nichts war. Erneuerung der Sprache involviert Erneuerung des Geistes, da Sprache dessen eigentliches Werkzeug ist. Logischerweise wagte man, an einen selbständigen deutschen Geist zu glauben. Wenn ein Mann wie Herder jetzt das Wort »deutsch« in positivem Sinne gebrauchte, so evozierte er – wie in einem Gedicht von 1770 – den »deutschen Genius«, sprach zukunftsgläubig von »deutschem Geist« und »deutschem Lied«. Von trivialer Deutschtümelei war das noch fern. Als es geschah, daß die verheißungsvollen Anfänge Klopstocks sich fortsetzten, die deutsche Sprache in wenigen Jahrzehnten wirklich erneuert war, riefen die Dichter weiter den deutschen Genius an. Was den sonstigen Gebrauch des Wortes »deutsch« betraf, hielten sich die besten von ihnen sparsam zurück. Es blieb eine Verlegenheit. Nie wußten sie, das Deutschland des groben Michels mit dem des »Genius« zu vereinen. Hölderlins Scheltrede auf die Deutschen ist drastisches Zeugnis solcher Ratlosigkeit. Der deutsche Michel war es, der dann die Lenkung des politischen Lebens bestimmte und damit das Schicksal des Landes. Der Genius verschwand, ward kaum mehr wahrgenommen.

Das etwa ist der Verlauf der »deutschen Bewegung«. Herders Ungerechtigkeit gegenüber der französischen Literatur gehört zu den ersten Hoffnungsregungen des sich selbst gewahr werdenden musischen Geistes in Deutschland. Verjüngungssymptome an der deutschen Sprache waren für Herders Spürsinn besonders kenntlich. Es ging ihm nun darum, den Neuanfang zu schützen. Weitere Nachahmung der französischen Literatur hätte die eben auftauchenden Möglichkeiten in der deutschen gefährdet. Im Frankreich-Abschnitt des *Reisejournals* weisen gewisse Wendungen immer wieder darauf hin, wo die Möglichkeiten des Deutschen liegen. Wenn Herder von »Empfindung« spricht, vom »Feurigen, Zärtlichen«, vom »wahren Affekt«, von der »freieren Natur« usw., so wird all das, was ihm in Frankreich zu fehlen scheint, der deutschen Literatur empfohlen.

Gerade im Zusammenhang mit jener Invektive gegen die »groben Deutschen« wird der französischen Prosa vorgehalten, daß sie nicht »Sprache des Sturms der Wahrheit und Empfindung« sei. Sprache des Sturms und der Empfindung – die Formulierung ist ein Vorklang von ›Sturm und Drang‹. Die Zeit für solche Sprache ist nach Herders Überzeugung in Deutschland gekommen. Er selbst spricht im *Reisejournal* vielfach diese Sprache – daher gilt dies auch als frühestes Dokument des ›Sturms und Drangs‹.

Einer der energischsten Akzente wird dadurch gesetzt, daß Herder schließlich den »Geist des Wohlstands« in der französischen Literatur mit dem Begriff »Genie« konfrontiert. Durch Stellung der Frage: »Wo ist Genie? Wahrheit? Stärke? Tugend?«, spielt er seinen stärksten Trumpf aus. Fehlen diese Werte in der französischen Literatur – und Herder gesteht sie ja auch Rousseau nicht zu –, dann ist sie kein förderliches Vorbild. Der Frankreich-Abschnitt schließt mit dem Verweisen auf England. Allenfalls wird den Deutschen geraten, zwischen der »freiern Natur« der englischen Dichtung und »französischer Feile« eine »schöne mittlere Laufbahn« zu nehmen. Bei dem Vermittlungsvorschlag scheint Herder sich an Kant anzuschließen. Dieser hatte in seiner Frühschrift *Beobachtungen über das Gefühl des Schönen und Erhabenen* den deutschen Nationalcharakter als »glückliche Mischung« aus englischer (erhabener) und französischer (schöner) Mentalität bezeichnet. Herder überträgt den Gedanken auf das literarische Feld. Übrigens meinte er es mit dem Vermittlungsvorschlag nicht allzu ernst, blieb jedenfalls darin nicht konsequent. Als später Goethe etwa den hier vorgezeichneten mittleren Weg ging, geschah dies nicht zur Zufriedenheit Herders. Noch weniger gefiel es diesem, daß Goethe schließlich das Vorbild Shakespeare zugunsten des der griechischen Dichter aufgab. Herders Vorliebe war beim Englischen, Schottischen, Skaldischen, Nordischen. Noch in der *Iduna* von 1796, in der *Adrastea* von 1803 empfahl er die Verwendung nordischer

Mythologie neben der griechischen (mit der charakteristischen Zielsetzung: »Verjüngung« der Literatur). Von den nordischen »Nebelbildern« aber sagt Goethe ausdrücklich, er habe sie »nicht in den Kreis seines Dichtungsvermögens aufnehmen« können, trotz Herders Anregung. Goethe nennt all das »kunstwidrige Gespenster«, vor denen sein Sinn durch die »herrlichste Kraft geschützt« worden sei: Homer (*Dichtung und Wahrheit*, Zwölftes Buch).

Ossian

In diesem Zusammenhang spricht Goethe auch von Ossian, dessen »formlose Helden« er den nordischen Göttern vergleicht. Für Ossian hatte Herder eine besondere Vorliebe. Das *Reisejournal* nennt den Namen nur gelegentlich (S. 129). Doch bildete Ossian-Lektüre ein Haupterlebnis der Schiffsreise. Darüber berichtet Herder in dem Aufsatz *Über Ossian und die Lieder alter Völker*, der die Blätter *Von deutscher Art und Kunst* (1773) eröffnet, die Poesie von Skalden, Barden preist, zum Sammeln von Volksliedern auffordert usw. Wir zitieren Sätze, die das *Reisejournal* in bedeutsamer Weise ergänzen:

»Ossian [...] habe ich in Situationen gelesen, wo ihn die meisten, immer in bürgerlichen Geschäften, und Sitten und Vergnügen zerstreute Leser, als bloß *amüsante, abgebrochene Lektüre*, kaum lesen können. Sie wissen das Abenteuer meiner Schiffahrt; aber nie können Sie sich die Wirkung einer solchen, etwas langen Schiffahrt so denken, wie man sie fühlt. Auf einmal aus Geschäften, Tumult und Rangespossen der bürgerlichen Welt, aus dem Lehnstuhl des Gelehrten und vom weichen Sofa der Gesellschaften auf einmal weggeworfen, ohne Zerstreuungen, Büchersäle, gelehrten und ungelehrten Zeitungen, über einem Brette, auf offnem allweiten Meere, in einem kleinen Staat von Menschen, die strengere Gesetze haben, als die Republik Lykurgus, mitten im Schauspiel einer ganz andern, lebenden und webenden Natur, zwischen Abgrund und Himmel schwebend, täglich mit denselben endlosen Elementen umgeben, und dann und wann nur auf eine neue ferne Küste, auf eine neue Wolke, auf eine ideale Weltgegend merkend – nun die Lieder und Taten der alten Skalden in der Hand, ganz die Seele damit erfüllet, an den Orten, da sie geschahen – hier die Klippen Olaus vorbei, von denen so viele Wundergeschichten lauten [...] jetzt von fern die Küsten vorbei, da Fingals Taten geschahen, und Ossians Lieder Wehmut sangen, unter eben dem Weben der Luft, in der Welt, der Stille – glauben Sie, da lassen sich Skalden und Barden anders lesen, als neben dem Katheder der Professors [...] wenigstens für mich sinnlichen Menschen haben solche sinnliche Situationen so viel Wirkung. Und das Gefühl der Nacht [während der Fahrt von Antwerpen nach Amsterdam] ist noch in mir, da ich auf scheiterndem Schiffe, das kein Sturm und keine Flut mehr bewegte, mit Meer bespült, und mit Mitternachtwind umschauert, Fingal las und Morgen hoffte ... Verzeihen Sie es also wenigstens einer alternden Einbildung, die sich auf Eindrücke dieser Art, als auf alte bekannte und innige Freunde stützet.«

Zu Anfang des *Journals* spricht Herder von antiken »ältesten Poeten«, die er gern auf dem Schiff gelesen *hätte* (S. 22). Ossian las er dort offenbar wirklich. Was damals irrig für altschottisch-keltische Poesie galt, war soeben Gegenstand der Publikumsbegeisterung geworden. Auch Goethe war bis zu einem gewissen Grade von der Mode angesteckt. Doch bekundet schon der Dichter des *Werther* durch die Art, wie er Ossian-Partien seinem Roman einfügt, eine deutliche Distanzierung. Durch Lektüre Ossians wird der Zustand der Zerrüttung, Gemütskrankheit in Werther charakterisiert. Dessen Lieblingsautor bei noch gesunder Verfassung war Homer. Der späte Goethe lehnt Ossian entschieden ab: das »Ossiansche Wolkengebirge«, heißt es in *Volkslieder der Serben*, habe sich »gestaltlos, epidemisch und contagios in ein schwaches Jahrhundert hereingesenkt und sich mehr als billigen Anteil erworben«. Herder hatte eine völlig andere Einstellung. Seine Begeisterung für Ossian war in jungen Jahren unbedingt und tiefverwurzelt, wie zahlreiche Zeugnisse bekunden. Und er bewahrte sie sich bis ins Alter hinein, auch nachdem sein Glaube an die Echtheit des Werks geschwunden war. Haym begründet das so: »Die Nebelharfe des keltischen Barden tönte seiner eigenen Gefühlsweise konson.« Wie richtig das ist, darüber gibt das *Journal* eine besonders wichtige Auskunft. Hier nämlich wird Herder einmal veranlaßt, davon zu sprechen, daß seine Neigung für Schotten und Kelten – gemeint ist damals besonders Ossian – von einer ganz spezifischen Eigenart seines Wesens herrührt. Er bezeichnet diesen Wesenszug grundsätzlich als »eine Art Schauder«, den er aber zugleich als »Gefühl für Erhabenheit« ansieht.

Nantes. Der Schauder

Um zu verstehen, was sich hinter diesen Formulierungen verbirgt, müssen wir einen Abschnitt sorgfältiger lesen, der unter den persönlichen Bekenntnissen des *Reisejournals* eines der bedeutsamsten ist (S. 122 ff.). Gerade weil hier Herders Betrachtungen sehr intimer Natur sind, weil sie Eigenschaften seines Charakters betreffen, die zugleich kardinale Schwächen einbegreifen, ist die Ausdrucksweise besonders dunkel. Gesprochen wird zunächst von einem Reiseerlebnis. Nach der Landung in Paimbœuf wählt Herder Nantes als Aufenthaltsort. Der erste Eindruck dieser Stadt ist negativ, er löst »Betäubung« aus, Herder sieht »eine Verzerrung ins Groteske«. Nicht so sein Begleiter, ihm erscheint in Nantes' »vaster Regelmäßigkeit« eine »große Schönheit«. Herder stellt daraufhin selbstkritische Fragen: Ist es der »Schnitt seines Auges«, seine »Denkart«, »Zuschnitt der Seh-

art«, die den negativen Eindruck verursachen? Dies entlockt ihm das Geständnis: »ein Schauder« sei es, der ihn stets zunächst beim Anblicke von Neuem erfasse. »Schauder, statt ruhiges Gefühl des Vergnügens«, dies habe er schon beim »ersten Eintritt in die Welt der Empfindung« verspürt. Die menschliche Umgebung habe das verstärkt. So war auch jetzt bei Paimbœuf der »erste Eintritt« in die Landebarke »nicht ohne kleinen Schauder«. Nur allzuoft kehrt die Stimmung wieder. Wenn er, sagt Herder, dem eignen Gefühl »eine Neuigkeit und gleichsam Innigkeit gebe«, so sei damit zugleich »eine Art Schauder« hervorgerufen, der »nicht eben Schauder der Wollust« sei. Solcher Schauder erstreckt sich auf alles, er begleitet sogar Herders Liebesleben. Nochmals werden Fragen gestellt: Ist dies Unglück oder nicht? Verzogenheit? Was Herder mit alldem als »Schauder« bezeichnet, weist auf eine Schwäche seiner Natur, ein hypochondrisches Reagieren, Symptome einer Neurose.
Bis hierher erstrecken sich Herders Konfessionen auf rein menschliche Erlebnisse. In der Tendenz zum »Schaudern« liegt ein zutiefst problematischer Wesenszug seiner Natur, der ihm viel Beschwerden macht. Die geschilderten Erlebnisformen sind typische Reaktionen des Melancholikers. Jeder neue Eindruck löst zunächst Ablehnung aus. Im folgenden erweitert sich die Perspektive. Herders Selbstanalyse geht auf geistige Bereiche über, auf Denken und Schaffen. Von seinem melancholischen Schaudern sagt er, es »erstrecke sich auf alles«. Bei der Lektüre, bei der Begegnung mit Menschen, beim Schaffen, und zwar sowohl beim Planen als auch beim »ersten Gemälde« (d. i. Ausformung eines Werks), gehe – so heißt es – seine Phantasie immer »in dies gotische Große«. Deshalb sei er in seinen Schriften noch nicht »von diesem hohen zum schönen Stil gekommen« (d. h. vom Harten, Eckigen zur Anmut und Grazie, nach Winckelmanns Sprechweise). Die Terminologie gerät offensichtlich vom Psychologischen ins Gebiet der Ästhetik.

Hierbei fällt auf: Was vorher als »Schauder« bezeichnet war, ist nun verstanden als »dies gotische Große«, »dieser hohe Stil«. Im nächsten Satz aber gilt all das zusammen generell als: »Gefühl für Erhabenheit«. »Gefühl für Erhabenheit ist also die Wendung meiner Seele.« Ein noch erstaunlicherer Gedankenschritt. Der »Schauder« wird also regelrecht mit dem Gefühl fürs Erhabene identifiziert. Wie will man das erklären?

In der Ästhetik ist das Erhabene grundsätzlich etwas eminent Positives, Befreiendes, hierin verwandt mit dem Schönen. Der Schauder aber ist rein negativ, zunächst typisches Leiden des Melancholikers. Das Erhabene bringt »Elevation« (nach Herders *Kalligone*), der Schauder deprimiert. Die Widersprüche klären sich, wenn man berücksichtigt, daß der junge Herder den Begriff des Erhabenen Auffassungen annähert, wie sie soeben von dem Engländer Edmund Burke vertreten worden waren. Burkes Untersuchungen über das Erhabene und Schöne waren 1757 erschienen. Mendelssohn, Lessing, Herder hatten sich mit ihnen beschäftigt, die beiden letzteren planten eine Übersetzung. (1773 erschien Burkes Schrift deutsch von Garve in Riga.) Burke wies psychologisierend auf die Verbindung des Gefühls für das Erhabene mit Schmerz, Anstrengung, Furcht, Schrecken hin. Kant führt in der *Kritik der Urteilskraft* einen Kernsatz Burkes an; dieser habe herausgebracht (das Folgende bringt Kant als Burke-Zitat mit Seitenangabe): »daß das Gefühl des Erhabenen sich auf [...] Furcht, d. i. einem *Schmerze*, gründe der [...] Bewegungen hervorbringt, die [...] im Stande sind, angenehme Empfindungen zu erregen, zwar *nicht Lust*, sondern eine Art von wohlgefälligem *Schauer*, eine gewisse Ruhe, die *mit Schrekken vermischt* ist«. Wir haben in diesen Wendungen Burkes offenbar das Vorbild zu Herders Gleichsetzung von Schauder und Erhabenem, sie erinnern sogar an dessen Formulierung im *Reisejournal*: »Schauder, der nicht eben Schauder der Wollust ist.« In seinen *Beobachtungen über das Gefühl des Schönen und Erhabenen* von 1764 spricht Kant wie Burke von dem »Schreckhafterhabenen«, unterscheidet dies von einem »edlen« und »prächtigen«, behandelt es aber als vorrangig. Vom Schreckhaft-Erhabenen sagt Kant, daß es »mit der Empfindung des Schauderns begleitet« sei. Wieder läßt dies an Herders Identifizieren von Erhabenheitsgefühl und Schaudern denken. An weiteren Stellen von Kants Schrift wird übrigens auch von einem Zusammenhang zwischen Erhabenheitsgefühl und Melancholie gesprochen. Die Neigung zum »Schrecklicherhabenen«, lesen wir da, könne »Fratzen« zum Gegenstand haben, sie mache dann zum »Phantasten« und »Grillenfänger«. Doch steht der Melancholiker für Kant schlechthin dem Erhabenen besonders nahe: »Er hat vorzüglich ein *Gefühl vor das Erhabene.*«

In der Zweiten Sammlung seiner *Fragmente* (1767) zitiert Herder eine Stelle aus Kants Abhandlung über das Schöne und Erhabene, den Wortlaut eigenwillig variierend, aber dadurch den Erhabenheitsbegriff Burkes herausarbeitend: »Wenn ein Engländer und Deutscher das Erhabne schildert; wird jener es furchtbar und schreckhaft zeichnen; dieser aber auf die Pracht verfallen« (SWS I, 282).

Es ist keine Frage, daß der junge Herder selbst zum »Schreckhafterhabenen« neigte, daß in dieser Form das Erhabene besonders intensiv von ihm erlebt wurde. Im *Vierten Wäldchen* (1769) lobt er Burke, der das »Erhabne auf ein Gefühl der Anstrengung zurückleitet«; Burkes Darlegungen seien »wirkliche Entdeckungen«, bei denen man »wie durch einen innern *Schauder,* wie durch ein inniges Bewußtsein Wahrheit fühlt« (SWS IV, 103 f.; 174). In der *Plastik* (1778 erschienen) nennt Herder das »Große, Erhabene und Überspannte« in einem Atem, es errege »Schauer und Ehrfurcht, nicht Liebe«. Die *Kalligone* von 1800 zeigt eine veränderte Haltung im Alter. Zwar wird noch viel von dem Schreckhaft-Erhabenen gesprochen. Auffallend häufig ist die Rede vom Ungeheuren, Entsetzlichen, Furchtbaren, Schrecklichen, Grausenden, Gräßlichen, vom Schauder beim Erhabenheitserlebnis. Jenes Schreckhaft-Erhabene und den »erhabenen Schauder« grenzt Herder aber jetzt ihrem Wert nach vielfach ein. »Verwirrungen der Begriffe« nennt er es, »wenn man das Erhabne [...] im Grausenden, Furchtbaren sucht«. Das Wort »erhaben« sei – in der Wendung »erhabner Schauder« – »an Sinne verschwendet, für welche es nicht gehöret«. Es ist nunmehr das »Schönerhabene« mit seiner Wirkung der »Elevation«, das in der *Kalligone* bevorzugt wird. Als Beispiel für solche Elevation gibt Herder einen ausführlichen, äußerst lebendigen Bericht über seine Seereise von 1769, schließend mit dem Satz: »Erhabenschöne, schönerhabne Jugend-Erinnerung, noch im Andenken sei mir gegrüßt.« Man hat den Eindruck, daß Herder seine jugendlichen Erlebnisse vom Erhabenen noch rückblickend korrigieren wollte. Der *Ossian*-Aufsatz von 1773 lehrt, daß es viel eher »erhabner Schauder« war, der ihn damals, auch auf See, beherrschte. Neigung zum Schreckhaft-Erhabnen ist Voraussetzung für die Identifizierung von melancholischem »Schauder« und Erhabenheitsgefühl, wie sie das *Journal* bringt.

Wie sehr von Melancholie bestimmt das Erhabenheitsgefühl in der Frühzeit war, zeigen die Selbstbetrachtungen, die uns beschäftigen, im weiteren Verlauf. Seine Liebe, so sagt Herder, grenze »an das Erhabne, oft gar an das Weinerliche!«. Besonders in dieser Wendung erscheint der ästhetische Begriff des Erhabenen angeähnelt, wo nicht wesensgleich dem psychologischen des Schauderns. So aber nun durchweg im folgenden. Persönliches und Sachliches wird abwechselnd aus dieser Perspektive gesehen. Menschliche Zu- und Abneigungen, Gespräch, Tätigkeit, ja selbst der eigene Gesichtsausdruck, alles ist nach Herders Schilderung durch sein Erhabenheitsgefühl beeinflußt. Erhaben-melancholisch ist die »Rührung« über Tränen und Entfernung der Geliebten, ist das »Aufseufzen« beim Lesen von Dichtung, das

»Weinen« im Gedanken an Freunde. Eine Gestimmtheit nach Weise des Empfindsamkeits-Zeitalters tritt zutage, trägt aber das individuelle Gepräge der Herderschen Persönlichkeit.

Erstaunlicherweise empfindet Herder sogar gegenüber dem geistlichen Stand, der Kirche, dem Predigen jenes erhabene Schaudern. Was gemeint ist, zeigt ein Aufsatz, der die Stimmung des Geistlichen Herder in bezug auf seinen Beruf zu Ende der Rigaer Zeit wiedergibt: *Über Sabbat und Sonntagsfeier* innerhalb der *Archäologie des Morgenlandes* (SWS VI, 90 ff.). Mit dem Gottesdienst verbunden sei, so heißt es da, »eine gewisse *Erhebung*, eine außerordentliche *Anstrengung* des Geistes«, ein »Staunen« sowie etwas »Erhabnes«, dem sich ein »Mitgefühl von *Grausen*« beimenge, von »Dunkel und Entsetzen«. Die Gefahr besteht, daß aus der ganzen Feierlichkeit »ein Mechanismus« werde. Ähnliches droht auch dem Prediger. »Mechanische Erbauung« kann »alle innere Wirksamkeit der Seele töten«. Gewohnheitsmäßig nimmt der Prediger eine »ewige Sabbatsfalte« an, deren Echtheit Herder bezweifelt. Eine etwas spätere Umformung des *Sabbat*-Aufsatzes (SWS VI, 161 ff.) spricht noch kritischer von der »ernsten, feierlichen Grimasse« des Priesters. Hier polemisiert Herder gegen das »sachenlose Seufzen« des Predigers, er sieht in dessen zugestutztem Gehabe »Hypokrisie« statt »Natur und Wahrheit«. Im *Journal* wird die negative Einstellung zum Predigerberuf auf erste Jugendeindrücke zurückgeführt. Ein Kommentar hierzu findet sich in der Zweitform des *Sabbat*-Aufsatzes. Der Passus sei angeführt, weil er offenbar entsprechende Kindheitseindrücke Herders realistisch schildert, zugleich nochmals erläutert, was es mit der negativen Erhabenheit des Schauderns auf sich hat: »Der Knabe wird in die Kirche geführt: ›sei anddächtig!‹ Und nun siehet er das gotische, dunkle Gebäude, die Menge Volks, die sausende Windorgel, den feierlichen, lahmen, eintönigen Gesang; die Kleidung, Ton, Sprache des Priesters – das Getöse der Glocken dumpft oben drein hinzu: Kirchhof, Gräber, Gewölbe sind neben an! Von Gespenstererscheinungen in und um die Kirche, und zwar auf die gotische Weise, ist überdem seine Seele voll; die Kirche ist vielleicht auch gar mit Totendampf, wie mit feierlichem Weihrauch, erfüllet – alle die dunkle, grausend-glänzend-abenteuerlich-gotische Vorstellungen sinken zum trüben Bodensatz in seine Seele. Jedes neue Gefühl der Andacht regt sie auf, oder Er, der nun gar in Angst der Seele [!] wider Willen andächtig sein will, oder soll, schüttelt sie mit Gewalt auf! – Sein Lebenlang bleibt *das* Gefühl ihm Andacht!«

»Angst der Seele« – sie gibt der Persönlichkeit Herders ein bestimmtes Gepräge. Sie läßt ihn das Erhabene – auch in seinem Beruf – »wider Willen« empfinden. Durch sie wird Erhabenes zu einem »Gotischen«, vor dem ihm schaudert. »Mein Leben ist ein Gang durch gotische Wölbungen [...] die Aussicht ist immer ehrwürdig und erhaben: der Eintritt war eine Art Schauder.« So heißt es im *Reisejournal*. Wertvollen Aufschluß über den notgedrungen gotischen Weg Herders gibt seine Charakteristik der geistigen Auswirkungen jenes Schauders, der Erhabenheitsgefühl ist. Von diesem her rührt sein Geschmack für das Düstre, »Sombre« der »Philosophie, der Poesie, der Erzählungen, der Gedanken«. Von ihm her auch der »halbsombre Stil«, die fragmentarische Form seiner Schriften. Ein »Schauder« begleitet ihn bei seinen Entdeckungen, psychologischen wie historischen. Speziell die Vorliebe für dunkle Anfangsepochen der Menschheit und Poesie beruht auf einer allerpersönlichsten Eigenschaft des Menschen Herder. Das Negative übt einen schmerzlichen Reiz aus. Wo das Schöne noch *nicht* erreicht ist, wo noch möglichst quälende archaische Härte sich findet, dort fühlt Herder sich zu Hause. Er nennt als Beispiele seiner Interessen die »Neigung für Hebräer, Griechen, Ägypter, Kelten, Schotten«. Mit Hebräern und Ägyptern beschäftigte er sich damals in der *Archäologie des Morgenlandes*. Was die in diesem Zusammenhang genannten Griechen betrifft, so denkt Herder an seine Vorstellungen von »alten« orphischen Gesängen, die er schon 1765 »mit heiligem Schauder« las (SWS I, 78), oder an die von homerischen Rhapsoden. Homer erschien ihm ähnlich archaisch wie der Liebling Ossian. Unter »Kelten, Schotten« ist vornehmlich Ossian selbst zu verstehen. Herder nennt ihn wechselweise bald »keltischen Dichter«, bald »schottischen Barden«.

Es erweist sich jetzt, wie zutreffend Hayms Feststellung war, Ossian habe der eigenen Gefühlsweise Herders »konson« getönt. In Ossian fand Herder durchweg Töne und Stimmungen, die dem so nahe wie möglich kamen, was nun einmal Grundbestandteil seines eigenen Erlebens war: dem schmerzlichen Schauder, einem Gefühl fürs Erhabene, das »ans Weinerliche grenzt«. Das Geständnis des *Reisejournals*, das diesen Zusammenhang aufdeckt, ist wichtig. Denn in seinen öffentlichen Äußerungen über Ossian schweigt Herder davon. Hier hören wir ganz andere Kennzeichnungen. Da sind die Lieder Ossians – um aus dem *Ossian*-Aufsatz von 1773 zu zitieren –: »wild, lebendig, frei, sinnlich, sicher, fest«; Herder preist sie als »gesehen« und »gefühlt in lebendiger Welt«, im Gegensatz zu modernen Gedichten, die er gedacht, zergrübelt, erkünstelt nennt. Hier begegnen wir also nur den positiveren Argumenten, mit Wertungen aus der Gefühlsphilosophie Hamanns, Rousseaus. Unausgesprochen bleibt, was für Herder insgeheim den Hauptattraktionspunkt bildete: daß seine Sucht nach Erhabenheits- und Schaudergefühlen bei Ossian denkbar größte Befriedigung fand. Etwas näher kommt Herder diesem eigenen Gefühlsbereich, wenn er im selben Aufsatz die *Eduard*-Ballade ein »recht schauderhaftes Schottisches Lied« nennt, oder »skaldische« Gedichte preist als »roh, einfältig aber groß, zaubermäßig, feierlich«. Man muß aber schon den Passus über das Schaudern im *Journal* heranziehen, um zu durchschauen, daß Herder hier auch von den ihm so lieben negativen Reizen spricht.

Jedenfalls ist, wenn im Zusammenhang mit Ossian von jenen negativen Reizen geschwiegen wird, die Ursache nicht etwa eine inzwischen eingetretene innere Wandlung. Sein »Schaudern« begleitete Herder ebenso lebenslänglich wie die Liebe zu Ossian. Einen Weg hinaus ins »Freie«, zur »Sonne« – von dem er im *Journal* träumt –, hat er nie gefunden. Man wird annehmen dürfen, daß Herder als Lobredner Ossians vor der Öffentlichkeit nur die positiveren Argumente für zugkräftig hielt. Die negativen mögen ihm als zu privat, damit unwirksam und nicht verständlich erschienen sein. Auch wäre er bei einer Anpreisung des Schauders mit sich selbst nicht völlig einig gewesen, denn er betrachtete denselben ja mit viel kritischem Zweifel.
Ossian stellt Herder im *Reisejournal* (S. 129) wie auch in der *Archäologie des Morgenlandes* zusammen mit Moses. Im Aufsatz von 1773 und weiterhin vergleicht er ihn mit Homer, den Griechen. Vor allem bedeutsam ist, daß bei der gesamten Wendung, die Herder 1773 zu »deutscher Art und Kunst« hin vollzieht, Ossian den Ausgangspunkt bildet. Der *Ossian*-Aufsatz eröffnet die Schaffensperiode, mit der Herder in so einzigartiger Weise »Bewegung in die Literatur hineinbrachte« (Gundolf). Durch das *Journal* wird uns klar, wie vieles von seiner bewegenden Kraft auf einer Eigentümlichkeit des Menschen Herder beruhte. Er hatte einen Geschmack am Düstren, der bei all seinem geistigen Wirken, ohne daß viel davon gesprochen wird, eine stetige Komponente bildet. Eine Komponente, kaum geringer an Bedeutung als die andere, klar zutage tretende: sein Hinweisen auf Sinne, Fühlen, Natur. Durch seine Neigung zum Düstren wurde Herder zum Verneiner von vielem: wo Klarheit, Helle, heiterer Himmel zutage trat, regte sich bei ihm leicht Antipathie. Er mußte aber »sympathisieren« können, wollte er ein Volk, eine Nation, ein Zeitalter charakterisieren (SWS V, 502). Herders Aversion gegen die Franzosen, wie sie das *Journal* zeigt, beruht zuletzt auf solcher Antipathie. Als Klopstock sich gegen Frankreich wandte, geschah das aus Nationalis-

mus; Lessing befehdete die französische Literatur, weil er die antike höher schätzte. Herder jedoch mißfiel die französische *Klarheit*. Dieses war ein ausschlaggebender Faktor, wenn er die Deutschen an England verwies, Shakespeare und Ossian auf den Schild hob, englisch-schottische Balladen empfahl. Daß Herder die Antike als Muster verneinte, hing gleichfalls mit seiner seelischen Struktur zusammen. »Ich bin Shakespeare näher als dem Griechen«, heißt es im *Shakespear*-Aufsatz von 1773. Noch seine Verneinung der Kunstpoesie, der gegenüber er die Ur- und Volkspoesie weit höher bewertete, erklärt sich aus der Beschaffenheit des Menschen Herder: das ganz Geformte empfindet er als Glätte, ist ihm zu klar, hier kommt sein Gefallen am urtümlich Düstren nicht auf seine Rechnung. Aus ähnlichem Grund steht er auch später kritisch zu Goethe, nachdem dieser vom Sturm und Drang zur klassisch klaren Form durchgedrungen war.

Beachtung verdient, daß Herder im *Reisejournal* sogar seine geplanten »Archive des menschlichen Geschlechts« mit den negativen Wallungen des »Schauders« zusammenbringt. Wie dies Projekt, das später dann in verschiedenen Formen ausgeführt wurde, auf der Reise detailliert dargestellt ist, läßt es zunächst an derartiges nicht denken. Und doch tritt Herder hier als Verneiner auf. Die vielen in ihm aufkeimenden Erneuerungsgedanken haben sämtlich zur Basis eine Verneinung des augenblicklich Etablierten. Ein reformerisches kulturpolitisches Werk ist geplant. Mit Recht sieht sich Herder in der Situation des Neinsagers gerade damit. Denn zu jedem Reformieren gehört das Neinsagen-Können, jeder große Reformator ist zunächst Negant.

So beruht, dies ist nicht zu verkennen, Herders gesamte reformatorische Wirkung, seine Eigenschaft als der große »Beweger« und Anreger noch auf dem »Schauder«, der Affinität zum Schreckhaft-Erhabenen. Die daraus hervorgehende Tendenz zum Negieren gab ihm den kritischen Blick, sie schärfte auch jenen Spürsinn für Verfalls- und

Vergreisungserscheinungen. Die Literatur, der Bereich, in dem Herders Reformatortätigkeit ihre eigentlichen Erfolge zeitigte, ward von seinem Negieren unendlich gefördert. Nachteilig wirkte sich Herderscher Geist aus, wo er im Deutschen liegende Schwächen begünstigte oder mißverstanden wurde. So hatte Herders persönliche Inklination für das »Nordische«, die eigenwillige Gleichsetzung von nordisch und deutsch, schwerwiegende Folgen. Wie wenig bei ihm selbst nationalistisches Gefühl im Spiele war, zeigt das Einbeziehen des Englischen. Es ging Herder lediglich darum, die Literatur zu lenken auf das von ihm Geschätzte: ursprüngliches Fühlen und – im weitesten Sinne – Schauder. Seine Vorstellung war, damit würde die deutsche Dichtung das ihr nötige »nationale« Element finden. Man ist ihm hierin allzuweit gefolgt, für viele Generationen galt das Düstere, Nicht-Klare als ›deutsch‹. Der Nationalismus bemächtigte sich dieser Richtung. (Der Weg von Herder zu Wagner.) Es wäre auch als Entwicklung denkbar gewesen, antike Klarheit zu suchen, dem Vorbild Lessings, Wielands, Goethes zu folgen. Auch diese waren ›deutsch‹. Man wählte den andern Weg, der freilich für deutsche Künstler der leichtere war.
Der Bequemlichkeit kam auch entgegen Herders Bevorzugen der Volkspoesie vor der Kunstpoesie. Gewiß hatte dies positive Folgen wie die Entdeckung von Volksliedern, die Belebung volkstümlicher Gattungen: Lied, Ballade, Romanze usw. Doch wurde dadurch im 19. Jahrhundert auch der Blick verengt. Viel zu einseitig betrachtete man das ›ursprünglich‹ Liedhafte, Balladeske als das ›Lyrische‹ schlechthin. Eine sich ausbreitende Tendenz zum Primitiven war der Entwicklung höherer Lyrik hinderlich, begünstigte andererseits das rasche Abgleiten in Epigonentum. Übrigens war schon Herder selbst in seiner Bewertung von Versen recht unsicher. Das ist durch die zahllosen Fehlurteile über Dichter seiner Zeit erwiesen. Offenbar war in der Gestalt des großen Initiators vieles vorgeformt, was nachmals zur

Erscheinung kommen sollte: so auch das schwankende Verhältnis der Deutschen zur Lyrik.

Herders Hang zum Negieren, über den das *Reisejournal* so interessante Bekenntnisse enthält, wurde bekanntlich in Goethes *Dichtung und Wahrheit* ausführlich charakterisiert. Goethe berichtet von dem »Widersprechungsgeist Herders«, seinem »Schelten und Tadeln«, worunter er beim ersten Zusammentreffen in Straßburg viel zu leiden hatte. Während der ganzen Zeit seiner Freundschaft mit Herder war dessen Negieren Goethe immer wieder beschwerlich. Bestätigt wird damit der Zusammenhang des Herderschen »Schauderns« auch mit dessen Erleben der Freundschaft, von dem das *Reisejournal* berichtet: Schauder bei »einer ersten Visite«, »In der Freundschaft [...] unzeitige Furcht«.

Goethe spricht in seinen Erinnerungen an Straßburg von einem gleichsam pulsierenden »Anziehen und Abstoßen«, das Herder wechselnd zeigte, intensiver als andere Menschen. Die Formel »Anziehen und Abstoßen« ist des Nachdenkens wert. Auf den ersten Blick scheint sie Goethes naturwissenschaftlichem Denken zu entstammen, in dem ja die Polaritätslehre eine so große Rolle spielt. Indessen dürfte etwas anderes Goethe veranlaßt haben, die Formel hier zu verwenden, nämlich genauere Kenntnis der Herderschen Denkweise. Von »Anziehen und Abstoßen« wird auch immer wieder bei philosophischer Diskussion des Erhabenen gesprochen. Die Formel begegnet uns in Kants früher Schrift *Beobachtungen über das Gefühl des Schönen und Erhabenen*, sie kehrt wieder in Kants *Kritik der Urteilskraft*, wo vom Erhabenen die Rede ist; sie taucht auch endlich im Abschnitt über das Erhabene von Herders *Kalligone* auf. Zwar polemisiert der ältere Herder gegen Kants Vorstellung vom »Abstoßen« innerhalb des Erhabenheitsgefühls. Doch hatte er sich in seiner Jugend praktisch zu derartigem – dem Schaudergefühl – bekannt, sein menschliches Wesen war damit unauflöslich verbunden. So möchte

man meinen, Goethe habe auf diesen Zusammenhang hinweisen wollen, indem er von Anziehen und Abstoßen sprach. Er wußte seit der Straßburger Begegnung, wie seltsam verknüpft bei Herder das Negieren mit dessen Vorstellung vom Erhabenen war, mit seinem Charakter überhaupt. Das Negieren war geblieben. So erschien die Polemik des gealterten Herder gegen das Abstoßen nicht recht glaubhaft. Indem Goethe psychologisch den Zug des Negierens bei seinem Freunde interpretiert, spricht er jedenfalls dessen Sprache, begibt er sich in den ihm von Jugend auf vertrauten Bereich von Herders Denken.
Die alte Erfahrung, daß Schwächen des Menschen mit seinen Tugenden zusammenhängen, bestätigt sich bei Herder. Durch die Gleichsetzung von »Schauder« und Erhabenheitsgefühl weist das *Reisejournal* auch hierauf hin. In *Dichtung und Wahrheit* hat Goethe mehr den von seinem Schauder geplagten Herder geschildert. Sein *Faust* dagegen trägt neben manchem positiveren Zug Herders auch den des ausgeprägten Gefühls für das Erhabene. Berühmte Verse in *Faust II* sprechen von dem »Schaudern« in einer Weise, daß sie wie eine Apologie Herders wirken. Als Faust von den unheimlichen »Müttern« hört, »schaudert« er zunächst über das Wort (vor V. 6265). Dann faßt er sich und spricht (V. 6271 ff.):

> »Doch im Erstarren such' ich nicht mein Heil,
> Das Schaudern ist der Menschheit bestes Teil;
> Wie auch die Welt ihm das Gefühl verteure,
> Ergriffen, fühlt er tief das Ungeheure.«

Das Wort »Schaudern« wird in den *Faust*-Kommentaren gewöhnlich interpretiert, als sei es identisch mit dem ehrfürchtigen philosophischen *Staunen* im Sinne Platons. Das ist eine willkürliche Auslegung, die mit Goethes Wortgebrauch nicht in Einklang steht. Auch sonst bedeutet »Schaudern« bei Goethe das Gefühl des Ergriffenseins gegenüber dem Erhabenen, insbesondere dem Schreckhaft-Erhabenen;

ein Gefühl also, das auch Herder im *Reisejournal* als Schauder bezeichnet. Wie in diesen *Faust*-Versen eigens das »Gefühl« betont wird mit Abwehr seiner Gefährdung durch den Alltag (»die Welt«), das ist ganz in Herders Sinne. Das Gefühl des Schauderns beschwert, spornt aber zugleich den Geist, bewahrt ihn vor Erstarrung. Deshalb ist solch Schaudern »der Menschheit bestes Teil«. Gerade dies traf auf Herder zu. Dessen Bewegen, Erwecken, Revoltieren gegen Erstarrung stand in engstem Zusammenhang mit seinem »Schauder«. Ohne diesen wäre Herder nicht der große Initiator geworden, als der er in die Geschichte einging. Im Hinblick hierauf wirken die Worte des vor dem Wort »Mütter« schaudernden Faust wie eine Herder-Huldigung. Auch daß dem Schaudern Fausts ein Akt geistigen Belebens folgt, die Beschwörung Helenas, steht mit Herders Wesen und Wirken in Korrespondenz.

Jugend und Veraltung menschlicher Seelen

Das *Reisejournal* beschließen Selbstbekenntnisse, ähnlich den zu Anfang und im Abschnitt über das Schaudern geäußerten. Die Begegnung mit einem begabten Jüngeren, dem Schweden Koch in Nantes, ließ Herder aufs neue die eigenen Mängel empfinden. Koch ist ihm durch einen Blick für Realitäten überlegen, von dem Herder nur zu gut weiß, wie sehr er als künftiger Solon dessen bedürfte. Dies Erlebnis führt ihn tief hinein in psychologische Betrachtungen mit engem Bezug auf die eigene Situation. Leitfaden ist das Thema: Jugend und Veraltung menschlicher Seelen, über das Herder ein pädagogisches »Werk« projektiert. Zugrunde liegen persönliche Erfahrungen des bisherigen Lebens. Mit dem Spürsinn für Symptome von Absterben und Aufleben, Vergreisen und Verjüngen, der Herders kulturhistorische Forschung inspiriert, wendet er sich jetzt auch autobiographischen und pädagogischen Betrachtungen zu. Innerhalb der vorwiegend selbstkritischen Reflexionen werden besonders ausführlich Gefahren des unzeitigen Vergreisens erörtert.

Ein Thema ragt der Bedeutung nach am meisten hervor: das der Wortskepsis. Im Anschluß an Bacon klagt Herder, daß er von Kind an durch die Sprache zu abstrakten, unverstandenen Begriffen geführt worden sei, denen die Realität nicht entspreche.[16] So habe er immer nur »Schatten«, nicht »wirkliche Dinge« gesehen. (Anspielung auf Bacons *Idola specus*.) In seiner pädagogischen Schrift will er dem abhelfen. Denn: Durch solche Abstraktionen ohne lebendige Welt, durch Lernen von Worten ohne Gedanken wird die Seele des jungen Menschen »abgemattet und auf lebenslang alt gemacht. Das ist der Fehler der Zeit in der wir leben.« Zweites Hauptthema ist die Warnung vor »Präokkupation«, »unzeitiger Präsumption«, der verfrühten Hinwendung zu erst späteren Altersstufen gemäßen Lebenserfahrungen. Der junge Herder selbst hatte nie vermocht, die Gegenwart zu genießen: »*Ich sehe, empfinde in der Ferne*, hindere mir selbst den Genuß durch unzeitige Präsumption.« Alles wurde bei ihm durch »aufgeschwellte Einbildungskraft« vorausgenommen. Als Pädagoge weist Herder darauf hin, daß jedem Lebensalter Genüge zu tun sei, nie das Folgende vorweggenommen werden dürfe. Andernfalls erhalte man »veraltete Seelen: junge Greise, greise Jünglinge«.

Veraltend wirkt ferner unlebendiger Sprachunterricht. Das war Herders These schon im Lyzeumsprogramm; der Abschnitt über Frankreich im *Journal* berichtet über den Vorzug, Sprache lebendig zu lernen. Veraltend wirkt auch das Konfrontieren der Jugendseele mit unschöner, niederer Kunst, »gotischen Fratzen«. Dem Gedächtnis sollten frühzeitig würdige Gegenstände eingeprägt werden, denn mit steigenden Jahren läßt sich Neues immer weniger aufneh-

---

16. Vgl. Haym I, S. 350. Am Schluß der *Kritischen Wälder* bekennt Herder, er lese Bacon immer wieder, wie Homer, Platon, Winckelmann.

men. Wer ein langes Leben hinter sich hat, stumpft ab, es wiederholen sich immer die »vorigen Ideen«. Sogar ein Genie, ein Dichter wie Klopstock, wird durch Selbstwiederholung »schwach, matt, tot«.

Verjüngend wirkt und der Jugend nötig ist vor allem der umfängliche Gebrauch der Sinne, des Gefühls. Der Leib verlangt, auch empfindend, nicht nur reflektierend in Tätigkeit gehalten zu werden. »Ohne Körper ist unsre Seele im Gebrauch nichts« – der Satz weist über die Gefühlsphilosophen hinaus zu Spinoza (z. B. *Ethica* V, Prop. 39). Richtige Betätigung seiner Sinne war dem jungen Herder nie beschieden, wie ihm auch von Moral-, Schönheitsbegriffen usw. nur Unzureichendes vermittelt ward. Er möchte für eine kommende Jugend bessere Bedingungen schaffen. Sie soll lernen, den Augenblick, die Gegenwart genießen, dann wird sie nicht die »greise, schwache Beschaffenheit der Seele« haben, die er sich selbst zuschreiben muß. Ein Zeitalter wird danach zu bewerten sein, ob es »schöne Sinnlichkeit« hat, ob es die Seele mit »starken, lebhaften, eignen Sensationen beschwängert«. Es gab in der Vergangenheit solche Zeiten. Die Gegenwart läßt dergleichen vermissen: »unsre jugendlichen Sensationen sagen wenig unsrer Seele: diese erstirbt«. Die jetzige Welt ist im Gegensatz zu der Zeit, da Moses und Homer »durch Eingebung« sangen, die Epoche der »matten, unbestimmten« Prosa. Wir alle »wiederholen und prosaieren so lange, bis wir endlich nichts mehr sagen« gleich einem alten Professor, Prediger oder Witzling.

Das *Journal* endet mit ganz persönlichen Reflexionen. Herder stellt Überlegungen darüber an, wie er sein Lesen ändern könne. Daß er »nie mit ganzer Seele« las, nie als ob er »sähe, fühlte, selbst empfände«, das machte ihn schwach, alt, greisenhaft. Künftig will er, »ewige Jugend der Seele« zu sichern, mit totaler innerer Beteiligung lesen, lebendig, eifrig, begeistert. Es ist ein Ausklang im Sinne der Ganzheitsphilosophie Hamanns, über die Goethe im Zwölften

Buch von *Dichtung und Wahrheit* sagt: »Das Prinzip, auf welches die sämtlichen Äußerungen Hamanns sich zurückführen lassen, ist dieses: ›Alles was der Mensch zu leisten unternimmt, es werde nun durch Tat oder Wort oder sonst hervorgebracht, muß aus sämtlichen vereinigten Kräften entspringen; alles Vereinzelte ist verwerflich‹.« Goethe nennt dies »eine herrliche Maxime«, die, wenn auch schwer zu befolgen, für Leben und Kunst gelten müsse. Es fällt auf, daß Herder am Schluß des *Journals* fast ausschließlich an die Anwendung der Maxime auf seine Gelehrtentätigkeit denkt, nur sein Lesen und Studieren im Sinne hat. Es ist der Wissenschaftler in Herder, der in den Vordergrund tritt. Der damit so bezeichnende Schlußabschnitt des *Reisejournals* läßt den künftigen Lebensverlauf vorausahnen. Herders Selbstkritik wirkt im Hinblick auf den Traum vom politischen Reformator geradezu vernichtend. Wer mit solchen Mängeln zu kämpfen hat, ist für staatsmännische Tätigkeit nicht geeignet. Von politischem Handeln ist auch kaum noch die Rede, dem geistigen vor allem gelten Herders Überlegungen. Entsprechend verlief sein weiterer Weg. Herder wurde kein politischer Reformator. Eine Lebensstellung, wie er sie sich wünschte, fand sich nicht. In Weimar konnte er nur von seinem Schulprogramm einiges realisieren. Alles übrige, die kühnen Ideen zur Verbesserung der Menschheit, blieb der Autortätigkeit vorbehalten. Die Sprache seiner Prosa allerdings ist für allezeit vom Traum der Jugend geprägt worden. Ihr steiles Pathos, das seinesgleichen nicht hat, erklärt sich vor allem daraus, daß Herder stets insgeheim der verhinderte Reformator blieb. Er spricht immerfort als der große Praeceptor mundi, mit der überstarken Stimme eines Propheten in der Wüste.

Goethe, Hofmannsthal, Jean Paul

Die Probleme des jungen Herder, in die uns das *Reisejournal* so tiefe Einblicke gewährt, sind zweimal Gegenstand dichterischer Darstellung geworden: in Goethes *Faust* und in Hofmannsthals *Der Tor und der Tod*. Daß dies geschehen konnte, lag an der Bedeutung des Menschen Herder. Seine Schwächen, und diese besonders haben die Dichter beeindruckt, trugen die Merkmale des Überpersönlichen, Typischen. Sie gerade machten ihn zu einer dichterischen Gestalt.

Für den einundzwanzigjährigen Goethe war Herder, als er ihm in Straßburg begegnete, die genialste Persönlichkeit, die er bis dahin kennengelernt hatte. Einerlei ob ihm das *Reisejournal* zu Gesicht gekommen ist oder nicht, in langwährendem Umgang lernte er Herder so kennen, wie das *Journal* ihn schildert. Es trat ihm die stupende Gelehrsamkeit und Arbeitskraft dessen entgegen, der in jungen Jahren bereits das Bedeutendste aus allen Wissensgebieten gelesen und produktiv durchdacht hatte. Das Staunen über Herders Arbeitskraft begleitet Goethe auch weiterhin. Noch im Winter 1784/85 findet sich in seinen Briefen die Mitteilung über Herder und seinen »Fleiß«: »Es ist unglaublich, was er arbeiten kann.«[17] Daß Goethe auch die Probleme und Schwächen Herders analog den Schilderungen des *Reisejournals* kennengelernt hat, steht außer Zweifel. *Dichtung und Wahrheit* deutet darüber genügend an.

In den Anfangsszenen des *Faust* stellte Goethe, wie die Forschung allgemein richtig gesehen hat, einen Gelehrten dar nach Art Herders. Faust, ursprünglich etwa als Dreißigjähriger gedacht, erwarb mit unermüdlichem Fleiß die Kenntnisse aller Disziplinen. Er versäumt darüber das Leben, veraltet früh. Seine Gelehrsamkeit ist ihm suspekt, da sie ihm nur als ein »in Worten kramen« erscheint. Bacons

---

17. An Karl Ludwig von Knebel, 15. Dezember 1784; an Friedrich Heinrich Jacobi, 15. März 1785.

Polemik gegen »Wortkrämerei«[18] steht im Hintergrund, wie Herder sie sich zu eigen gemacht hatte. Faust sucht den unmittelbaren Zugang zu Erkenntnis, möchte vordringen zu »aller Wirkungskraft und Samen«, die Worte umschreiben dichterisch etwa, was Herder das »Lebendige« nennt. Goethe zeigt Faust lesend, wie Herder es ersehnt, »mit ganzer zusammengenommner Seele«, und nach eigenem Sprachausdruck ringend (Nostradamuslektüre, Bibelübersetzung). Schließlich nimmt sich auch das symbolische Hauptmotiv der Verjüngung Fausts aus wie die Erfüllung Herderschen Träumens.

Mit dem Verjüngungsmotiv deutet Goethe den Weg an, auf dem die Gelehrtenproblematik die Lösung fände, wie auch Herder sie theoretisch weiß. Daß alles auf Selbstverjüngung ankäme, dafür nennt Herder als vorbildliches Beispiel im *Reisejournal* (Schlußabschnitt über »Jugend und Veraltung«) den »alten und immer jungen Montaigne [...], der sich immer zu verjüngen wußte im Alter«. Bewundernd pries er damals an Lessing dessen »junge, unveraltete Seele« (Brief an Nicolai, 1769). In der Fabel des Faust hat Goethe solch ständiges Sichverjüngen paradigmatisch dargestellt. Der Zweite Teil zeigt dies besonders eindrücklich bis zum hundertjährigen Faust. Goethe selbst war solcher Selbstverjüngung fähig. Immer wieder konnte er darauf hinweisen, wie er durch »Ablegen seiner Schlangenhäute« sich viele Male gewandelt habe.

Es war die Tragik Herders, daß ihm solche Wandlungsfähigkeit fehlte. Der Aufsatz *Tithon und Aurora* von 1792 bezeugt, wie er sich dessen bewußt war. Ehemalige Gedanken über »Jugend und Veraltung« aus dem *Reisejournal* wieder aufnehmend, stellt Herder in den Vordergrund trübe Betrachtungen über die Möglichkeit, daß der Mensch »sich selbst überleben« könne im Alter. Der Kern war wiederum autobiographisch. Er selbst spürte den Mangel an

---

18. Herderscher Terminus von 1767. Vgl. S. 266.

Elastizität, die ihm in älteren Jahren hinreichende Wandlungsfähigkeit ermöglicht hätte. In den Schriften seiner Spätzeit findet er den Anschluß an Zeitentwicklungen nicht mehr. Sein Befehden Kants ist nur ein Beispiel. Am rätselhaftesten veraltet zeigt sich Herders *literarisches* Urteil in dieser Epoche. Oft widerspricht es früheren Erkenntnissen oder bleibt hinter ihnen zurück. Eine Folge war, daß Herder auch zur neuen Bewegung der Romantik nicht den Kontakt fand, den man hätte erwarten sollen.

Das Veralten Herders in späteren Jahren kennzeichnet eine briefliche Äußerung Goethes von 1796. Als in der Achten Sammlung der *Humanitätsbriefe* Fehlurteile über die Literatur des 18. Jahrhunderts sich gehäuft hatten, mittelmäßige Autoren, die schon das *Reisejournal* als »veraltet« betrachtete, übermäßig gepriesen worden waren, charakterisierte Goethe diese Herdersche Veröffentlichung so (an Johann Heinrich Meyer, 20. Juni 1796): »Eine unglaubliche Duldung gegen das Mittelmäßige, eine rednerische Vermischung des Guten und des Unbedeutenden, eine Verehrung des Abgestorbenen und Vermoderten, eine Gleichgültigkeit gegen das Lebendige und Strebende, daß man den Zustand des Verfassers recht bedauern muß, aus dem eine so traurige Komposition entspringen konnte.« Wiederum spricht Goethe innerhalb einer späten Kritik in der Sprache des jungen Herder. In den gegensätzlichen Wertungen: »des Abgestorbenen«, »das Lebendige«, erscheinen Herdersche Termini, wie sie das *Reisejournal* vielfach zeigt. Sofern die Anfänge des *Faust* nicht nur eine Huldigung gegenüber Herder darstellen, sondern auch eine Mahnung an ihn, vermochte Herder ihr nicht zu folgen. Die Gelehrtenproblematik blieb für ihn bestehen, sich wie Faust zu verjüngen, war ihm nicht beschieden.

Eine Anzahl von Wendungen am Anfang und Schluß des *Reisejournals* haben in Hofmannsthals *Der Tor und der Tod* so deutliche Entsprechungen, daß man annehmen darf, der junge Hofmannsthal sei aufgrund innerer Verwandtschaft durch Herders *Reisejournal* angeregt worden. So spricht Herder in einer der letzten Zeilen von dem Vorsatz, nicht mehr wie bisher »zu sehr voraus zu denken«, sondern »immer die Gegenwart zu genießen« – wie erinnert dies an *Tor und Tod*. Etwa ein halbdutzendmal begegnet uns im *Journal* das in *Tor und Tod* zentrale Motiv: Selbstanklage eines jungen, genialen Menschen wegen unzeitiger Vorwegnahme künftigen Erlebens (Präsumption, Präokkupation).[19] Bei Hofmannsthal wird das Motiv später in seiner Selbstdeutung *Ad me ipsum* wesentlicher Bestandteil des Präexistenzgefühls. Herder bekennt, »Jahre von seinem menschlichen Leben verloren« zu haben; Claudio in *Tor und Tod* spricht von seinem »versäumten Leben«. Der oftmalige Klageruf des jungen Herder: »nichts recht gewesen, und nichts recht genossen«, kehrt vielfach in den Monologen des Claudio wieder. So hat auch die Selbstbezichtigung Herders (S. 133): »Ich sehe, empfinde in der Ferne« (statt im Hier und Jetzt) ihr Gegenstück im Anfangsmonolog des Claudio:

»So seh ich Sinn und Segen *fern* gebreitet
Und starre voller Sehnsucht stets hinüber.«

In der Einleitung zum Schlußabschnitt des *Journals* sagt Herder, er sei »nur bestimmt, *Schatten zu sehen*, statt *wirkliche* Dinge zu erfühlen«, infolgedessen habe er teils zu wenig, teils im Übermaß »genossen«. Dem entsprechen bei Hofmannsthal Verse des Claudio:

»So hab ich mich in Leid und jeder Liebe
Verwirrt mit *Schatten nur* herumgeschlagen,
Verbraucht, doch nicht *genossen* alle Triebe
[...]

---

19. Vgl. Hans Dietrich Irmscher, Nachwort zu [Herder, Goethe, Frisi, Möser:] *Von Deutscher Art und Kunst*. Stuttgart 1968 (Reclams UB Nr. 7497 [3]), S. 172 f.

Daß dann die Dinge, wenn sie *wirklich* sind,
Nur schale Schauer des Erinnerns bringen.«

Andernorts in *Tor und Tod* nimmt das Wort »Schauer«
eine Bedeutung an, die dem Herderschen »Schauder« ganz
nahekommt. Es wird Ausdruck eines großen Erhabenheitsgefühls nach Weise von Herder:

> »In tiefen, scheinbar langersehnten *Schauern*
> Dringts allgewaltig auf mich ein
> [...]
> In jeder wahrhaft großen Stunde,
> Die *schauern* deine Erdenform gemacht,
> Hab ich dich angerührt im Seelengrunde
> Mit heiliger, geheimnisvoller Macht.«

Da von Claudios Begegnung mit dem Tode die Rede ist,
gehört Schauern hier ganz in den Bereich des Schreckhaft-Erhabenen. Selbst das Hauptmotiv seines Jugendwerks:
früher Tod eines jungen Menschen, der dem lebendigen
Augenblick nicht gewachsen ist, konnte Hofmannsthal bei
Herder finden. Zu Beginn des *Journals* heißt es: »Seelen
[...], die nie wissen, was sie tun, und tun werden; nie dahin kommen, wo sie wollen, und zu kommen gedachten;
nie da sind, wo sie sind, und nur durch solche Schauder
von Lebhaftigkeit aus Zustand in Zustand hinüberrauschen [...] sind sie bestimmt, durch eben solchen Schauer
frühzeitig ihr Leben zu endigen, wo sie nichts recht gewesen, und nichts recht genossen [...] haben«?

Die Einwirkung des *Journals* auf Hofmannsthal mag eine
äußerliche Erklärung finden durch das Erscheinen der ersten Bände von Suphans Herder-Ausgabe, das in die
Jugendjahre des Dichters fiel. Der Eindruck war nachhaltig. Denn noch für Hofmannsthals vieldiskutierte »Wortskepsis« finden sich in Herders *Journal* die erstaunlichsten
Parallelen! Wie Herder, so lehnt sich auch Hofmannsthal
dabei an Bacon an: der Chandos-Brief von 1902, in dem

Hofmannsthal überdrüssig aufbegehrt gegen »abstrakte Worte« und »Begriffe«, die ihn in »geistige Starrnis versinken« ließen, ist an Bacon adressiert. (Herder hatte Bacon als Befreier von »Wortkrämerei« und »abstrakten Begriffen« 1767 in der Dritten Sammlung der *Fragmente* mit Namen genannt.) Wortskepsis mit deutlichem Anklang an Herders *Journal* findet sich schon beim frühen Hofmannsthal. In einem Aufsatz von 1895 *(Eine Monographie)* stehen die Sätze: »Die Worte geben sich nicht her, sondern spinnen alles Leben von den Menschen ab [...] Wenn wir den Mund aufmachen, reden immer zehntausend Tote mit.« Das erscheint wie ein Wortanklang an das *Journal*, wo es heißt (über »Jugend und Veraltung Menschlicher Seelen«): »Man hat lange vor uns eine Sprache erfunden, *tausend Generationen vor uns* haben sie mit feinen Begriffen bereichert: wir lernen ihre Sprache [...] Lernen damit nichts: veralten uns an Grammatiken« (S. 140); und bald darauf: »Jeder lernt die Masse von hundert andrer Gedanken und wird damit alt« (S. 142). Gleiche Vorstellungen gingen in Hofmannsthals Gedicht »Manche freilich ...« ein, das etwa gleichzeitig mit dem zitierten Aufsatz entstand:

»Ganz vergessener Völker Müdigkeiten
Kann ich nicht abtun von meinen Lidern.«

Für Goethe wie für Hofmannsthal ward der junge Herder mit seiner Problematik eine dichterische Gestalt, als sie beide auf vergleichbarer Stufe jugendlicher Entwicklung sich ähnlichen Konflikten gegenübersahen. Selbst frühreif beide, trugen sie die Wissenslasten einer alt gewordenen Zeit auf den Schultern. Sie kannten die Gefahr, unter solcher Bürde vorzeitig zu veralten. Herders Problem war, seine Gelehrsamkeit lebendig und beseelt zu erhalten. Für die Dichter bestand dies Problem im Bereich ihrer Kunst. Hofmannsthal sah das unmittelbare Verhältnis zur menschlichen und geistigen Umwelt in Frage gestellt durch unzeitige Präokkupation nach Art des jungen Herder. Wie

Herder befürchtete, Bücher nicht lebendig genug lesen zu können, so verwirren Hofmannsthals Claudio die ihn umgebenden, zu wenig empfundenen Kunstwerke. Wenn Herder kritisch darauf verweist, man beginne sogar »Zeitalter vorauszunehmen, in andere zurückzukehren«, womit die »ganze menschliche Natur umgekehrt« sei, so lebte Hofmannsthal in einer solchen mit allen Zeiten und Kulturen spielenden Epoche. Der Blick auf die Gestalt des jungen Herder half Hofmannsthal, sich über diese Situationen klarzuwerden.
Goethe verdankte Herder die Erkenntnis, daß mitten in der Spätzeit Deutschland geistig noch jung war, so jung wie er selbst damals.[20] Dies wies ihm als Künstler die Wege. Doch ward Goethe durch Herder auch erstmals zur Wissenschaft geführt, eine für sein Leben ebenso bedeutsame Wendung. Die Gelehrtentätigkeit Goethes orientierte sich für alle Zeit an der Wissenschaftsauffassung, der er beim jungen Herder begegnet war. Daher finden wir im *Faust* dem Gelehrten Herder mit seinen Vorzügen und Schwächen ein Denkmal gesetzt. In den Jahren, als Goethes eigene Hinwendung zur Wissenschaft begann – die *Frankfurter gelehrten Anzeigen* von 1772 zeigen die erste Auswirkung –, interessierte den Dichter Wissenschaft als Lebensform.

Ein dritter Dichter, Jean Paul, sei schließlich noch angeführt, der Herder als Menschen und Wissenschaftler gehuldigt hat. Jean Paul schließt seine *Vorschule der Ästhetik* mit einer Eloge auf Herder. Er feiert ihn als »großen Menschen«, der »wie ein Brahmine mit dem hohen Spinozismus des Herzens« sämtliche Lebewesen mit gleicher Liebe umfaßte. Herders Affinität zur Erhabenheit wird hier gesehen, zugleich seine Natur- und Menschenliebe. Letztere war Jean Paul von Bedeutung wegen seiner eigenen sozialen Denkweise. Über den Wissenschaftler Herder sagt Jean

---

20. Goethe zu Eckermann, 15. Februar 1824.

Paul: »Wenige Geister waren auf die große Weise gelehrt wie Er«; alles Unwesentliche meidend, habe er nur die »großen Ströme aller Wissenschaften in sein himmlisches Meer aufgenommen«. Für Herders anspornende Wirksamkeit findet Jean Paul das schöne Gleichnis: Er glich »den Schwanen, welche in der harten Jahreszeit die Wasser offen erhalten durch ihr Bewegen«. Jean Paul gedenkt des Aufklärers Herder, der »die kühnste Freiheit« pantheistischen Denkens mit dem »frömmsten Glauben« verbunden habe. Er erwähnt sogar Herders ahnungsvolles »Schaudern«, wie seinen »Kampf gegen deutsche Roheit«. Kein Dichter, sei Herder doch ein Gedicht gewesen, jedenfalls eine dichterische Seele. Nachdenklich fügt Jean Paul eine Wendung hinzu, die uns den Herder des *Journals* vergegenwärtigt: »Eine große dichterische Seele wird leichter alles auf der Erde als glücklich.«

Zur Textgestalt

Aus dem Manuskript des *Reisejournals*, wie es sich nach Herders Tod vorfand, veröffentlichte erstmals Georg Müller einzelne Teile an verstreuten Stellen der Cottaschen Gesamtausgabe (*Zur Philosophie und Geschichte*, Bd. 12 und 16; 1810 und 1820). Die erste vollständige Publikation veranstaltete Herders Sohn Emil Gottfried Herder 1846 (*Lebensbild*, S. 153 ff.). Diese Ausgabe ist durch zahllose Druck- bzw. Entzifferungsfehler, Änderungen und Auslassungen unbrauchbar. Eine berichtigte, die grundlegende Edition schuf Bernhard Suphan in dem 1878 erschienenen vierten Band seiner großen Herder-Ausgabe. Indessen konnte auch Suphan nicht den Anforderungen einer historisch-kritischen Ausgabe gerecht werden. Überbelastet mit dem Vorhaben, den ganzen Herder zu edieren und zu kommentieren, vermochte er auf das einzelne Werk nicht hinreichend Mühe zu verwenden. Im Falle des *Reisejournals* vermißt man vor allem Auskunft über das von der Handschrift wirklich Dargebotene. Lesarten, Änderungen Herders bei der Niederschrift, verzeichnet Suphan nur in wenigen Fällen. Doch geben die vielen Korrekturen Herders wichtige Aufschlüsse sowohl über seine Gedankengänge wie auch über die Entstehung seiner Niederschrift. Gerade das Charakteristische des *Reisejournals*: das Improvisatorische, Tagebuchartige des Werkes, wird erst deutlich durch Einsicht in die Varianten. Nach Suphans Ausgabe könnte man annehmen, es handle sich um eine nur gelegentlich gebesserte Reinschrift. Viele Seiten des Manuskripts sind geeignet, diesen Eindruck zu bestätigen. Hier erscheinen die edlen Züge der Herderschen Hand so klar, daß man Goethes Wort – aus *Dichtung und Wahrheit* – begreift: »Seine Handschrift sogar übte auf mich eine magische Gewalt aus.« Dem stehen freilich andere Partien gegenüber, die wesentlich unruhiger, zum Teil nervös und mit merklichen Zeichen der Ungeduld geschrieben sind. Darin häufen sich auch meist – jetzt in unserem Druck erkennbar – allerlei Abbreviaturen. Durchgehend findet man aber, genauer zusehend, Korrekturen in solcher Anzahl, daß sich der Schluß ergibt: Mit einer Reinschrift haben wir es nicht zu tun. Mag manches auf zuvor verfaßten Brouillons beruhen, im ganzen handelt es sich um eine Niederschrift im ersten Stadium. Die Situation der Reise prägt das Gesicht des Werkes, wie innerlich so auch äußerlich.

Im übrigen unterliefen Suphan, trotz der Meisterschaft seiner Entzifferungskunst, bei der Textwiedergabe doch vielerlei Versehen. Manches ist anders zu lesen, wiederholt wurden von Suphan Worte ausgelassen, Satzzeichen willkürlich gesetzt oder geändert, letzteres gelegentlich rein aus Wirkungsgründen. (Punkte verwandelte er in Ausrufungszeichen und dergleichen.) Es wurde deshalb hier nochmals auf die Handschrift zurückgegangen, um von dieser so zentralen Arbeit des jungen Herder ein genaueres Bild zu geben.

Der Text der Handschrift ist möglichst originalgetreu wiedergegeben. Belanglosere Schreibversehen wurden stillschweigend verbessert. Fehlende Umlautzeichen wurden ergänzt. Das fast durchgehend von Herder gesetzte Kürzel für »und« sowie das manchmal gesetzte Kürzel für »etc.« wurden der Lesbarkeit halber aufgelöst. Sonstige Ergänzungen bei abgekürzten Wörtern wurden nach Bedarf in eckige Klammern gesetzt: [ ], desgleichen gelegentlich fehlende Wörter oder nötige Satzzeichen. Versehentliche Wortverdopplung wird durch spitze Klammern angezeigt: 〈 〉. Von Herder unterstrichene Wörter erscheinen gesperrt, von ihm lateinisch geschriebene Wörter kursiv gedruckt. Über das in der Handschrift Gestrichene unterrichten die Fußnoten. Die energischen Ausstreichungen Herders – meist durch kräftige Spirallinien – machten die Entzifferung schwierig, mitunter blieb sie Vermutung.

Herr Prof. Dr. Hans Dietrich Irmscher machte mich freundlicherweise auf das Wiederauftauchen der Handschrift aufmerksam, die lange als verschollen galt. Herr Prof. Dr. Hans Lülfing, Direktor der Handschriftenabteilung der Deutschen Staatsbibliothek in Ostberlin, gestattete entgegenkommenderweise die Benutzung des Manuskripts. Beiden Herren möchte ich an dieser Stelle nochmals herzlichen Dank aussprechen.

Für Erkundungen zum Anmerkungsteil bin ich verpflichtet: Frau Dr. Christa Dill und Herrn Dr. Johann Dill, Berlin; Herrn Prof. Dr. Kurt Hübner und Herrn Dr. Peter Rohs, Kiel; Frau Prof. Dr. Dorothea Kuhn, Marbach am Neckar; Frau Prof. Dr. Erika Metzger und Herrn Prof. Dr. Michael Metzger, Buffalo, New York.

Nach einer der Orient-Literatur abgesehenen Gepflogenheit, der auch Goethe im *West-östlichen Divan* folgte, möchte ich am Ende meiner Ausführungen eine Widmung aussprechen:

Bernhard und Carola Blume

in Verehrung, Dankbarkeit, Freundschaft!

Literaturhinweise

Hier werden nur Publikationen angeführt, die der Ausgabe unmittelbar zugute gekommen sind. Vollständigere bibliographische Hinweise in: Karl Goedeke: Grundriß zur Geschichte der deutschen Dichtung. Bd. 4,1. Dresden ³1916, § 229, S. 695–740, 1154 bis 1159. – Dieter Berger: Herder-Schrifttum 1916–1953. In: Im Geiste Herders. Gesammelte Aufsätze zum 150. Todestage J. G. Herders. Hrsg. von Erich Keyser. (Marburger Ostforschungen. Bd. 1.) Kitzingen a. M. 1953, S. 268–305. – Für die Zeit nach 1953: Bibliographie der deutschen Literaturwissenschaft. Hrsg. von Hanns Wilhelm Eppelsheimer, bearb. von Clemens Köttelwesch. Bd. 1 ff. Frankfurt a. M. 1957 ff. – Germanistik. Internationales Referatenorgan mit bibliographischen Hinweisen. Bd. 1 ff. Tübingen 1960 ff.

Bittner, Konrad: Die Beurteilung der russischen Politik im 18. Jahrhundert durch J. G. Herder. In: Im Geiste Herders. Gesammelte Aufsätze zum 150. Todestage J. G. Herders. Hrsg. von Erich Keyser. (Marburger Ostforschungen. Bd. 1.) Kitzingen a. M. 1953, S. 30–72.

Boerner, Peter: Tagebuch. Stuttgart 1969.

Haym, Rudolf: Herder nach seinem Leben und seinen Werken. Bd. 1. 2. Berlin 1880–85. (Zitiert als: Haym, nach dem Neudruck Berlin 1954.)

[Herder:]
Johann Gottfried Herder. Journal meiner Reise im Jahre 1769. Ed. by A[lexander] Gillies. Oxford ²1969. (Zitiert als: Gillies.)
Joh. Gottfried Herder. Mensch und Geschichte. Sein Werk im Grundriß. Hrsg. von Willi A. Koch. Stuttgart 1957. (Zitiert als: Koch.)
Johann Gottfried Herder. Sämtliche Werke. Hrsg. von Bernhard Suphan. Berlin 1877–1913. (Zitiert als: SWS.)
Johann Gottfried Herder. Werke in zwei Bänden. Hrsg. von Karl-Gustav Gerold. Bd. 1. München 1953. (Zitiert als: Gerold.)
Herders Briefe. Ausgew., eingel. u. erl. von Wilhelm Dobbek. Weimar 1959. (Zitiert als: Dobbek.)
Johann Gottfried von Herders Lebensbild. Sein chronologisch-

geordneter Briefwechsel, verbunden mit den hierhergehörigen Mittheilungen aus seinem ungedruckten Nachlasse, und mit den nöthigen Belegen aus seinen und seiner Zeitgenossen Schriften. Hrsg. von [...] Emil Gottfried von Herder. Bd. 2. Erlangen 1846. (Zitiert als: Lebensbild.)

Hocke, Gustav René: Das europäische Tagebuch. Wiesbaden 1963.

Irmscher, Hans Dietrich: Der handschriftliche Nachlaß Herders und seine Neuordnung. In: Herder-Studien. Hrsg. von Walter Wiora unter Mitw. von Hans Dietrich Irmscher. Würzburg 1960.

Irmscher, Hans Dietrich: Aus Herders Nachlaß. In: Euphorion 54 (1960) S. 281–294.

Irmscher, Hans Dietrich: Probleme der Herder-Forschung. In: Deutsche Vierteljahrsschrift für Literaturwissenschaft und Geistesgeschichte 37 (1963) S. 266–317.

Sivers, Jegór von: Herder in Riga. Riga 1868.

Staiger, Emil: Der neue Geist in Herders Frühwerk. In: E. S.: Stilwandel. Zürich 1963.

Stavenhagen, Kurt: Herder in Riga. In: Abhandlungen des Herder-Instituts zu Riga. Bd. 1,4. Riga 1925. (Zitiert als: Stavenhagen.)

Stockum, Th[eodorus] C[ornelis] van: Herders »Journal meiner Reise im Jahre 1769«. Amsterdam 1960.

Sturm und Drang. Kritische Schriften. Hrsg. von Erich Loewenthal. Heidelberg 1952. (Zitiert als: Loewenthal.)

Wiese, Benno von: Der Philosoph auf dem Schiffe, Johann Gottfried Herder. In: B. v. W.: Zwischen Utopie und Wirklichkeit. Düsseldorf 1963.

Personenregister

Abbt, Thomas (1738–66), Popularphilosoph; Mitarbeiter an den *Literaturbriefen*. Im letzten Lebensjahr Hof- und Regierungsrat in Bückeburg. Herder verfaßte 1768 die Abhandlung *Über Th. Abbts Schriften. Der Torso von einem Denkmal, an seinem Grabe errichtet.* 49

Aguesseau, Henri François d' (1668–1751), Kanzler Ludwigs XIV., bedeutender Jurist, trat gegenüber dem Papst für die Freiheit der gallikanischen Kirche ein. 97, 125

Alembert, Jean le Rond d' (1717–83), franz. Mathematiker und Philosoph, Mitbegründer der exakten Naturwissenschaften. Mit Diderot u. a. Herausgeber der *Encyclopédie* (1751–72). Mitglied der Pariser und Berliner Akademie. 8, 91 f., 119, 190, 232

Algarotti, Graf Francesco (1712–64), ital. Gelehrter, Schriftsteller, bekannt durch eine populäre Darstellung der Newtonschen Optik nach Art Fontenelles: *Il Newtonianismo per le dame*, 1737. 1740 berief ihn Friedrich II. nach Berlin und verwandte ihn im diplomatischen Dienst. Mitglied der Akademie der Wissenschaften zu Berlin, Verfasser wichtiger Aufsätze über Horaz. Herder erwähnt unter seiner Lektüre in Nantes: »Algarotti über Horaz«, auch befand sich bei seinen damaligen Papieren ein französisch geschriebenes Quartblatt: *Essai sur la vie d'Horace d'après Mr. Algarotti.* 105

Argens, Jean Baptiste de Royer, Marquis d' (1704–71), franz. Schriftsteller, Direktor der Sektion der Schönen Wissenschaften an der Berliner Akademie, Freund Friedrichs II., lebte lange in Holland. In seinen *Lettres juives*, 1738 u. 1742, dt. 1763–66, und *Lettres chinoises*, 1739/40, dt. 1768–71, übte er Kritik an den politischen, kirchlichen und sittlichen Zuständen seiner Zeit. 82, Anm. zu 112,22 f.

Ariosto, Ludovico (1474–1533), ital. Dichter. 132

Aristarchus von Samothrake (2. Jh. v. Chr.), bedeutendster alexandrinischer Philologe und Grammatiker, Bearbeiter und Erklärer des Homer-Textes. 105

Aristoteles (384–322 v. Chr.), griech. Philosoph. 63, 138

Arnaud, François (1721–84), franz. Musikschriftsteller und Leiter des *Journal étranger*. Anm. zu 92,22

Arnauld, Antoine (1612–94), franz. Theologe, Wortführer der

Jansenisten. Verfaßte zusammen mit Claude Lancelot: *Grammaire générale et raisonnée par Messieurs de Port-Royal*, 1662, neu hrsg. und mit Anm. versehen von Charles-Pinot Duclos, 1754; gemeinsam mit Pierre Nicole: *Logique de Port-Royal*, 1662. 68

Arnould, Jean François (1734–95), franz. Lustspieldichter. 93, 179

Athanasius (295–373 n. Chr.), griech. Kirchenvater. Hauptrepräsentant der alexandrinischen Theologie. Im Kampf gegen den Arianismus blieben die Athanasier Sieger. Anm. zu 91,29 f., 225 f.

Babut (Lebensdaten unbekannt), Geschäftsfreund von Herders Rigaer Freund Berens; Herders Hauswirt vom 16. Juli bis 4. November 1769 in Nantes. Anm. zu 125,33 f., 135

Bacon (lat. Baco von Verulam), Francis (1561–1626), engl. Staatsmann und Philosoph. Begründer der neueren Erfahrungswissenschaft: *Essays*, 1597; *Two books of the proficience and the advancement of learning*, 1605; *Cogitata et visa*, 1612; *Novum organum*, 1620; *De dignitate et augmentis scientiarum*, 1623. 52, 54–56, 79, Anm. zu 139,27 f., 210, 221, 258, 261, 265 f.

Banier, Antoine (1673–1741), franz. Geistlicher und Archäologe. *La mythologie et les fables expliquées par l'histoire*, 1738–40, dt. von Johann Adolf Schlegel, 1754 ff. 22

Barthélemy, Jean Jacques (1716–95), franz. Altertumsforscher. 1753 Direktor des königlichen Medaillen-Kabinetts in Paris. Viel gelesen wurde seine *Voyage du jeune Anacharsis en Grèce*, 4 Bde., 1788 u. ö. Anm. zu 119,23

Basedow, Johann Bernhard (1723–90), Theologe und Pädagoge, Begründer des Philanthropinums in Dessau. *Methodischer Unterricht der Jugend in der Religion und Sittenlehre in der überzeugenden Erkenntnis der biblischen Religion*, 1764. 43

Batteux, Charles (1713–80), franz. Geistlicher und Ästhetiker. *Les beaux-arts réduits à un même principe*, 1746; *Cours de Belles-Lettres*, 1747–50, dt. von Ramler, 1756–58. B. forderte die Nachahmung der Natur als Gesetz der Kunst, wirkte auf Lessing und die Sturm-und-Drang-Ästhetik. Sulzers *Theorie der Schönen Künste* beruht wesentlich auf dieser Grundlage. 114

Baumeister, Friedrich Christian (1709–85), Pädagoge und Schriftsteller in Görlitz, schrieb eine Logik und eine Naturlehre für Kinder: *Elementa recentioris philosophiae, usibus iuventutis scholasticae accomodata* (viele Auflagen). B.s Lehrbücher trugen zur Verbreitung der Wolffschen Schule bei. 41, 63

Baumgarten, Alexander Gottlieb (1714–62), Philosoph und Begründer der deutschen Ästhetik. *Aesthetica,* 2 Bde., 1750–58. 131

Bayle, Pierre (1647–1706), franz. Philosoph, Polyhistor, Aufklärer. Hauptwerk: *Dictionnaire historique et critique,* 1695–97, dt. von Gottsched, 1741–44. 230

Beaumelle, Laurent Angliviel de La (1726–73), franz. Schriftsteller, Professor in Kopenhagen, Gegner Voltaires. Herder schätzte seine Aphorismensammlung *Mes Pensées* und besprach in den *Königsberger Gelehrten Anzeigen* seine *Pensées de Sénèque,* 1765. 8

Begrow (Lebensdaten unbekannt), Zollkontrolleur in Riga. Anm. zu 13,1 f., 80,4 f., 80,5 f., 191

Belloy, Pierre Laurent Buirette de (1727–75), franz. Dramatiker, Verfasser der *Zelmire,* 1762. 114

Benserade, Isaac de (1613–91), franz. Dichter, vermutlich geb. in Paris. Nach anderer Überlieferung, der Herder folgt, geb. in Lyons, Normandie (1612). Schrieb Tragödien, Tragikomödien, Gelegenheitsgedichte. 102, 113

Benson, George (1699–1762), engl. Theologe, Verfasser von zahlreichen Arbeiten zur Bibel. 129

Bentley, Richard (1662–1742), bedeutendster klassischer Philologe Englands; epochemachend als Herausgeber des Horaz, 1711. 106

Berens, Gustav (Lebensdaten unbekannt), Freund Herders, Bruder von Johann Christoph B., führte Herder in die Gesellschaft Rigas ein, begleitete ihn auf seiner Reise nach Nantes. 20, 120, 156, 189

Berens, Johann Christoph (1729–92), Senator in Riga, mit Hamann und Herder befreundet, schrieb einen Essay über Montesquieu für die *Rigischen Gelehrten Beiträge.* (In den *Humanitätsbriefen* hat Herder ihm ein Denkmal gesetzt.) 86, 189

Bernoulli, Jakob (1654–1705), schweiz. Mathematiker, Professor in Basel. Der älteste in einer Reihe berühmter Mathematiker dieses Namens. Seine *Ars conjecturandi* wurde 1713 von seinem Neffen Nicolaus B. veröffentlicht. 27

Boccaccio, Giovanni (1313–75), ital. Dichter und Humanist. 63, 132

Bodmer, Johann Jakob (1698–1783), schweiz. Gelehrter, Kritiker, Schriftsteller. 112, Anm. zu 130,20

Boerhaave, Herman (1668–1738), berühmter Mediziner, Botaniker und Chemiker aus Leiden, Lehrer Hallers. 129

Bolingbroke, Henry Saint-John, Viscount (1678–1751), engl. Staatsmann, Schriftsteller und Mäzen. 95

Bossuet, Jacques Bénigne (1627–1704), franz. Historiker und Theologe, bedeutendster Kanzelredner seiner Zeit. *Oraisons funèbres*, 1689; *Histoire universelle*, 1681. 49, 63, 67, 91, 95, 97, 107, 114

Bouguer, Pierre (1698–1758), franz. Professor der Hydrographie, Mitglied der Pariser Akademie der Wissenschaften. Verfasser mehrerer nautischer Werke: *Traité du navire*, 1727; *Nouveau traité de navigation*, 1753; *Sur les opérations nommées corrections par les pilotes*, 1752. 28

Bourdaloue, Louis de (1632–1704), franz. Philosoph, Jesuit, bedeutendster Kanzelredner neben Bossuet, Hofprediger Ludwigs XIV. 63

Boysen, Friedrich Eberhard (1720–1800), Oberhofprediger und Konsistorialrat im Reichsstift Quedlinburg. Orientalist (Übersetzer des Koran) und Historiker: *Die allgemeine Welthistorie [...] in einem vollständigen und pragmatischen Auszuge. Alte Historie*, 10 Bde., 1767 ff. Herausgeber des *Allgemeinen historischen Magazins*, 1767–70. 49

Brébeuf, Georges de (1618–61), Gelegenheitsdichter aus Thorigny (Normandie); wurde besonders durch eine freie Überarbeitung der *Pharsalia* von Lucan bekannt: *La Pharsale de Lucain en vers françois*, 1654–57; *Lucain travesty en vers enjouez*, 1656. 102, 113

Brown, John (1715–66), engl. Theologe und Schriftsteller. *Essays on the Characteristics of Shaftesbury*, 1751; *An Estimate of the Manners and the Principles of the Times*, 1757; *Dissertation on Poetry and Music*, 1766, dt. von Johann Joachim Eschenburg, 1769. 34

Brucker, Johann Jacob (1696–1770), erster Darsteller der Philosophiegeschichte in Deutschland, als solcher im 18. Jh. sehr einflußreich. *Historia critica philosophiae a mundi incunabulis ad nostram usque aetatem deducta*, 5 Bde., 1742–44, ²1766/67; *Institutiones historiae philosophiae, usui academicae iuventutis adornatae*, 1756; *Kurtze Fragen aus der philosophischen Historie von Anfang der Welt bis auf die Geburt Christi*, 7 Tle., 1731–36; *Bearbeitung des Neuen Testaments*, 6 Tle., 1766–70. 32

Buffon, Georges Louis Leclerc, Comte de (1707–88), franz. Naturforscher. *Histoire naturelle*, 44 Bde., 1749–1804. 8, Anm. zu 14,14, 41, 43, 46, 68, 119
Burke, Edmund (1729–97), engl. Staatsmann und Philosoph. 246
Busch, Frau eines Kaufmanns in Riga. Anm. zu 13,1 f., 198
Büsching, Anton Friedrich (1724–93), Theologe, Geograph, Polyhistor und Verfasser zahlreicher Schriften philosophischen, theologischen, pädagogischen, historischen und geographischen Inhalts. In seiner *Neuen Erdbeschreibung*, T. 1.2, Abt. 1, 1754 ff., verwendete B. zuerst die politisch-statistische Methode der Geographie und bahnte dadurch eine wissenschaftliche Behandlung dieser Disziplin an. B. gab u. a. heraus: *Magazin für Historie und Geographie*, 1767 ff. 1748 ging B. nach St. Petersburg, dann nach Kopenhagen; erhielt 1754 eine Professur der Philosophie in Göttingen. 1757 wurde ihm wegen Heterodoxie untersagt, theologische Vorlesungen zu halten und ohne Erlaubnis des Geheimen Consiliums zu Hannover theologische Schriften drukken zu lassen. 1761 Prediger bei der lutherischen Petrigemeinde in St. Petersburg, 1766 Oberkonsistorialrat und Direktor des Gymnasiums zum Grauen Kloster in Berlin. 39, 46, 70

Caesar, Gaius Iulius (100–44 v. Chr.), röm. Feldherr und Staatsmann. 114
Calvin, Johannes (1509–64), schweiz. Reformator. 1541 wurden die von ihm entworfenen kirchlichen Organisationsgesetze in Genf angenommen. Mit Zwingli zusammen hat C. der reformierten Kirche ihren eigentümlichen Charakter aufgeprägt. 28, 77, 86, 191
Campenhausen, Johann Christoph von (1716–82), Regierungsrat in Riga. Verhandelte Mai 1769 mit Herder; bot ihm April 1771 im russischen Auftrag das Rektorat des Lyzeums, das Diakonat an der Kronskirche und das Assessorat im kaiserlichen Oberkonsistorium an. Sein Halbbruder Balthasar Campenhausen (1745–1800) war gleichfalls höherer Regierungsbeamter. Vgl. Siegfried von Vegesack: *Vorfahren und Nachkommen. Aufzeichnungen aus einer altlivländischen Brieflade. 1698–1887*, Heilbronn 1960. 77, 86, 153
Carpzow, Johann Gottlob (1679–1767), Professor der orientali-

schen Sprachen in Leipzig, dann Theologe in Lübeck. Geschätzt wurden besonders seine *Critica sacra Veteris Testamenti*, 1728, und die *Introductio ad libros canonicos bibliorum Veteris Testamenti*, 1714–21 u. 1731. C. wandte sich gegen oberflächliche Bibelkritik. 51

Castro y Bellvis, Guillén de (1569–1631), span. Dramatiker. *Las mocedades del Cid*, o. J. Anm. zu 93,9

Cato, Marcus Porcius (234–149 v. Chr.), röm. Redner und Staatsmann, berühmt durch seine Strenge und uneigennützige Gerechtigkeit. Von seinen vielen Schriften blieb nur ein Werk, *De agricultura*, erhalten. Seine berühmten Reden sind nur in Fragmenten überliefert. 63

Catullus, Gaius Valerius (87–54 v. Chr.), röm. Dichter. 71

Cerceau, Jean Antoine du (1670–1730), franz. Dichter (Komödien, Fabeln, franz. und lat. Gedichte) und Ästhetiker. *Réflexions sur la Poésie française*, 1742. 114

Cervantes Saavedra, Miguel de (1547–1616), span. Dichter. *Don Quijote*, 1605 u. 1615. 26

Chaussée, Pierre-Claude Nivelle de la (1692–1754), franz. Schriftsteller, Begründer der Comédie larmoyante: *Le Préjugé à la mode*, 1735. 116

Cheselden, William (1688–1752), engl. Chirurg und Anatom. Anm. zu 132,3

Christ, Johann Friedrich (1700–56); Professor der Dichtkunst in Leipzig, Lehrer Lessings. Als Kunsthistoriker und Begründer des archäologischen Unterrichts in Deutschland Vorläufer Winckelmanns. 105

Chrysostomus, Johannes (344/54–407), Patriarch von Konstantinopel, Kirchenvater. 128

Cicero, Marcus Tullius (106–43 v. Chr.), röm. Redner, Schriftsteller, Philosoph, Staatsmann. 63, 70 f., 114, 122, 235

Clarke, Samuel (1675–1729), engl. Theologe, Philosoph und Philologe. Bekannte Homer-Ausgabe und -Übersetzung (lat. Prosa, 1729–32). Religionsphilosophische Hauptwerke: *A Demonstration of the Being and Attributes of God: more particularly in answer to Mr. Hobbes, Spinoza, and their followers*, 1705; *A Discourse concerning the Unchangeable Obligations of Natural Religion, and the Truth and Certainty of the Christian Revelation*, 1706. C. korrespondierte mit Leibniz über Probleme von Zeit, Raum und Willensfreiheit: *Collection of Papers which passed between Dr. Clarke and Mr. Leibniz*, 1717, dt. 1720. Eine deutschsprachige Auswahl von Predigten C.s war 1756 erschienen. Vgl. in Herders *Adrastea V* den Abschnitt »Samuel Clarke« (SWS XXIV, 275 ff.).   39, 103 f.

Clément, Denys Xavier (1706–72), franz. Theologe und Schriftsteller; bekannt war vor allem sein schlichter Predigtstil.   135

Clément, Pierre (1707–67), franz. Schriftsteller. Herausgeber der kritischen Zeitschrift *Nouvelles littéraires de France*, 1748–52. 68, 94, 96, 110, 114 f., 150

Condillac, Etienne Bonnot de (1715–80), franz. Philosoph, Mitglied der franz. Akademie, Mitarbeiter an der *Encyclopédie*.   96

Corneille, Pierre (1606–84), franz. Dramatiker, aus Rouen gebürtig. Mitglied der Académie Française. Verfasser von 33 Bühnenwerken, Schöpfer der heroischen regelmäßigen Tragödie in Frankreich.   93, 102, 113 f., 116, 234

Corneille, Thomas (1625–1709), franz. Dramatiker, Bruder des Pierre C., aus Rouen gebürtig, Verfasser von über 40 Bühnenwerken; zu seiner Zeit sehr erfolgreich.   102

Coyer, Gabriel François (1707–82), franz. Schriftsteller, befaßte sich vor allem mit pädagogischen und gesellschaftlichen Fragen. *Bagatelles morales*, 1754; *Histoire de Jean Sobieski*, 1761.   8

Cramer, Johann Andreas (1723–88), Theologe und Dichter, Hofprediger in Kopenhagen, Freund Klopstocks. *Poetische Übersetzung der Psalmen*, 1755 ff.; Herausgeber des *Nordischen Aufsehers*.   118

Crébillon, Claude Prosper Jolyot de (1707–77), der Jüngere, Sohn des Prosper J. de C. Verfasser satirisch-erotischer Romane *Le Sopha, conte moral*, 1742; *Les amours de Zéokinizul*, 1746; u. a.   8, 67, 96, 107, Anm. zu 110,26

Crébillon, Prosper Jolyot de (1674–1762), franz. Trauerspieldichter, meist nach antiken Stoffen, Nachahmer Corneilles. Seit 1735 königlicher Zensor.   8, 67, 107

Crugot, Martin (1725–90), Theologe, Prediger u. a. in Carolath; Erbauungsschriftsteller.   Anm. zu 36,3 f.

Crusius (Kraus), Martin (1526–1607), einer der ersten Griechischlehrer in Deutschland, Professor in Tübingen. Homer-Kommentar, 1612.   105

Curtius Rufus, Quintus (1. Jh. n. Chr.), röm. Historiker.   70

Cyrillus (Kyrillos) von Alexandria, 412) bis 444 Patriarch von Alexandria. Letzter großer Vertreter der alexandrinischen Theologie. In dogmatisch-polemische Streite verwickelt. Verursachte die Ermordung der Philosophin Hypatia (415). 226

Damm, Christian Tobias (1699–1778), Rektor des Köllnischen Gymnasiums zu Berlin, Philologe, übersetzte und kommentierte das Neue Testament, 1764, und Homer, 1769–71. *Einleitung in die Götterlehre und Fabelgeschichte der ältesten griechischen und römischen Welt*, 1763. 22

Daubenton, Louis-Jean-Marie (1716–99), franz. Naturforscher. Hauptmitarbeiter an Buffons *Histoire naturelle*. Anm. zu 119,23

Defoe, Daniel (1660?–1731), engl. Schriftsteller. Berühmtestes Werk: *The life and strange surprising adventures of Robinson Crusoe of York, mariner*, 1719/20. 28, 141

Demosthenes (384–322 v. Chr.), berühmter griech. Redner. 63, 114, 235

Descartes (lat. Cartesius), René (1596–1650), franz. Philosoph des Rationalismus. Wichtige Werke: *Discours de la méthode pour bien conduire sa raison et chercher la vérité dans les sciences*, 1637; *Meditationes de prima philosophia*, 1641; *Principia philosophiae*, 1644. 27, 97, 230

Des Marais, eigtl. Regnier-Desmarais, François-Séraphin (1632 bis 1713), franz. Philologe. *Traité de la grammaire française*, 1705; *Histoire de la grammaire française*, 1706; u. a. 68

Diderot, Denis (1713–84), franz. Philosoph, Schriftsteller. Den Grund zu seinem Ruhm legte er durch die *Pensées philosophiques*, 1746, eine gegen die christliche Religion gerichtete Flugschrift. Die *Lettre sur les Aveugles à l'usage de ceux qui voient*, London 1749, zog ihm ein Jahr Gefängnis zu. Herausgeber der *Encyclopédie* mit Daubenton, Rousseau, Marmontel, Leblond, Lemonnier und d'Alembert (1751–80). Verfasser mehrerer Romane sowie der beiden Lustspiele *Le fils naturel*, 1757, und *Le père de famille*, 1758. Zahlreiche philosophisch-ästhetische Werke. 91, 114, 119, 132, 219

Dodsley, Robert (1703–64), vielseitiger engl. Schriftsteller, Verleger. Seine Schrift *The Preceptor*, 1748, war sehr populär und erschien dt. unter dem Titel *Der Lehrmeister, oder allgemeines System der Erziehung*, 2. Tle., 1762–65. 47

Donatus, Aelius (4. Jh. n. Chr.), röm. Grammatiker, von großer Bedeutung für das Mittelalter und weit darüber hinaus, Kommentator des Terenz. 60

Duclos, Charles-Pinot (1704–72), franz. Historiker. *Histoire de Louis XI.*, 1745, und *Considérations sur les moeurs de ce siècle*, 1751; u. a. (Siehe auch Arnauld, Antoine.) 8, 67 f., 119

Duguay-Trouin, René (1673–1736), franz. Seeheld. 97

Dürer, Albrecht (1471–1528), Maler und Kupferstecher aus Nürnberg. D. erhob den Kupferstich und Holzschnitt, die bei seinen Vorgängern kaum die ersten Anfänge der technischen Ausführung überschritten hatten, zu einer Vollendung, wie sie nach ihm nur selten wieder erreicht wurde. 129

Ehlers, Martin (1732–1800), Pädagoge, Anhänger Basedows, Mitglied des Hamburger Klopstock-Kreises. *Gedanken von den zur Verbesserung der Schulen nothwendigen Erfordernissen*, 1766. 39

Ernesti, Johann August (1707–81), klassischer Philologe und Theologe in Leipzig, Stifter einer neuen theologischen und philologischen Schule, Lehrer Lessings. Als genauer Kritiker und Grammatiker zeigte er sich in seinen Ausgaben des Homer, 5 Bde., 1759–64; Kallimachus, 2 Bde., 1761; Polybios, 3 Bde., 1764; Suetonius, 1748; Tacitus, 1752; Cicero, 5 Bde., 1737–39; u. a. Wegen seiner vortrefflichen Latinität erhielt er den Namen eines Cicero der Deutschen. 55, 58, 103, 105

Estor, Johann Georg (1699–1773), Professor der Jurisprudenz in Gießen, Jena und Marburg; Verfasser zahlreicher juristischer Schriften, darunter: *Über die Abfassung von Urkunden und Beschwerden*, 1745; Hauptwerk: *Nützliche Sammlung zur Erkennung der ächten und reinen juristischen Schreibart*, 1746. 64

Euler, Leonhard (1707–83), schweiz. Mathematiker und Physiker. 1730 Professor der Physik in St. Petersburg, 1741 Mitglied der Berliner Akademie der Wissenschaften und Direktor ihrer mathematischen Klasse; 1766 Rückkehr nach St. Petersburg als Direktor der mathematischen Klasse der dortigen Akademie. In seinen *Lettres à une princesse d'Allemagne sur divers sujets de physique et de philosophie*, 3 Bde., 1768–72, gab E. ein Muster von populärer Darstellung wissenschaftlicher Gegenstände. Physikalische Probleme und die wichtigen Fragen über das Weltsystem, welche Newton seinen Nachfolgern aufzulösen hinterlassen hatte, waren Hauptgegenstand seiner Forschungen. Zahlreiche mathematische Schriften in lat. Sprache. E. wandte die Mathematik auch auf Bau und Lenkung von Schiffen an. 8, 27 f., 52, 83

Euripides (um 485/84 bis 407/06 v. Chr), der jüngste der drei großen attischen Tragiker. 113

Faber, Johann Ernst (1745–74), seit 1769 Professor der Philosophie und der orientalischen Sprachen in Kiel, seit 1772 in Jena. Verfaßte u. a. *De animalibus quorum fit mentio Zephan II 14*, 1769; *Anmerkungen zur Erlernung des Talmudischen und Rabbinischen*, 1770; *Archäologie der Hebräer*, T. 1, 1773; *Beobachtungen über den Orient, aus Reisebeschreibungen, zur Aufklärung der heiligen Schrift. Aus dem Englischen [von Thomas Harmar] übersetzt von Johann Ernst Faber*, 1772–79; *Joannis Jacobi Reiske. [...] et Joannis Ernesti Fabri [...] Opuscula medica ex monimentis Arabum et Ebraeorum*, 1776. Für Herder war Faber »ein verdienter Name«; er rühmt seine »Sprachkenntnis« und seinen »richtigen Verstand«. 1772 rezensierte er eine Übersetzung Fabers, bedingt lobend; 1774 spendete er ihm uneingeschränktes Lob in einer Rezension. Erwähnungen in SWS V, 448–452; 267; XI, 136. Anm. zu 119,9

Fénelon, François de Salignac de la Mothe (1651–1715), franz. Geistlicher und Schriftsteller. 1689 ernannte ihn Ludwig XIV. zum Erzieher seiner Enkel. Für die Erziehung des Herzogs von Bourgogne verfaßte F. sein vorzüglichstes Werk *Les aventures de Télémaque*; ohne sein Wissen wurde es 1699 in Paris veröffentlicht; sogleich verboten als Satire auf den König, seine Regierung und seine Umgebung. Erst nach F.s Tode konnte der Roman wiedergedruckt werden, 2 Bde., 1717. 67, Anm. zu 93,22

Fischer, Johannes Friedrich (1724–99), Konrektor, später Rektor der Leipziger Thomasschule und Professor. Anm. zu 70,16 f.

Fléchier, Esprit (1632–1710), franz. Kanzelredner und Schriftsteller, Lehrer der Rhetorik in Narbonne, seit 1687 Bischof in Nîmes, hielt Leichenreden von hinreißender Beredsamkeit; in dieser Gattung ähnlich bedeutend wie Bossuet. *Oraisons funèbres*, 1680; *Panégyriques des Saints*, 1690; u. a. 95, 107, 114

Fontane, Theodor (1819–98). 224

Fontenelle, Bernard Le Bouvier de (1657–1757), philosophischer Schriftsteller aus Rouen gebürtig, Neffe von Pierre und Thomas Corneille, Vorläufer der Aufklärung. Verfasser zahlreicher Dramen, Opern und Hirtengedichte. Mitglied der Académie des Sciences, deren Geschichte er schrieb. Herders *Reisejournal* beschäftigt sich wiederholt mit den *Eloges des Académiciens*, 1708 bis 1719, die zu den bedeutendsten Schriften F.s zählen. Die *Eloge de M. Leibnitz* übersetzte Gottsched 1744. 67, 82, 93, 96, 102, 107, 113 f., 133, 137, 150, 190

Formey, Johann Heinrich Samuel (1711–97), Mitglied der Berliner Akademie, Lehrer und Prediger der Hugenotten-Gemeinde in Berlin, Verfasser zahlreicher theologischer und philosophischer Schriften. Herausgeber eines Journals, an dem auch Friedrich II. mitarbeitete. 82

Foster, James (1697–1753), engl. Anabaptistenprediger in London. Verfasser aufklärerischer Predigtbücher: *Vindication of Some Truths of Natural and Revealed Religion*, 1746; *Discourses on all the Principal Branches of Natural Religion and Social Virtue*, 1749–52. 34

Francheville, Joseph du Fresne de (1704–81), franz. Schriftsteller. Anm. zu 112,22

Francke, August Hermann (1663–1727), pietistischer Pädagoge, Theologe und Schriftsteller, Begründer der »Franckeschen Stiftungen« in Halle (Waisenhaus, Armenschule, Erziehungsanstalt, Lateinschule und Pensionsanstalt). F. nahm, wohl als erster, Realien in den Schulunterricht auf. *Öffentliches Zeugnis vom Werk, Wort und Dienst Gottes*, 1702; *Segensvolle Fußstapfen des noch lebenden Gottes*, 1709; u. a. 39, 211

Fréron, Elie-Catherine (1719–76), franz. belletristischer Schriftsteller und gefürchteter Kritiker, von Voltaire angegriffen. 68, 121, 190

Friedrich II., der Große (1712–86), König von Preußen 1740–86. 79, 82 f., 216, 221 f.

Galilei, Galileo (1564–1642), ital. Physiker. 14, 132

Gatterer, Johann Christoph (1727–99), Historiker in Göttingen, verfaßte u. a. ein *Handbuch der Universalhistorie*, 1761, und Handbücher über historische Hilfswissenschaften; gab die *Allgemeine historische Bibliothek*, 1767 ff., heraus. 49, 63

Gellert, Christian Fürchtegott (1715–96), Lyriker, Fabeldichter, Romanschriftsteller, Dramatiker, Professor in Leipzig. Seine *Briefe, nebst einer Praktischen Abhandlung von dem guten Geschmacke, in Briefen*, 1751, erlebten zahlreiche Auflagen. Vgl. Herder über Gellerts Briefstil in: *Über Thomas Abbts Schriften*, SWS II, 343 f. 64

Gerstenberg, Heinrich Wilhelm von (1737–1823), Lyriker und Dramatiker, Begründer der deutschen Bardendichtung. Mitarbeiter an der holsteinischen Wochenzeitschrift *Der Hypochondrist* und an den *Briefen über Merkwürdigkeiten der Literatur* (*Schlesiwger Literaturbriefe*), 1766–70; Verfasser des *Gedichts eines Skalden*, 1766; des *Ugolino*, 1768; Wegbereiter des Sturm und Drang. G. gehörte zu denjenigen Männern, die Herder in Kopenhagen aufzusuchen wünschte. Für die Entwicklung von Herders Ansichten waren die *Briefe über Merkwürdigkeiten der Literatur* besonders durch ihre Hinweise auf Shakespeare, Percy und skandinavische Volkslieder von Bedeutung. 34, 118

Gesner, Johann Matthias (1691–1761), klassischer Philologe in Göttingen, Reformator des Unterrichtswesens. *Primae lineae isagoges in eruditionem universalem, nominatim philologiam, historiam et philosophiam, in usum praelectionum ductae*, 1757 (Abriß der modernen Philosophie, der auf enzyklopädisches Wissenschaftsstudium vorbereiten sollte). 56, 105

Gleim, Johann Wilhelm Ludwig (1719–1803), Lyriker und Fabeldichter; begründete (mit dem Ästhetiker Baumgarten) die deutsche Anakreontik. *Lieder nach dem Anakreon*, 1766; *Oden nach dem Horaz*, 1769; u. a. 150

Goethe, Johann Wolfgang (1749–1832). Anm. zu 135,1, 160, 185 ff., 200 f., 207, 212, 214 f., 221, 230, 236, 238 f., 241–243, 253–256, 259–263, 266 f.

Goguet, Antoine Yves (1716–58), franz. Archäologe. *De l'origine des loix, des arts et des sciences, et de leurs progrès chez les anciens peuples*, 1758. 50

Grafigny (Graffigny), Françoise d'Issembourg d'Happoncourt de (1694–1750), franz. Schriftstellerin. Erfolgreich durch ihre *Lettres d'une Péruvienne*, 1747 u. ö. Übersetzungen ins Englische, Italienische, Spanische, Deutsche (Berlin 1800). Anm. zu 112,17

Gresset, Jean Baptiste Louis (1709–77), franz. Dichter, Exjesuit, Verfasser von satirischen Epen, Dramen sowie einer besonders erfolgreichen Komödie: *Le Méchant*, 1747. In höherem Alter bestimmten ihn religiöse Bedenken, seine weltlichen Jugendgedichte öffentlich in einem Briefe als Verirrungen zu bereuen. 94, 103, 115

Guericke, Otto von (1602–86), Bürgermeister von Magdeburg; berühmter Physiker, Erfinder der Luftpumpe. 129

Guignes, Joseph de (1721–1800), franz. Chinaforscher; Dolmetscher-

Sekretär des Königs, Professor am Collège de France. *Histoire générale des Huns, Turcs, Mogols et autres Tartares occidentaux avant et après Jésus Christ*, 1756–58. Das Werk, auf das Herder sich S. 16,21 bezieht, ist der Aufsatz *Mémoire dans lequel on prouve que les chinois sont une colonie égyptienne*, 1759. In dieser Schrift, die großes Aufsehen erregte, behauptet G. – ausgehend von Forschungen Barthélemys –, daß die chinesischen Schriftzeichen ihren Ursprung in der phönikischen Schrift hätten. Die »Hypothese« findet sich auch in G.s *Essai sur le moyen de parvenir à la lecture et à l'intelligence des hiéroglyphes égyptiens, Mém. de l'acad.* XXXIV, 1 ff. 16, 49
Gundolf, Friedrich (1880–1931), Literaturhistoriker. 210, 252
Gustav Wasa (1496–1560), Gustav I., König von Schweden 1523 bis 1560. 84

Häberlin, Franz Dominicus (1720–87), Historiker, Professor in Helmstedt. *Neueste Deutsche Reichshistorie*, 1763; *Die allgemeine Welthistorie [. . .] in einem pragmatischen Auszuge [. . .] verfertigt [. . .] Neue Historie*, 1767–73. (Bd. 1: *Geschichte der Deutschen*, 1767.) 49
Hagedorn, Friedrich von (1708–54), Lyriker und Fabeldichter. 138
Halde, Jean Baptiste du (1674–1743), franz. Historiker. *Description géographique, historique, chronologique, politique de l'empire de la Chine et de la Tartarie chinoise*, 1735, dt. 1747–49. 49
Halle, Johann Samuel (1727?–1810?), Historiker. *Werkstätte der heutigen Künste, oder die neuere Kunsthistorie*, 6 Bde., 1761 bis 1779. – Nicolai rezensierte Bd. 1 in den *Literaturbriefen*. 54, 63
Hamann, Johann Georg (1730–88), philosophischer Schriftsteller, Redakteur, Zollbeamter, Packhofverwalter. Freund Herders. Bekämpfte die Herrschaft der Aufklärung; Ahnung und Glauben standen ihm höher als Vernunft. *Sokratische Denkwürdigkeiten*, 1759; *Kreuzzüge des Philologen* (darin u. a. *Aesthetica in nuce*), 1762; *Schriftsteller und Kunstrichter*, 1762; *Fünf Hirtenbriefe, das Schuldrama betreffend*, 1763. 119, 190, 194 f., 198, 210 f., 227, 251, 259 f.
Hardouin, Jean (1646–1729), franz. Jesuit, klassischer Philologe; bezweifelte die Echtheit fast der gesamten antiken Literatur

und versuchte sie in christlich-mittelalterliche Allegorien umzudeuten. 27
Hardt, Hermann von der (1660–1746), Theologe und Orientalist, Professor in Helmstedt; vertrat die wunderliche Hypothese, alle orientalischen Sprachen leiteten sich aus dem Griechischen her. *Elementa chaldaica et syriaca*, 1694; *Magnum oecumenicum Constantiniense concilium*, 6 Bde., 1697–1700. 27
Hartknoch, Johann Friedrich (1740–89), Verleger in Riga, Freund und Verleger Herders. Anm. zu 64,10, 189–191, 193.
Hecker, Johann Julius (1707–68), Pädagoge, gründete 1747 in Berlin eine »ökonomisch-mathematische Realschule«. 39, 211
Helvétius, Claude Adrien (1715–71), franz. Philosoph am Hof Friedrichs II., aus dem Kreis der Enzyklopädisten. Sein Hauptwerk *De l'esprit*, 1758, wurde in Frankreich wegen Religionsfeindlichkeit öffentlich verbrannt, 1759 von Gottsched ins Deutsche übersetzt. 110
Hénault, Charles Jean François (1685–1770), franz. Dichter und Historiker. *Abrégé chronologique de l'histoire de France jusqu'à la mort de Louis XIV*, 1744, sehr bekannt. Übersetzungen ins Englische und Deutsche. 8
Herder, Maria Caroline, geb. Flachsland (1750–1809). Anm. zu 13,1 f., 192 f., 199
Herel, Johann Friedrich (1745–1800), klassischer Philologe, Professor in Erfurt. *Epistola critica ad J. G. Meuselium*, 1767; *Satirae tres*, 1767, wurden von Schubart übersetzt. *Alciphrons Briefe aus dem Griechischen übersetzt*, 1767. Die Übersetzung von Herder gelobt in *Fragmente II* (Umarbeitung), SWS II, 143. Herders Tadel der *Satirae*: vgl. SWS III, 458. 105
Hermes (nicht Hermes Trismegistos), der dem ägypt. Theut (Thot) gleichgesetzte Gott Hermes (Merkur). 141
Herodot (5. Jh. v. Chr.), ältester griech. Geschichtsschreiber. 24, 63, 72
Heyne, Christian Gottlob (1729–1812), klassischer Philologe und Archäologe in Göttingen; als Herausgeber und Interpret griech. und röm. Dichter sehr bedeutend. Seit 1770 Schriftleiter der *Göttingischen Gelehrten Anzeigen*. Freund Herders in späterer Zeit. 105
Hoffmann, Johann Georg[e] (Lebensdaten unbekannt), Inspektor am Waisenhaus zu Halle (Saale). Verfaßte: *Kurtze Fragen von natürlichen Dingen [... zum Dienste der ... kleineren Schul-*

jugend], 1720. Die »Kinderphysik« hatte bis 1838 23 Auflagen. (Genaueres s. Anm. zu 41,27.) 41
Hofmannsthal, Hugo von (1874–1929). 188, 200, 261, 263–267
Hölderlin, Friedrich (1770–1843). 212, 235, 240
Homer (8. Jh. v. Chr.?), verfaßte nach Auffassung der Antike *Ilias* und *Odyssee,* die ältesten Epen des Abendlands. 22–24, 72, 103–105, 122, 150, 157, 242, 251 f., 259
Horaz (Quintus Horatius Flaccus, 65–8 v. Chr.), röm. Dichter. Anm. zu 21,33, 71, 105 f., Anm. zu 113,12, 138, 156
Huarte, Juan (1520?–1592?), span. Arzt und Schriftsteller. *Examen de ingenios para las sciencias,* 1575; von Lessing 1752 ins Deutsche übersetzt: *Johann Huarts Prüfung der Köpfe zu den Wissenschaften.* Das Werk handelt von den physischen Ursachen psychischer Vorgänge. 148
Hume, David (1711–76), engl. Philosoph des Empirismus und Historiker. *Treatise on Human Nature,* 1739/40; *Natural history of religion,* 1755; H.s *Vermischte Schriften* erschienen in 4 Bänden, Hamburg u. Leipzig 1754–56. In einem Brief an Kant nennt Herder H. den »größten Geschichtsschreiber unter den Neueren«. An den Historiker H. ist auch meist im *Reisejournal* gedacht, d. h. an den Verfasser von *History of Great Britain,* 2 Bde., 1754 u. 1757, dt. 1762/63. *The History of England from the Invasion of Julius Caesar to the accension of Henry VII.,* 2 Bde., 1762. Herders Wunsch, H. »französisch« zu studieren (S. 8,25), bezieht sich auf die franz. Übersetzung von Mme. Belot und dem Abbé Prévost: *Histoire d'Angleterre,* 18 Bde., Amsterdam u. London 1763–66. 8, 27, 49, 53, 63, 79, 203

Ihre, Johannes (1707–80), Professor in Upsala; sein *Glossarium Suio-Gothicum,* 1769, handelt u. a. von den Beziehungen zwischen Landessitten und Sprache. 16
Iselin, Isaak (1728–82), aufklärerischer schweiz. Geschichtsphilosoph, der im Gegensatz zu Rousseau den Fortschrittsglauben vertrat. *Über die Geschichte der Menschheit,* 2 Bde., 1764. 31

Jean Paul s. Richter
Juncker, Johann H. (1679–1750), Verfasser der sog. *Hällischen Grammatik.* Anm. zu 72,4
Justi, Johann Heinrich Gottlob von (1717–71), Nationalökonom und Staatsmann, Professor in Wien und Göttingen, zuletzt in

Berlin tätig. Verfasser der preisgekrönten Berliner Akademieschrift *Nichtigkeit und Ungrund der Monaden (Sur le système des monades)*, 1748. 82
Juvenal (Decimus Iunius Iuvenalis, um 60 bis etwa 130 n. Chr.), röm. Satiriker. 71

Kämpfer, Engelbert (1651–1716), Arzt; unternahm Forschungsreisen nach Persien, Ostindien und Japan. *The History of Japan together with a description of the kingdom of Siam written in highdutch by E. Kaempfer and transl. from his orig. mscr. never before printed by J. G. Scheuchzer*, London 1727, dt. 1777. 49
Kant, Immanuel (1724–1804), Philosoph, Professor in Königsberg, wo er z. Z. von Herders Aufenthalt Vorlesungen über Logik, Metaphysik, Physik und Mathematik hielt; Lehrer Herders. Anm. zu 52,9 f., 54, Anm. zu 113,22, 160 f., 194, 197, 223, 241, 246 f., 255, 263
Kästner, Abraham Gotthelf (1719–1800), Professor der Mathematik und Physik in Göttingen, geschätzter Epigrammdichter, Lehrer Lessings in Leipzig. *Geschichte der Mathematik*, 4 Bde., 1796–1800; noch von Goethe für seine *Farbenlehre* benutzt. 8, 14, 52, 63
Katharina II., die Große (1729–96), Kaiserin von Rußland 1762 bis 1796. 38 f., 77, 79–81, 86, 99, 101 f., 192, 200, 217–220, 234
Keill, John (1671–1721), Professor der Astronomie in Oxford. *Introductio in veram physicam et astronomiam*, 1701. Goethes *Farbenlehre* zählt Keill unter den Newtonianern auf. John Keills Bruder James (1673–1719) war ein angesehener Mathematiker und Arzt. 8
Kepler, Johannes (1571–1630), Mathematiker und Astronom aus Württemberg; Begründer der theoretischen Astronomie, Entdecker der Gesetze der Planetenbewegung (Keplersche Gesetze). 129
Kleist, Ewald Christian von (1715–59), Dichter, von Herder bis zuletzt höchst geschätzt; preuß. Offizier, in der Schlacht von Kunersdorf tödlich verwundet. Dichtungen: *Der Frühling*, 1749; *Gedichte*, 1756; *Neue Gedichte*, 1758; *Cißides und Paches*, 1759. 125
Klopstock, Friedrich Gottlieb (1724–1803), Lyriker und Epiker. Sein Epos *Der Messias* machte Epoche auch in Herders Leben.

In den *Bremer Beiträgen* wurden 1748 die ersten 3 Gesänge abgedruckt; ein 4. und 5. Gesang folgte 1751. Die zweibändige Kopenhagener Ausgabe von 1755 enthielt 10 Gesänge; ein dritter Band, mit 5 weiteren Gesängen, erschien 1768, der abschließende vierte Band 1773. In der Lyrik führte Klopstock antikisierende freie Rhythmen ein, Herder verteidigte deren Berechtigung. 27, 104, 118, 149 f., 207, 231, 239 f., 252, 259

Klotz, Christian Adolf (1738–1771), Professor der Rhetorik und Philosophie in Göttingen und Halle. Herausgeber der *Acta literaria*, 1764–73; der *Neuen Hallischen Gelehrten Zeitungen*, 1766 ff. Mitarbeiter, später Gegner der *Allgemeinen deutschen Bibliothek*. Herausgeber der *Deutschen Bibliothek der schönen Wissenschaften*, 1767–71; der *Fragmente des Tyrtaeus*, 1767. Von Lessing und Herder wurde K. heftig bekämpft. 105 f., 119, 133, 194–196

Koch (Lebensdaten unbekannt), junger schwed. Kaufmann; Bekanntschaft Herders in Nantes. 133, 135, 183, 257

Kolumbus, Christoph, ital. Cristoforo Colombo, span. Cristobal Colón (1451–1506), in Italien gebürtiger Entdecker Amerikas (1492). 14, 132

König, Samuel (1712–57), schweiz. Mathematiker, Mitglied der Berliner Akademie der Wissenschaften, aus der er wegen Auseinandersetzungen mit Maupertuis ausgestoßen wurde. 96

La Beaumelle s. Beaumelle

La Caille (Lacaille), Nicolas Louis de (1713–62), franz. Mathematiker, Astronom, Nautiker; *Sur l'observation des longitudes en mer par le moyen de la lune*, 1759; u. a. Herausgeber nautischer Almanache. 8, 28

Lacombe, Jacques (1724–1801), franz. Historiker. Verfasser mehrerer *Abrégés chronologiques*, z. B. der *histoire ancienne, du Nord, d'Espagne et de Portugall*. 8

La Fare, [Charles Auguste, Marquis de, 1644–1712?], Verfasser des Werkes *Le gouverneur, ou essai sur l'éducation*, London 1768. Anm. zu 148,12

La Fontaine, Jean de (1621–95), berühmter franz. Fabeldichter. 132

Lagrange (La Grange), Joseph Louis (1736–1813), ital. Mathematiker. Kaum 19 Jahre alt, wurde er Professor der Mathematik an der Artillerieschule in Turin. Erhielt den von der Akademie

Personenregister

der Wissenschaften in Paris ausgesetzten Preis für seine Theorie
über die Bewegung der Jupitertrabanten, veröffentlichte eine
Lehre vom Planetensystem. Folgte 1766 dem Ruf Friedrichs II.
nach Berlin als Mitglied der Akademie der Wissenschaften und
Direktor ihrer mathematischen Klasse; an Eulers Stelle. 83

La Harpe, Jean François de (1739–1803), franz. Dichter und Kritiker. 93

La Lande (Lalande), Joseph Jérôme Lefrançais de (1732–1807),
franz. Astronom. Seine *Voyage d'Italie* erschien anonym, 8 Bde.,
Venedig u. Paris 1769. Anm. zu 132,28

Lambert, Johann Heinrich (1728–77), bedeutender Mathematiker,
Physiker und Philosoph. Hauptwerk: *Neues Organon, oder
Gedanken über die Erforschung des Wahren und dessen Unterscheidung vom Irrtum und Schein*, 1764. 27, 63

Lambin, Denis (1520–72), franz. klassischer Philologe, Herausgeber und Kommentator klassischer Autoren; Horaz-Kommentar, 1561. 106

La Place, Pierre Antoine de (1707–93), franz. Schriftsteller, Herausgeber des *Mercure de France*, 1762–64. 121

La Rochefoucauld, François VI., Duc de La Rochefoucauld, Prince
de Marsillac (1613–80), verbrachte sein Leben abseits vom Hofe
in den Salons seiner geistreichen Freundinnen. Seine *Mémoires*,
1662, schildern die Geschichte der Regentschaft Annas von Österreich. 1665 veröffentlichte er *Réflexions ou sentences et maximes
morales*, die als Muster klassischer französischer Prosa gelten.
Als scharfer Beobachter schildert er die Sittenverderbnis der
höhern Stände. 97

Leibniz, Gottfried Wilhelm von (1646–1716), Philosoph, Polyhistor, aus Leipzig gebürtig. L.s Hauptbedeutung als Philosoph
beruht auf seinem mit umfassender wissenschaftlicher Bildung
durchgeführten Versuch, die mechanistische Naturerklärung mit
dem religiösen Glauben zu versöhnen. Er knüpft seine Erkenntnistheorie an seine Metaphysik an: *Essai de Théodicée sur la
bonté de Dieu, la liberté de l'homme et l'origine du mal*, 1710.
Lehrsätze über die Monadologie, 1720. 27, 34, 82 f., 97, 129, 158

Lenclos, Ninon de, eigtl. Anne Lenclos (1620–1705), berühmte
Dame, ihr Salon in Paris Treffpunkt bedeutender Persönlichkeiten. Die unter ihrem Namen erschienenen Briefe, Memoiren usw.
stammen, wie man heute annimmt, größtenteils nicht von ihr.
Anm. zu 8,30

Lessing, Gotthold Ephraim (1729–81). 231, 246, 252 f., 262
Lillo, George (1693–1739), engl. Dramatiker. Eröffnete die Epoche des bürgerlichen Trauerspiels durch *The London Merchant, or, The History of George Barnwell*, London 1731; Einfluß auf Diderot und Lessing (*Miß Sara Sampson*), dt. von H. A. von Bassewitz, Hamburg 1752, 1754, 1757, 1766, 1768, 1772; Danzig 1755; Wien 1768; Berlin 1768; u.ö. Anm. zu 8,5
Lindinger, Johann Simon (1723–84), Historiker. *Charaktere denkwürdiger Nationen*, 2 Tle., 1756/57. 47
Lindner, Johann Gotthelf (1729–76), Rektor der Domschule in Riga 1755 bis 1766, dann Professor der Dichtkunst in Königsberg. *Anweisung zur Teutschen Schreibart, nebst Beispielen*, Königsberg 1755. 63
Linguet, Simon Nicolas Henri (1736–94), franz. Schriftsteller, Historiker und Politiker. *Annales politiques, civiles et littéraires; Histoire impartiale des Jésuites; Histoire du Siècle d'Alexandre*, 1762. 8, 49
Livius, Titus (59 v. Chr. bis 17 n. Chr.), röm. Geschichtsschreiber. 63, 70
Locke, John (1632–1704), engl. Philosoph des Empirismus, Verfasser pädagogischer Schriften. *An Essay concerning Human Understanding*, 1690; *Some Thoughts concerning Education*, 1693. Theologische Hauptschrift: *The reasonableness of Christianity as delivered in the Scriptures*, 1695. 34, 39, 79, 83, 129, 230
Lodbrog, Regnar, dän. König des 8. Jh.s, Sagenheld. 83
Lowth, Robert (1710–87), engl. Theologe. Entdecker des Parallelismus membrorum. Hauptwerk: *De sacra poesia Hebraeorum praelectiones*, 1753, dt. von J. D. Michaelis mit Anm., 1758. Anm. zu 112,12 f., 129,3 f.
Ludolf, Hiob (1624–1704), Orientalist. Begründer der äthiopischen Philologie. Verfasser mehrerer Schriften über Geschichte und Sprache Abessiniens: *Lexikon Aethiopico-Latinum*, 1661; *Grammatica linguae Aethiopicae*, 1661; *Historia Aethiopica*, 1681. 16
Ludwig XIV. (1638–1715), König von Frankreich 1643–1715, der »Sonnenkönig«. 24, 92 f., 99, 114, 232
Ludwig XV. (1710–74), König von Frankreich 1715–74. 115
Lukan, Marcus Annaeus Lucanus (39–65): röm. Dichter aus Corduba, Provinz Hispania. Verfasser eines Epos über den Bürgerkrieg zwischen Caesar und Pompeius: *Pharsalia*. 113

Personenregister

Lukian (um 120 bis 180), griech. satirischer Prosaist der sog. zweiten Sophistik. 23, 72

Lukrez, Titus Lucretius Carus (um 97 bis 55 v. Chr.), röm. Dichter. Verfasser eines hexametrischen Epos *De rerum natura* (»Über die Natur der Dinge«); der Philosophie Epikurs folgend. 71, Anm. zu 90,29 f., 123,16 f., 227

Lulli, Giovanni Battista (auch Jean Baptiste Lully, 1632–87), Dirigent und Opernkomponist in Paris, italienischer Herkunft. 14 große Opern sind erhalten. 93

Luther, Martin (1483–1546), Begründer des deutschen Protestantismus. 28, 43 f., 51, 128

Lykurgos (11./9. Jh. v. Chr.?), sagenhafter Gesetzgeber Spartas. 77, 191, 204

Mably, Gabriel Bonnot de (1709–85), Historiker, Philosoph und politischer Schriftsteller der französischen Aufklärung. *Parallèle des Romains et des Français*, 1740; *Observations sur les Grecs*, 1749; *Observations sur les Romains*, 1751; *Observations sur l'histoire de France*, 1765. 49 f., 53, 79, 99

Macchiavelli, Niccolò (1469–1527), ital. Staatsmann und Geschichtsschreiber. *Il principe*, 1513. *Istorie Fiorentine*, 1532. 63, 83, 132

Malherbe, François de (1555–1628), franz. Dichter aus Caen, sprachlicher und metrischer Reformer. 102

Mallet, Alain Manesson (1630–1706), franz. Historiker und Geograph, Ingenieur und Mathematiker. *Description de l'univers*, 1683. 49

Mallet, Paul Henri (1730–1807), schweiz. Historiker und Philologe. *Introduction à l'histoire du Danemarc*, 1755/56, dt. 1765. Von Herder 1765 rezensiert (SWS I, 73 ff.). Anm. zu 83,32

Mandeville, Sir John (auch Jean de Mandeville; Johannes von Montevilla; geb. um 1300, gest. 1372), mußte England 1322 verlassen, ging nach Palästina, diente dem ägyptischen Sultan. 1356 nach Europa zurück. Arzt in Lüttich. Seine abenteuerliche Reisebeschreibung, ursprünglich französisch verfaßt, in viele Sprachen übersetzt, gilt im wesentlichen als Kompilation aus früheren Quellen. Wie Goethe wird Herder Mandeville gelesen haben im *Reyßbuch des heyligen Lands* (viele Auflagen um 1600). 24 f.

Marais s. Des Marais

Marana, Jean-Paul (1642–93), franz. Schriftsteller. Anm. zu 112,22

Marigny, François Augier de (gest. 1762), franz. Historiker. *Histoire des Arabes sous le gouvernement des Califes*, 1750 (von Lessing übersetzt); *Histoire des révolutions de l'empire des Arabes*, 1750–52. 49

Mariotte, Edme (1620–84), franz. Physiker; fand u. a. das Gesetz über Druck und Volumen idealer Gase (Boyle-Mariottesches Gesetz; Mariottesche Röhre). 8

Marmontel, Jean François (1723–99), franz. Dichter. *Bélisaire*, 1767; *Denys le Tyran*, 1748; *Aristomène*, 1749. 93, 107, 114, 119, 125

Marot, Clément (1496–1544), bedeutendster franz. Dichter der Frührenaissance. Chansons, Balladen, Elegien, Episteln, Epigramme. Berühmte Psalmenübersetzung. Verfasser des ersten französischen Sonetts. »Style marotique«. Wiederholt Opfer der Protestantenverfolgungen. Aus Cahors, also nicht aus der Normandie gebürtig wie sein Vater Jean M. Diesbezüglich unterlief Herder eine Verwechslung. 102, 113

Marot, Jean (gest. 1524), franz. Dichter aus Caen in der Normandie, Kammerdiener bei Franz I.; machte sich als Dichter namentlich durch sein *Doctrinal des princesses* bekannt. Vater des berühmteren Clément M. 102, 113

Martialis, Marcus Valerius (um 38/41 bis 102/103), röm. Epigrammdichter und Satiriker, aus Spanien gebürtig. 71

Maupertuis, Pierre Louis Moreau de (1698–1759), franz. Physiker, Mathematiker, Philosoph. Seit 1741 Präsident der Berliner Akademie der Wissenschaften; vielseitiger Schriftsteller. *Essai de cosmologie*, 1750; *Essai de philosophie morale*, 1749; *Système de la Nature*, 1751. 8, 18, 52, 82, 96, 148

May, Johann Karl (1731–84), Sozialökonom. *Versuch in Handlungsbriefen nach den Gellertschen Regeln; nebst einer Abhandlung von dem guten Geschmack in Handlungsbriefen*, 1756 u. 1764. 64

Mazarin, Jules (1602–61), franz. Kardinal und Staatsmann. 93

Mehegan, Guillaume Alexandre de (1721–66), franz. Historiker. *Zoroastre*, 1751; *Origine des Guèbres*, 1751; *Tableau de l'histoire moderne depuis la chute de l'empire occidental jusqu'à la paix de Westphalie*, 1766. 49

Mendelssohn, Moses (1729–86), philosophischer Schriftsteller, Freund Lessings, gab mit Lessing gemeinsam die anonyme Schrift *Pope ein Metaphysiker*, 1755, heraus. Verfasser der *Briefe über die*

Empfindungen, 1755. Mitarbeiter an Nicolais *Bibliothek der schönen Wissenschaften* sowie an den *Briefen, die neueste Litteratur betreffend*. Erhielt von der Berliner Akademie der Wissenschaften 1763 den auf die Beantwortung der Frage: *Über die Evidenz in metaphysischen Wissenschaften*, gesetzten Preis. 1767 veröffentlichte er *Phädon, oder Über die Unsterblichkeit der Seele*. M. kritisierte Herders *Fragmente* als zu spekulativ. 1769 erfolgte ein Briefwechsel zwischen Herder und M. über M.s *Phädon*. Im Sommer 1774 lernten sie sich persönlich kennen. Am 21. Februar 1781 schrieb Herder, veranlaßt durch Lessings Tod, wiederum an M. Doch blieben Herders Versuche, ein näheres Verhältnis anzubahnen, erfolglos. 27, 34, 246

Michaelis, Johann David (1717–91), evangelischer Theologe und Orientalist an der Universität Göttingen, begründete die historisch-kritische Betrachtung des Alten Testaments. Verfasser der Preisschrift der Berliner Akademie: *Sur l'influence réciproque du language sur les opinions*, 1759 (von Herder erwähnt zu Beginn der *Fragmente*). Zahlreiche Publikationen. 17, 50, 55, 72, 83, 129

Moldenhawer, Johann Heinrich Daniel van (1709–90), Theologe. *Introductio in libros sanctos veteri et novi Testamenti*, Königsberg 1736, anonym; die 2. Auflage mit verändertem Titel 1745 unter seinem Namen. M. übersetzte und kommentierte auch mehrere Bücher der Bibel. 51

Molière, Jean Baptiste Poquelin (1622–73), der bedeutendste franz. Lustspieldichter. 8, 93 f.

Montaigne, Michel Eyquem de (1533–92), franz. Moralphilosoph. Verfasser der *Essais*, 2 Bde., 1580; 3 Bde., 1588; vermehrte posthume Ausgabe von Mlle. de Gournay, 1595. 105, 135, 140, 262

Montesquieu, Charles de Secondat, Baron de la Brède et de M. (1689–1755), südfranz. Landedelmann, philosophisch-politischer Schriftsteller. *Lettres persanes*, 1721 u. ö., dt. 1760; *Considérations sur les causes de la grandeur des Romains et de leur décadence*, 1734 u. ö.; *Dialogue de Sylla et d'Eucrate*, 1748. Durch sein Hauptwerk *De l'esprit des lois*, 1748, der wichtigste Schrittmacher der Aufklärung in Frankreich. – Ein sehr sorgfältig in tabellarischer Form geschriebener »Auszug aus Montesquieu Geist der Gesetze«, zehn Blätter im Format des *Reisejournals*, fand sich in Herders Nachlaß. Am 4. November 1769 schrieb Herder von Nantes aus an Begrow: »Eben werfe ich mich in den Reisewagen nach Paris und lese nichts als Montesquieu unterwegens.« 8, 34, 39, 49, 53, 79 f., 81, Anm. zu 87,5, 91 f., 95, 98 f., 102, 106, 109, 111 f., 114, 129, 138, 190, 192, 219, 221–223, 227, 229, 232–236

Morellet, André (1727–1819), franz. Geistlicher und Nationalökonom. Verfasser zahlreicher Schriften. Im August 1769 schrieb Herder an Hartknoch: »Hier ist das Wichtigste, daß der König die Ostindische Kompagnie aufgehoben: wollen Sie die darüber gewechselten Schriften lesen: so haben Sie des Abbts Morellets *Mémoire sur la situation actuelle de la Comp. des Indes* zuerst und als die Hauptschrift, und seine beiden Gegner Necker und Grafen Lausagnais zu lesen.« 86

Moser, Friedrich Karl Frhr. von (1723–98), Staatsmann und Verfasser von politischen, kulturhistorischen und soziologischen Schriften, die große Beachtung fanden. Er veröffentlichte u. a.: *Kleine Schriften zur Erläuterung des Staats- und Völkerrechts*, 12 Bde., 1751–65; *Der Herr und der Diener, geschildert mit patriotischer Freiheit*, 1759, bald weitere Auflagen, Übersetzungen ins Französische, 1760, und Russische, 1766; sehr verbreitete politische Abhandlung im Deutschland jener Zeit. *Von dem deutschen Nationalgeist*, 1765. M. kritisierte den moralischen Verfall an den deutschen Höfen und trat für größere Macht des Kaisers und politische Einheit ein. 34

Mosheim, Johann Lorenz von (1694–1755), evangelischer Theologe und Kirchenhistoriker in Göttingen, bedeutender Prediger. *Sittenlehre der Heiligen Schrift*, 1735 ff.; *Heilige Reden über wichtige Wahrheiten der Lehre Christi*, 1725 ff. 32

Müller, Gerhard Friedrich (1705–83), Historiker in St. Petersburg; unternahm weite Forschungsreisen durch Rußland. *Sammlung russischer Geschichte*, St. Petersburg, Kaiserl. Akad. d. Wiss., 1732–64. Auf dieses Werk bezieht sich Herder auch in den *Ideen II* (SWS XIII, 215) und in der *Adrastea* (SWS XXIII, 439). 80

Nepos, Cornelius (um 100 bis 24 v. Chr.), röm. Historiker. 63, 70
Nero, Tiberius Claudius (37–68), röm. Kaiser 54–68. 84
Newton, Sir Isaac (1643–1727), engl. Physiker, Mathematiker und Astronom. 8, 14, 16, 52, 54, 79, 97, 221
Nicolai, Christoph Friedrich (1733–1811), Verlagsbuchhändler und Literaturkritiker in Berlin. 236 f., 262

Ninon s. Lenclos
Nollet, Jean Antoine (1700-70), franz. Physiker; Entdecker der Endosmose (1748). *L'Art des expériences, ou Avis aux amateurs de la physique [...]*, 3 Bde., 1770. (Von Goethe, ausweislich seiner *Ephemerides*, in Straßburg gelesen.) *Leçons de physique expérimentale*, 6 Bde., 1743-48; viele Auflagen. 8, 14, 43, 68
Novalis (Friedrich von Hardenberg, 1772-1801). 212

Oekolampadius (eigtl. Huszgen), Johannes (1482-1531), schweiz. Reformator, Pfarrer in Basel; Humanist. Vorläufer Calvins. 77
Olaf I. Tryggvason, Wikingerfürst, norw. König 995-1000; förderte die Christianisierung; in der Seeschlacht bei Svolder besiegt, stürzte er sich ins Meer. 83
Olaus s. Olaf I.
Opitz, Martin (1597-1639), Dichter, Kunsttheoretiker. *Buch von der Deutschen Poeterey*, 1624. 207
Orpheus, mythischer griech. Sänger, Sohn des Flußgottes Oiagros (oder des Apollon) und der Muse Kalliope. O. wurden Dichtungen verschiedenster Zeiten zugeschrieben. 22-24, 156 f.
Ossian, kelt. Sagenheld, der in der Literaturgeschichte bedeutsam wurde durch den Schotten James Macpherson: *Fragments of Ancient Poetry collected in the Highlands of Scotland, and translated from the Galic or Erse Language*, Edinburgh 1760. Als diese großen Beifall fanden, veröffentlichte Macpherson 1762 das Heldengedicht *Fingal* nebst 16 kleineren Gedichten; *Temora* nebst fünf kleineren Gedichten, 1763; dann diese Gedichte zusammen 1765 als *Ossians Werke*. Der Erfolg war ein mächtiger, besonders in Deutschland. Herder übersetzte einige Stücke. Anm. zu 83,34, 129, 242-244, 251-253
Ovid, Publius Ovidius Naso (43 v. Chr. bis 17 n. Chr.), röm. Dichter. 71, Anm. zu 92,17

Pascal, Blaise (1623-62), franz. Schriftsteller, Theologe, Philosoph, Mathematiker. Apologet des Christentums. *Traité du triangle arithmétique*, 1654; *Lettres à un Provincial*, 1656/57; *Pensées sur la religion*, 1670. 63, 129
Perron, d. i. Jacques Davy Duperon (1556-1618), als Sohn normannischer Eltern in der Schweiz geboren, erst Calvinist, später katholischer Kardinal. Bedeutender Theologe und Prediger. 102

Persius (34–62), röm. Satiriker, aus dem etruskischen Volaterrae gebürtig. 71, 113

Peter I., der Große (1672–1725), Kaiser von Rußland 1689–1725. 19 f., 165, 217

Peter III. (1728–62), Enkel Peters des Großen, regierte als russischer Kaiser vom 5. Januar bis 17. Juli 1762. Ermordet bei einer Revolte. Thronfolgerin wurde seine Gemahlin Katharina II. 216

Petrarca, Francesco (1304–74), ital. Dichter und Humanist. 132

Picart, Bernard (1673–1733), franz. Kupferstecher; illustrierte den *Traité des Cérémonies et coûtumes religieuses de toutes les nations,* hrsg. von J.-F. Bernard, Amsterdam 1723–43. 47

Pindar (um 520 bis etwa 447 v. Chr.), griech. Lyriker. 22, 24, 104

Place s. La Place

Platon (427–348/47 v. Chr.), griech. Philosoph. 27, 63, 103, 135, 140, 256

Plinius, Gaius Plinius Secundus, der Ältere (23/24–79), röm. Schriftsteller. Seine historischen, rhetorischen und grammatischen Schriften sind verlorengegangen; erhalten ist jedoch ein umfangreiches enzyklopädisches Werk in 37 Büchern unter dem Titel *Historia Naturalis,* das eine ungeheure Menge aus zahlreichen griechischen und lateinischen Werken zusammengelesener Notizen aus verschiedensten Wissensgebieten enthält. 71

Plutarch (45–125), griech. historischer und philosophischer Schriftsteller. Berühmt seine Biographien großer Griechen und Römer. 140

Pococke, Richard (1701?–1765), engl. Geograph. *A description of the East and some other countries,* 1743–45, dt. 1754. 49

Poliziano, Angiolo (1454–94), ital. Dichter und Humanist, verfaßte Oden, Elegien, Epigramme, sehr geschätzte Tanzlieder. Seine *Stanze per la giostra de Giuliano de' Medici,* 1494, gehören zu den anmutigsten Dichtungen der Renaissance. 132

Pontoppidan, Erik (1698–1764), dän. Theologe und Altertumsforscher; schrieb u. a. über dänische und norwegische Altertümer: *Gesta et vestigia Danorum extra Daniam,* 1740/41; *Theatrum Daniae veteris et modernae,* 1740; *Den danske Atlas,* 1763 ff., 8 Bde., vervollständigt von Hans de Hofman. Das Herder interessierende Werk wohl: *Versuch einer natürlichen Historie von Norwegen,* 1752, aus dem Dänischen von Johann Adolf Scheiben, 2 Bde., 1753/54. 15

Poole (lat. Polus), Matthew (1623–79), engl. Theologe, kommentierte die Bibel. *Synopsis criticorum aliorumque sacrae scripturae interpretum*, 1669.   129

Prémontval, eigtl. Le Guay de Prémontval, André Pierre (1716 bis 1764), franz. Philologe, Mitglied der Berliner Akademie der Wissenschaften; Verfasser der Preisschrift für die Berliner Akademie: *Du hasard, sous l'empire de la Providence, pour servir de préservatif contre le fatalisme moderne*, 1755. Herausgeber der kritischen Zeitschrift *Préservatif contre la corruption de la langue française en Allemagne*, 1759–64; sein Essay *Contre la gallicomanie ou le faux goût français* wurde von Herder übersetzt: Humanitätsbriefe 110 (SWS XVIII, 152 ff.).   82 f., Anm. zu 113,29

Prideaux, Humphrey (1648–1724), engl. Theologe und Orientalist. *The Old and New Testament connected in the history of the Jews and neighbouring nations*, 1716.   49

Pütter, Johann Stephan (1725–1807), Jurist in Göttingen. *Entwurf einer juristischen Encyklopädie und Methodologie*, 1757; *Vollständiges Handbuch der teutschen Reichshistorie*, 1762; u. a. 64

Pyrrhus, König von Epirus 306–273 v. Chr. Seine verlustreichen Siege gegen die Römer wurden als »Pyrrhussiege« sprichwörtlich.   82

Pythagoras (um 560/70 bis etwa 480 v. Chr.), griech. Philosoph aus Samos.   56, 58, 72

Quinault, Philippe (1635–88), franz. Librettist; verfaßte u. a. die Operntexte *Cadmus* und *Alceste*, komponiert von Lulli, und *Armida*, komponiert von Gluck.   93

Racine, Jean Baptiste (1639–99), franz. Tragödiendichter.   91, 103, 113 f.

Ramler, Karl Wilhelm (1725–98), antikisierender Lyriker, Übersetzer des Horaz: *Oden aus dem Horaz*, 1769.   106

Ramsay, Andrew Michael (1686–1743), engl. Schriftsteller. *Vie de Fénelon*, 1723; *Les Voyages de Cyrus avec un discours sur la mythologie des payens*, 1727; engl. *A new Cyropaedia or the travels of Cyrus*, London 1728.   112

Réaumur, René Antoine Ferchault de (1683–1757), franz. Physiker (Réaumur-Thermometer) und Zoologe. Bedeutendstes Werk:

Mémoires pour servir à l'histoire naturelle des insectes, 6 Bde., 1734–42. 46

Reimarus, Hermann Samuel (1694–1768), Mathematiker, Theologe und Philosoph. Verfasser der von Lessing hrsg. *Fragmente des Wolfenbüttelschen Ungenannten*. Er schrieb: *Die vornehmsten Wahrheiten der natürlichen Religion*, 1754; *Vernunftlehre*, 1756; *Allgemeine Betrachtungen über die Triebe der Tiere, hauptsächlich über ihre Kunsttriebe*, 1760. 46, 55

Reinhard, Adolph Friedrich von (1726–83); löste die Preisaufgabe der Berliner Akademie der Wissenschaften von 1753: *Sur l'optimisme*, mit der Abhandlung *Vergleichung des Lehrgebäudes des Herrn Pope von der Vollkommenheit der Welt mit dem System des Herrn von Leibniz, nebst einer Untersuchung der Lehre von der besten Welt*, Leipzig 1757. (Über das Thema der Preisschrift hatten Lessing und Mendelssohn in *Pope ein Metaphysiker* gespottet.) 82

Reiske, Johann Jacob (1716–74), Rektor der Nicolaischule in Leipzig; einer der gelehrtesten und bedeutendsten Gräzisten und Arabisten seiner Zeit. 105

Resewitz, Friedrich Gabriel (1729–1806), protestantischer Prediger in Kopenhagen, Mitarbeiter an den *Briefen, die neueste Litteratur betreffend* und an der von Nicolai hrsg. *Allgemeinen deutschen Bibliothek*; R. gehörte zu den Männern, die Herder in Kopenhagen aufzusuchen wünschte. 34, 118

Restaut, Pierre (1696–1764), franz. Grammatiker. *Principes généraux et raisonnés de la grammaire française*, 1730; *Vraie méthode pour enseigner à lire*, 1759. 68

Richardson, Samuel (1689–1761), engl. Romanschriftsteller, von großem Einfluß auf die deutsche Literatur. *Pamela*, 2 Bde., 1740; *Clarissa*, 7 Bde., 1748; *The history of Sir Charles Grandison*, 7 Bde., 1754. 34

Richelieu, Armand Jean du Plessis, Duc de (1585–1642), franz. Kardinal und Staatsmann, Verfasser katholischer Streitschriften. 82, 93, 99

Richter, Johann Paul Friedrich, gen. Jean Paul (1763–1825), Dichter, mit Herder befreundet. 267 f.

Riedel, Friedrich Justus (1742–85), Professor der Ästhetik in Erfurt und Wien. 195

Rochefoucauld s. La Rochefoucauld

Rollin, Charles (1661–1741), franz. Historiker, Rektor der Pariser

Universität. *Histoire ancienne des Egyptiens, des Carthaginois, des Assyriens [...]*, 13 Bde., 1730–38; *Traité des études ou la manière d'enseigner et d'étudier les belles lettres*, 1726, dt. von Johann Schwabe, 1737. Herder referiert darüber in den *Fragmenten* (SWS I, 381 f.). 49

Rösel, d. i. August Johann Rösel von Rosenhof (1705–59), Zoologe, Kupferstecher, bekannt durch seine *Insektenbelustigung*, 1746–61. 46

Rothe, [Georg?] (Lebensdaten unbekannt), Lehrer in Görlitz. *Kurzer Begriff der Naturlehre*, Görlitz 1754. 41

Rousseau, Jean Jacques (1712–78), franz. Schriftsteller, neben Voltaire der einflußreichste der Franzosen im 18. Jh. *Discours sur les sciences et les arts*, 1750; *Lettre sur la musique française*, 1753; *Discours sur l'inégalité*, 1754; *Lettre à d'Alembert sur les spectacles*, 1758; *La nouvelle Héloïse*, 1761; *Contrat social*, 1762; *Emile*, 1762; u. a. 31, 36, 39, 47, 56, 63, 67 f., 79, 90, 92, 96, 104, 106 f., 110, 129, 190, 210, 212, 221, 227, 232, 235, 241, 251

Ruhnken, David (1723–98), Professor der Beredsamkeit in Leiden. Seine Latinität war berühmt. R. veröffentlichte zahlreiche Werke der klassischen Philologie. 105

Saint-Foix, Germain François Poullain de (1698–1776), franz. Lustspieldichter. Schrieb: *Lettres d'une Turque à Paris [...] pour servir de supplément aux ›Lettres persanes‹* [von Montesquieu], Köln 1731, Amsterdam 1731; *Lettres turques, revues, corrigées et augmentées [1]. Lettres de Nedim Coggia [2]*, Amsterdam 1750. 112, 114

Saint-Marc, Charles Hugues Lefèbre de (1698–1769), franz. Historiker. Herausgeber von Malherbe und Boileau. *Abrégé chronologique de l'histoire d'Italie*, 6 Bde., 1761–70. 8

Saint-Réal, César Vichard de (1639–92), franz. Historiker. *De l'usage de l'histoire*, 1671; *Don Carlos*, 1672 (Hauptquelle für Schillers gleichnamiges Drama); *Conjuration des Espagnols contre la République de Venise*, 1674; *Vie de Jésus Christ*, 1678. 8

Sallust, Gaius Sallustius Crispus (86–35 v. Chr.), röm. Historiker. 70

Sannazaro, Jacopo (um 1456 bis 1530), ital. und neulat. Dichter. Verfasser des Schäferromans *Arcadia*, 1502. Lateinische Elegien und Epigramme. 70, 105

Sarrasin, Jean François (1603–54), franz. Historiker und satirischer Schriftsteller aus Hermanville bei Caen. 102

Scaliger, Julius Caesar (1484–1558), ital. Philologe, Naturforscher, Arzt und Dichter. *Poetices libri VII*, 1561. Herders Anspielung bezieht sich wohl auf: *Exotericarum exercitationum liber XV. De subtilitate ad Hieronymum Cardanum*, 1757; lange als Schulbuch gebraucht. (»Zusammengestellte Collectaneen, wodurch wir unterrichtet werden, wie manches damals bekannt war, und wie vieles die Wißbegierigen schon interessierte.« Goethe in der *Farbenlehre*.) 148

Scheffner, Johann Georg (1736–1820), Kriegs- und Steuerrat in Gumbinnen. 198

Schlözer, August Ludwig von (1735–1809), Historiker, Publizist in Göttingen. Herder interessierte sich für seine Arbeiten über russische Geschichte: *Russische Annalen*, T. 1, Riga 1767; *Probe russischer Annalen*, Bremen u. Göttingen 1768; *Neuverändertes Rußland, oder Leben Catharinä der zweyten, Kayserinn von Rußland, aus authentischen Nachrichten beschrieben* (anonym, Vorrede unterzeichnet: Joh. Jos. Haigold), Riga u. Leipzig 1767; *Joh. Jos. Haigold's [d. i. Schlözers] Beylagen zum neuveränderten Rußland*, 2 Bde., Riga u. Mietau 1769/70. Auf die letzten beiden Publikationen bezieht sich wohl Herders Ausdruck »Merkwürdigkeiten«; sie enthielten Akten, Statistisches u. dgl. 79

Schröckh, Johann Matthias (1733–1808), Theologe in Wittenberg. Verfasser einer insgesamt 45 Bände umfassenden *Christlichen Kirchengeschichte*, 1768–1812. 128

Schwarz, Berthold (um 1300), Berthold, »der Schwarze«, Franziskanermönch in Freiburg, gilt als Erfinder des Schießpulvers (Schwarzpulvers) in Deutschland. 129

Schwarz, Johann Christoph (Lebensdaten unbekannt), Bürgermeister von Riga, Freund Herders. 86

Scudéry, Georges de (1601–67), franz. Dramatiker, Bruder der berühmten Madeleine de S., aus Le Havre gebürtig. Verfasser zahlreicher erfolgreicher Bühnenwerke. Gegner Corneilles. 102, 113

Scudéry, Madeleine de (1607–1701), franz. Schriftstellerin aus Le Havre, berühmt durch ihre vielen Romane: *Ibrahim*, 10 Bde., 1641; *Artamène ou le Grand Cyrus*, 10 Bde., 1649–53; *La Clélie*, 10 Bde., 1654–60; *Almahide*, 8 Bde., 1660; *Les Femmes illustres*, 1665; u. a. 102, Anm. zu 112,23 f., 113

Segrais, Jean Regnault (1624–1701), franz. Schriftsteller aus Caen. Verfasser von Hirtenliedern; Übersetzer Vergils. 102

Semler, Christoph (Lebensdaten unbekannt), Pädagoge, Archidiakon in Halle. Gründete dort 1708 eine »mathematische und mechanische Realschule«. 211

Seneca, Lucius Annaeus, der Jüngere (4 v. Chr. bis 65 n. Chr.), berühmter stoischer Philosoph, Dramatiker; aus Corduba, Provinz Hispania, gebürtig wie sein gleichfalls bedeutender Vater Annaeus Seneca, Verfasser der *Oratorum et rhetorum sententiae*. 113

Sérionne, Jacques Accarias de (1709–92), franz. Jurist und Volkswirtschaftler. *Le Commerce de la Hollande,* 1765. Anm. zu 87,19 f.

Sévigné, Marie de Rabutin-Chantal, Marquise de (1626–96), berühmt durch den 25jährigen Briefwechsel mit ihrer Tochter, der eine Chronik des höfischen Lebens der Epoche 1671–96 bildet. Erster Druck 1726; vollständiger 1754 (8 Bde.). 8, 67

Shaftesbury, Anthony Ashley Cooper, Earl of (1671–1713), engl. philosophischer Schriftsteller. *Characteristics of men, manners, opinions and times*, 3 Bde., 1711, dt. 1768; nach seinem Tode erschienen seine *Several letters, written by a noble Lord to a young man at the university*, London 1716. Herder schätzte S. sehr, dessen Pantheismus erinnerte ihn an Spinoza. »Seit sieben Jahren und länger trage ich mich mit einer Parallele der Dreimänner Spinoza, Shaftesbury, Leibniz.« (An F. H. Jacobi, 6. Februar 1784.) 34, 105, 140, 230

Shakespeare, William (1564–1616). 95, 231, 241, 253

Shaw, Thomas (1692–1751), engl. Reiseschriftsteller; unternahm Forschungsreisen in Afrika. *Travels or Observations relating to several parts of Barbary and the Levant*, 1738, dt. von Merck, 1765. Herder rezensierte die deutsche Übersetzung (SWS I, 81 ff.). 49, Anm. zu 112,23

Simon, Richard (1638–1712), franz. Theologe, rationalistischer Bibelkommentator: *Histoire critique du vieux testament,* 1678; *Histoire critique des principaux commentateurs du nouveau testament,* 1692. Diverse weitere theologische Schriften, meist »historisch-kritischen« Charakters. 129

Skill, nordischer Sagenheld. 83

Smollet, Tobias (1721–71), engl. Dichter. Verfasser kulturkritischer Abenteuer- und Reiseromane: *Roderick Random,* 1748; *Pere-*

grine Pickle, 1751; *Travels through France and Italy*, 1766; u. a. 122
Sokrates (um 470 bis 399 v. Chr.), griech. Philosoph. 135, 191
Solon (um 640 bis 560 v. Chr.), griech. Staatsmann und Dichter. Erneuerte während seines Archontats (594–93 v. Chr.) die athenische Gesetzgebung. 77, 191, 204, 257
Sonnenfels, Joseph von (1733–1817), österr. Schriftsteller und Staatsrechtler der Aufklärung. Herausgeber der moralischen Wochenschriften *Der Mann ohne Vorurteil*, 1765; *Theresia und Eleonore*, 1767; *Das weibliche Orakel*, 1767. 112
Sophokles (um 496 bis 406 v. Chr.), griech. Tragiker. 104, 113
Spalding, Johann Joachim (1714–1804), protestantischer Theologe, der Aufklärung zuneigend. Anhänger und Übersetzer Shaftesburys, wirkte 1764–88 als Prediger in Berlin; verfaßte u. a.: *Die Bestimmung des Menschen*, 1748; *Gedanken über den Wert der Gefühle im Christentum* (anonym), 1761. Herders Einstellung zu Spalding war zunächst außerordentlich positiv, 1774 richtete er jedoch seine *Provinzialblätter an Prediger* gegen Spalding. Später gewann er seine positive Einstellung gegenüber S. zurück. 34
Spanheim, Ezechiel, Frhr. von (1629–1710), Staatsmann, Altertumsforscher, Historiker. Verfasser einer grundlegenden Schrift über antike Münzen. Auf der Seereise hatte Herder im Sinn das mythologische Fragen behandelnde Werk: *Callimachi Hymni, cum commentario*, 1697, neu hrsg. von J. A. Ernesti, 1761. Auszüge daraus fanden sich in Herders Rigaer Papieren (SWS III, 495). 22
Spinoza, Benedictus de (1632–1677), holl. Philosoph, Hauptvertreter des neueren Pantheismus. Hauptwerke: *Ethica ordine geometrico demonstrata*, 1677; *Tractatus theologico-politicus*, 1670; *Tractatus politicus*, 1677; *De intellectus emendatione*, 1677. Über S. Herders Schrift *Gott*, 1787 (eine Verteidigung S.s im sog. Pantheismusstreit). Anm. zu 143,17 f., 202, 212, 227 f., 230, 259, 267
Starke, Heinrich Benedikt (1672–1727), Orientalist. *Lux grammaticae ebraeae*, zuerst 1705, noch 1764 neu hrsg. (5. Aufl.). 17
Sterne, Laurence (1713–68), engl. Geistlicher, humoristisch-sentimentaler Erzähler. *The life and opinions of Tristram Shandy*, 1759–67; *A sentimental journey through France and Italy by*

Mr. Yorick, 1768. Lieblingsautor Herders in seiner Rigaer Zeit. 34, Anm. zu 98,9 f., 115,28, 122,22, 134,17

Sturz, Helfrich Peter (1736–79), Legationsrat in Kopenhagen. Schriftsteller, Freund Klopstocks und Gerstenbergs, Mitarbeiter an den Schleswigschen *Briefen über die Merkwürdigkeiten der Literatur.* 119

Sully, Maximilien de Béthune, Duc de (1560–1641), franz. Staatsmann. 97

Sulzer, Johann Georg (1720–79), Philosoph und Ästhetiker der deutschen Aufklärung in Berlin. *Kurzer Begriff aller Wissenschaften und anderer Theile der Gelehrsamkeit,* 1745, 1759, 1772 u. ö. Berühmtes enzyklopädisches Hauptwerk, lange vor seinem Erscheinen angekündigt: *Allgemeine Theorie der Schönen Künste in einzelnen, nach alphabetischer Ordnung der Kunstwörter auf einander folgenden Artikeln abgehandelt,* 2 Bde., 1771 u. 1774, mehrfach aufgelegt. Der junge Herder schätzte besonders auch: *Unterredungen über die Schönheit der Natur,* 1750; *Theorie der angenehmen und unangenehmen Empfindungen. Untersuchung des Genies,* 1759. (Herder an Hartknoch, November 1769.) 52, 56

Swammerdam, Jan (1637–80), niederl. Zoologe, Begründer der Insektenkunde, Entdecker der roten Blutkörperchen. Einen Teil seiner nachgelassenen Papiere veröffentlichte Boerhaave unter dem Titel *Biblia naturae, sive historia insectorum in certas classes redacta [...],* 2 Bde., 1737/38, dt. Leipzig 1752. 46

Swift, Jonathan (1667–1745), Dekan zu St. Patrick in Dublin, satirischer und politischer Schriftsteller; von Herder besonders geschätzt. *Gulliver's travels,* 1726. 135

Sydenham, Thomas (1624–89), berühmter engl. Arzt. *Observationes medicae,* 1676. 129

Tacitus, Publius Cornelius (um 55 bis 118), röm. Geschichtsschreiber. 71

Tartini, Giuseppe (1692–1770), ital. Geiger und Komponist; von ihm stammen grundlegende Entdeckungen auf dem Gebiet des Violinspiels (*L'arte del arco*) und der Harmonielehre. *Trattato di musica secondo la vera scienza dell'armonia,* 1754; *Dissertazione dei principe dell'armonia musicale,* 1767. 132

Tasso, Torquato (1544–95), ital. Dichter. 132

Tavernier, Jean Baptiste (1605–89), franz. Forschungsreisender in Asien und Afrika. *Les Six voyages [. . .] en Turquie, en Perse et aux Indes*, 2 Bde., 1676; weitere Auflagen 1677, 1679–82 (3 Bde.) und viele mehr im 18. Jh. 49

Teniers, David, der Jüngere (1610–90), fläm. Maler von Genrebildern und Stilleben. 114, 122

Terrasson, Jean (1670–1750), franz. Geistlicher und Schriftsteller. Verfasser des Bildungsromans *Sethos, histoire, ou Vie tirée des monuments anecdotes de l'ancienne Egypte, traduite d'un manuscrit grec*, 1731. 112

Tesch (Lebensdaten unbekannt), Rigaer Patrizier, Kaufmann. Freund Herders. 86

Theodosius (I.), röm. Kaiser 379–395, Kirchenfreund. Verbot das »Heidentum«. Unter seiner Regierung wurden viele antike Tempel, Bibliotheken usw. zerstört. Anm. zu 91,29 f., 226

Theophilus, Patriarch von Alexandria (4. Jh.). Fanatiker, in Dogmenstreite verwickelt. Verbrannte 389 das Serapeion in Alexandria (Bibliothek!), was zu Herders Zeit noch den Arabern zugeschrieben wurde. Anm. zu 91,29 f., 226

Thomas, Antoine-Léonard (1732–85), franz. Gelehrter und Schriftsteller. Mitglied der Pariser Akademie der Wissenschaften. *Eloge du Maréchal de Saxe*, 1759; *Eloge du chancelier d'Aguesseau*, 1760; *Eloge de Duguay-Trouin*, 1761; *Eloge de Sully*, 1763; *Eloge de Descartes*, 1765; *Eloge du Dauphin*, 1766; u. a. An Hartknoch schreibt Herder im Oktober 1769 aus Nantes: »Wenn Sie mich in Absicht auf mein Verschwinden und Eklipsieren [Wegbleiben] nicht begreifen können, so lesen Sie Thomas auf Descartes, der wird's Ihnen sagen.« 97, 119, 125

Thou (lat. Thuanus), Jacques Auguste de (1553–1617), franz. Staatsmann und Historiker. *Historia sui temporis*, 1604 ff. 63

Tibullus, Albius (um 50 v. Chr. bis 17/19 n. Chr.), röm. Elegiker. 71

Torricelli, Evangelista (1608–47), ital. Physiker und Mathematiker. Mitarbeiter Galileis; Erfinder des Barometers. *Opera geometrica*, 1644. 8

Tournefort, Joseph Pitton de (1656–1708), franz. Botaniker. *Institutiones rei herbariae*, 1700. 14

Trublet, Nicolas Charles Joseph (1697–1770), franz. Theologe, Mitglied der Pariser Akademie; verfaßte u. a.: *Panégyriques de saints suivis de réflexions sur l'éloquence*, 1755 u. 1764; *Essays*

Personenregister

sur divers sujets de littérature et de morale, 1753, dt. 1766. Von Herder rezensiert (SWS I, 123 ff.). 97

Tschirnhausen, Ehrenfried Walther Graf von (1651–1708), berühmter Mathematiker und Physiker, Erfinder der Brennlinse, der kupfernen Brennspiegel u. a. *Medicina mentis et corporis s. tentamen genuinae logicae in qua diss. de methodo detegendi incognitas veritates*, 1687; *Anleitung zu nützlichen Wissenschaften, absonderlich zu der Mathesis und Physik*, 1708. 63

Tyrtaios (7. Jh. v. Chr.), Lyriker in Sparta; schrieb Elegien, in denen Kampfparänese eine große Rolle spielt. Übersetzt von C. F. Weiße. 106

Velly, Paul François (1709–59), franz. Historiker. *Histoire de France*, 1755–62. Übersetzer Swifts. 8

Vergil, Publius Vergilius Maro (70–19 v. Chr.), röm. Dichter. 23, Anm. zu 28,7, 71

Vespucci, Amerigo (1451–1512), ital. Seefahrer und Entdecker; nach ihm wurde Amerika benannt. 132

Vida, Marco Girolamo (1480?–1556?), neulat. Dichter. Seine Dichtungen sind teils religiösen, teils lehrhaften Inhalts. Hexametrisches Epos *Christias*, 1535, Nachahmung der *Aeneis* des Vergil. Zu den didaktischen Werken gehören *De arte poetica*, 3 Bde., Rom 1527; hrsg. von Klotz, Altenburg 1766. 69 f., 105

Voltaire, eigtl. François-Marie Arouet (1694–1778), franz. Geschichtsschreiber, Philosoph, Kritiker, Gelehrter, Dichter, Dramatiker und Romanschriftsteller, anerkannter Führer im Kampf für die Aufklärung. 8, 49 f., 67 f., 79, 82 f., 91–93, 96 f., 103, 106 f., 113 f., 116, 132, 150, 190, 217, 222, 232, 235

Weiße, Christian Felix (1726–1804), Dramatiker. Herausgeber der *Kriegslieder des Tyrtaeus*, 1762. 106

Wieland, Christoph Martin (1733–1813). Anm. zu 31,27, 34, 112, 254

Wille, Johann Georg (1715–1808), dt. Kupferstecher in Paris; führte Herder zu den Kunstschätzen in Paris und Versailles. 119, 121

Willebrand, Johann Peter (1719–86), dän. Regierungsrat in Glückstadt; später Polizeidirektor in Altona. *Hansische Chronik, aus beglaubten Nachrichten zusammengetragen*, 1748; *Betrachtungen über die Würde der Teutschen Hansa, auch über den Werth ihrer Geschichte*, 1768. 84

Winckelmann, Johann Joachim (1717–68), Begründer der wissenschaftlichen Archäologie und der Geschichte der alten Kunst; seit 1755 in Rom. *Gedanken über die Nachahmung der griechischen Werke in der Malerei und Bildhauerkunst*, 1755, ²1756; *Sendschreiben von den herculanischen Entdeckungen*, 1762; *Nachrichten von den neuesten herculanischen Entdeckungen*, 1764; *Geschichte der Kunst des Altertums*, 2 Bde., 1764; *Anmerkungen über die Geschichte der Kunst des Altertums*, 1767; *Monumenti antichi inediti*, 2 Bde., Rom 1767/68; u. a. 49 f., 63, 112, 236

Wolff, Christian (1679–1754), führender Philosoph der deutschen Aufklärung; verbreitete die Gedanken von Leibniz. 63, 82, 97, 129

Xenophon (um 430 bis 354 v. Chr.), griech. Schriftsteller: *Anabasis; Hellenika; Kyrupädie; Memorabilia Socratis*; u. a. 63, 72, 112

Young, Edward (1681–1765), engl. Dichter. 231

Zwingli, Ulrich (1484–1531), neben Calvin der Gründer der reformierten Kirche. 28, 77, 86, 191

Register der Werke, Projekte und Skizzen Herders

Werke

Abhandlung über den Ursprung der Sprache (1772)   Anm. zu 83,3, 114,15, 132,3, 132,3 f.

Abschiedspredigt vom 17. Mai 1769   7, Anm. zu 12,28, 197

Adrastea (1. bis 12. Stück, 1801–03)   Anm. zu 78,23, 82,7 f., 113,29, 135,1, 222, 230, 237 f., 241, 281, 297

Als ich von Livland aus zu Schiffe ging (Gedicht, 1769)   216

Älteste Urkunde des Menschengeschlechts (1774/76)   Anm. zu 22,21, 37,25, 141,5, 203

An den großen König Cyrus (Gedicht, 1762)   216

An Prediger. Fünfzehn Provinzialblätter (1774)   Anm. zu 51,26, 305

Archäologie des Morgenlandes (1769)   Anm. zu 37,25, 249 f., 252

Auch eine Philosophie der Geschichte zur Bildung der Menschheit (1774)   Anm. zu 31,24 f., 202, 212, 227 f.

Auf Katharinens Thronbesteigung (Rede, 1765)   217

Briefe an Theophron (1782)   Anm. zu 129,1

Briefe, das Studium der Theologie betreffend (1780/81)   Anm. zu 73,4 128,18

Briefe zu Beförderung der Humanität (1. bis 10. Sammlung, 1793 bis 1797)   Anm. zu 34,28 f., 205, 213, 222, 263, 300

Cid, Der (1803/04)   Anm. zu 93,9

Erläuterungen zum Neuen Testament (1775)   228

[Fragmente:] Über die neuere Deutsche Literatur. Erste Sammlung von Fragmenten (1767, ²1768). Zwote Sammlung (1767). Dritte Sammlung (1767)   7, 29, 125, Anm. zu 21,24 f., 58,28 f., 72,32 f., 103,25 f., 106,7, 114,15, 118,11, 118,15 f., 119,9 f., 132,3 f., 133,4, 194 f., 207, 213, 231, 233, 237 f., 247, 266, 288, 296, 302

Gott (1787)   202

Horaz-Übersetzungen   Anm. zu 113,12

Ideen zur Philosophie der Geschichte der Menschheit (1784–91)   202, 225 f., 228, 297

Iduna, oder der Apfel der Verjüngung (1796)   241

Journal meiner Reise im Jahr 1769   33 f., 190 f.

Kalligone (1800)   246 ff., 255
Kritische Wälder (1. bis 4. Wäldchen, 1769)   7, 29 f., 86, 103, 105 f., 114, 125, 135, Anm. zu 52,17 f., 83,32, 103,31 f., 106,7, 119,9 f., 130,3, 132,3, 191, 194 ff., 200 f., 210, 233, 247, 258
Lobgesang am Neujahrsfeste (1765)   217
Öffentliche Erklärungen (1769)   Anm. zu 7,15, 194 ff.
Plastik (1770, gedruckt 1778)   Anm. zu 130,19, 132,3, 205, 210, 230, 247
Preußische Krone (1802)   Anm. zu 82,7 f.
Rezensionen   284, 304, 308
Shakespear (1773)   253
Tithon und Aurora (1792)   Anm. zu 134,18 ff., 205, 262
Träume der Jugend (Gedicht, um 1767; gedruckt 1787)   Anm. zu 124,27 f.
Über das Gebet (Predigt, 1768)   Anm. zu 118,24
Über Ossian und die Lieder alter Völker (1773)   Anm. zu 83,34, 144,12, 242 f., 248, 251 f.
Über Sabbat und Sonntagsfeier (1769)   249 f.
Über Thomas Abbts Schriften. Der Torso von einem Denkmal (1768)   7, 125, 194 f., 285
Ursachen des gesunknen Geschmacks (1775)   213
Volkslieder (1774, ²1778/79)   Anm. zu 93,14, 254
Vom Geist der Ebräischen Poesie (1782/83)   Anm. zu 31,30, 73,4, 112,12 f.
Vom Geist des Christentums (1798)   Anm. zu 37,25
Von dem Einfluß der Regierung auf die Wissenschaften und der Wissenschaften auf die Regierung (1779/80)   Anm. zu 78,23, 80,5 f., 96,2 f.
Von der Gabe der Sprachen (1794)   Anm. zu 37,25
Von Deutscher Art und Kunst (1773)   236–240, 242, 252
Von Religion, Lehrmeinungen und Gebräuchen (1798)   Anm. zu 51,26
Zerstreute Blätter (3. Sammlung, 1787)   Anm. zu 124,27 f.

Projekte und Skizzen

Buch über die Menschliche Seele   30, 35, 55, 205
Buch zur Menschlichen und Christlichen Bildung   36 f., 51, 205
Christliche Kirchengeschichte ... von den Kirchenvätern an   128 f.
Deutsche Bibel   129

Register der Werke, Projekte und Skizzen Herders

Dogmatik 51, 128
Fortsetzung von Montesquieus Geist der Gesetze 99–102
Fragmente über die Moral und Religion aller Völker, Sitten und Zeiten, für unsre Zeit 32 f.
Fragment über die Franzosen 233
Geschichte des Menschlichen Geschlechts 49 ff.
Jahrbuch der deutschen Literatur zum Behuf des Studiums der Menschheit Anm. zu 34,28 f.
Journal der Menschenkenntnisse. Jahrbuch der Schriften für die Menschheit. Archive des Menschlichen Geschlechts 34 f., 125, 253
Katechismus der Menschheit 36, 44, 51, 128, 235
Leben Jesu Anm. zu 125,30
Lehrbuch der zweiten französischen Klasse 68
Lyzeumprogramm 38–77, 191, 199 f., 209–215, 228, 235, 258
Metaphysik als Resultat aller Erfahrungswissenschaften 54
Theorie der Fabel. Genetische Erklärung des Wunderbaren 26, 203
Über die Leistungen der Römer und darüber, was die Franzosen und andere europäische Völker Italien verdanken 114, 132 f.
Über die schöne Kunst des Gefühls (Vom Schönen durchs Gefühl) Anm. zu 131,12
Über die Skalden 119
Über die wahre Kultur eines Volks und insonderheit Rußlands 20, 79–82, 99, 102, 192
Über Patriotismus in Frankreich 115
Verbesserung der Domschule 189
Vom Geist, vom Wohlstande, von der Ehre, von der Höflichkeit der Französischen Sprache und ihrer Kultur 109 ff.
Von der Bildhauerkunst fürs Gefühl 130 ff., 210
Von der geistlichen Beredsamkeit 118, 128
Von der Philosophie des Gefühls Anm. zu 131,21
Von der Verschiedenheit der griechischen, römischen und französischen Sprache 109–114
Werkchen, wie die christliche Religion jetzt zu lehren sei 128
Werk über das Menschliche Geschlecht. Universalgeschichte der Bildung der Welt 16 f.
Werk über die Erziehung 142, 145
Werk über die Jugend und Veraltung Menschlicher Seelen 134–151, 205 f., 257 ff.
Wörterbuch und Grammatik über den Geschmack in der Französischen Sprache 111

Inhalt

Journal meiner Reise im Jahr 1769	3
Anmerkungen	153
Nachwort	187
Zur Entstehung des Journals	187
Situation vor der Abreise	193
Abreise	200
Seefahrt	201
Politische und wissenschaftliche Projekte	203
Blick für Werden und Vergehen	206
Programm für das Rigaer Lyzeum	210
Politische Seeträume	215
Kurland, Schweden, Rußland	215
Preußen	221
Holland. Probleme der Aufklärung	222
England	230
Frankreich	231
Ossian	242
Nantes. Der Schauder	244
Jugend und Veraltung menschlicher Seelen	257
Goethe, Hofmannsthal, Jean Paul	261
Zur Textgestalt	269
Literaturhinweise	272
Personenregister	274
Register der Werke, Projekte und Skizzen Herders	309
Werke	309
Projekte und Skizzen	311